新时代财富管理研究文库

Metadata-driven Auditing Based on Financial
Information Systems

元数据驱动下的金融信息系统审计

——基于ORACLE系统的数字化审计技术与实践

贾代平 殷 晨／著

经济管理出版社
ECONOMY & MANAGEMENT PUBLISHING HOUSE

图书在版编目（CIP）数据

元数据驱动下的金融信息系统审计：基于 ORACLE 系统的数字化审计技术与实践/贾代平，殷晨著 . —北京：经济管理出版社，2023.8
ISBN 978-7-5096-9207-3

Ⅰ.①元…　Ⅱ.①贾…②殷…　Ⅲ.①金融体系—经济信息系统—金融审计—研究
Ⅳ.①F239.65

中国国家版本馆 CIP 数据核字（2023）第 164967 号

组稿编辑：赵天宇
责任编辑：赵天宇
责任印制：黄章平
责任校对：陈　颖

出版发行：经济管理出版社
　　　　　（北京市海淀区北蜂窝 8 号中雅大厦 A 座 11 层　100038）
网　　　址：www. E-mp. com. cn
电　　　话：（010）51915602
印　　　刷：唐山玺诚印务有限公司
经　　　销：新华书店
开　　　本：720mm×1000mm/16
印　　　张：16.5
字　　　数：333 千字
版　　　次：2023 年 9 月第 1 版　　2023 年 9 月第 1 次印刷
书　　　号：ISBN 978-7-5096-9207-3
定　　　价：88.00 元

"新时代财富管理研究文库"总序

我国经济持续快速发展，社会财富实现巨量积累，财富管理需求旺盛，财富管理机构、产品和服务日渐丰富，财富管理行业发展迅速。财富管理实践既为理论研究提供了丰富的研究素材，同时也越发需要理论的指导。

现代意义上的财富管理研究越来越具有综合性、跨学科特征。从其研究对象和研究领域看，财富管理研究可分为微观、中观、宏观三个层面。微观层面，主要包括财富管理客户需求与行为特征、财富管理产品的创设运行、财富管理机构的经营管理等。中观层面，主要包括财富管理行业的整体性研究、基于财富管理视角的产业金融和区域金融研究等。宏观层面，主要包括基于财富管理视角的社会融资规模研究、对财富管理体系的宏观审慎监管及相关政策法律体系研究，以及国家财富安全、全球视域的财富管理研究等。可以说，财富管理研究纵贯社会财富的生产、分配、消费和传承等各个环节，横跨个人、家庭、企业、各类社会组织、国家等不同层面主体的财富管理、风险防控，展现了广阔的发展空间和强大的生命力。在国家提出推动共同富裕取得更为明显的实质性进展的历史大背景下，财富管理研究凸显出更加重要的学术价值和现实意义。"新时代财富管理研究文库"的推出意在跟踪新时代下我国财富管理实践发展，推进财富管理关键问题研究，为我国财富管理理论创新贡献一份力量。

山东工商学院是一所以经济、管理、信息学科见长，经济学、管理学、理学、工学、文学、法学多学科协调发展的财经类高校。学校自 2018 年第三次党代会以来，立足办学特点与优势，紧密对接国家战略和经济社会发展需求，聚焦财商教育办学特色和财富管理学科特色，推进"学科+财富管理"融合发展，构建"素质+专业+创新创业+财商教育"的复合型人才培养模式，成立财富管理学院、公益慈善学院等特色学院和中国第三次分配研究院、共同富裕研究院、中国艺术财富高等研究院、黄金财富研究院等特色研究机构，获批慈善管理本科专业，深入推进财富管理方向研究生培养，在人才培养、平台搭建、科学研究等方面有了一定的积累，为本文库的出版奠定了基础。

未来，山东工商学院将密切跟踪我国财富管理实践发展，不断丰富选题，提高质量，持续产出财富管理和财商教育方面的教学科研成果，把"新时代财富管理研究文库"和学校 2020 年推出的"新时代财商教育系列教材"一起打造成为姊妹品牌和精品项目，为中国特色财富管理事业持续健康发展做出贡献。

前　言

　　数字化审计离不开信息技术的支持，也离不开对数据系统的理解。随着审计对象的全面数字化，审计行业与 IT 行业的关系变得紧密，越来越多的审计理念需要借助信息技术（特别是数据技术）得以实施。"用数据说话"应该成为审计人员的信条，数字化审计人员需要从被审计的业务数据中发掘线索、发现问题，这就要比普通用户对数据系统的理解更进一步，审计人员不仅需要能够正常地访问业务数据，还需要能够观察业务数据背后更深入的数据资源。唯有这样，数字化审计的视野才会站在应用系统之上，看到或梳理出普通业务用户看不到的潜在问题。

　　从数据管理的角度，现代信息系统在运行的过程中同时维护着两大类型的数据：业务数据（Business Data）和元数据（Metadata），前者是业务用户直接关心的数据，后者则是支持系统运行、保障系统安全的数据。两类数据在后台相互配合、相互成就，才能实现用户的各类业务处理和数据服务。目前，关于数字化审计或审计信息化的讨论主要集中在"业务数据"层面，很少涉及"元数据"层面。事实上，信息系统背后的元数据为用户的业务处理和审计的数据观察提供了全方位的视角，如：元数据不仅反映了业务数据的组织、结构，也反映了业务数据的变更、处理过程等，因此我们认为，信息系统背后的元数据是开展数字化审计工作非常有价值的数据资源。

　　本书以金融信息系统及其广义数据为背景，比较系统地探讨了元数据作为一类数据资源在数字化审计中的应用及价值。我们可以形象地做这样的比喻：业务数据是信息系统的前台数据（Foreground Data），而元数据则是信息系统的后台数据（Background Data）。至于具体的业务数据与元数据的内在联系，在不同的数据平台上其表现则基本一致。为了将我们的新型数字化审计理念落到实处，我们选择在金融领域广泛应用的 Oracle 数据平台，一方面，通过对各种元数据的认识，扩展对业务数据的理解和观察范围；另一方面，借助元数据的信息支持，作者对业务数据的观察增加了一个重要的时间维度，即可以根据审计工作的需要选择观察业务数据的时间点（包括连续地观察业务数据的变化），从而实现由传统的静态数据观察扩展到动态数据观察、由传统的平面数据观察扩展到立体化的数据观察，极大地丰富了电子化档案及其"查档"操作的内涵，由此可以显著提升数字化审计人员追踪数据的能力及其工作效率。

下面介绍本书的主要内容，全书可大致划分为两个部分：原理篇和实践篇。

（一）原理篇

第一章，金融服务与数字化审计概述。某种程度上，数字化审计也是一种特殊的金融服务。本章阐述元数据和金融服务的关系以及元数据在数字化审计中的应用前景。

第二章，审计视角下信息系统数据资源及其价值。面向现代信息系统，数字化审计需要新型的数据观。本章讨论两类具有审计价值的数据资源：数据字典和交易档案，并分别讨论了两类数据在审计领域的潜在应用。

第三章，基于交易档案的历史数据追踪。交易档案是随着业务系统信息化而诞生的一类新型电子化档案，在数据管理领域的应用已经非常普遍，但在数字化审计领域的应用尚待起步。本章阐述交易档案可用于数字化审计的主要思想，并给出其在追踪历史业务数据方面的核心机制。

第四章，面向金融信息系统的纵向审计。利用现代信息系统在运行过程中生成的两类元数据，可以实现基于时间轴的业务数据观察与历史数据透视。本章分别讨论了两类元数据在实现双向业务数据推演中的价值及其典型应用。

第五章，典型金融数据平台的体系结构。实践中，要想有效地提升数字化审计的水平，首先要提升我们对现代信息系统的认识，其中理解数据平台的体系结构、掌握数据的组织方式是其必要环节。本章结合典型金融数据平台讨论各类数据的物理存储结构、逻辑存储结构以及数据平台的权限控制结构，熟悉这些方面是深入开展数字化审计的基本功。

第六章，元数据来源与元数据管理。随着数据技术的发展，信息系统在运行过程中会衍生出多种类型的元数据。本章集中讨论可用于数字化审计的几类元数据，分别介绍它们的来源、用途以及对这些元数据的基础性管理。

（二）实践篇

第七章，构建金融信息系统的数字化审计环境。在前六章的基础上，本章结合在金融信息系统中被广泛部署的 Oracle 系统，比较详细地介绍了一个典型数据系统的配置流程、元数据管理以及数字化审计需要的主要环节。只有信息系统具备必要的、足够的元数据资源，本书阐述的数字化审计理念及其方法才能有效实施。

第八章，审计中的业务数据备份与转储。数据备份是现代信息系统管理历史业务数据、实现数据安全的主要措施之一。本书提出的数字化审计中的正向数据推演方法需要选择传统的数据备份作为数据推演的基础。本章集中讨论 Oracle 数据系统支持的数据备份、数据转储的类型及其重要用途，为后续的数字化审计做准备。

第九章，基于闪回技术的逆向数据追踪与实证。利用信息系统提供的撤销数据（还原档案）和闪回档案，实现业务数据在时间轴上的逆向推演，这是数字化审计利用系统元数据的一类典型应用。本章讨论了实现逆向数据推演的机制、背后依赖的元数据，以及具体的实施途径与方法。

第十章，基于数据备份的正向数据推演与实证。对于业务数据的追踪，在时间轴上有两个方向，向前追踪和向后追踪。两种方式适用于不同的数字化审计场景。本章在传统的静态数据备份基础上，应用交易档案实现业务数据的正向推演，将存在固定时间节点的历史数据拓展成动态数据。这项应用不仅可以用于在审计中观察业务数据的演化，而且可以重现用户的业务处理过程，这为提取审计线索提供了新的技术途径。

通过上述十章的探讨与实践，比较系统地阐述了元数据应用于数字化审计的主要思想。本书笔者长期关注审计信息化工作，曾先后多次受邀到省级、市级审计部门开展数字化审计的内部培训工作，深知审计行业对数据技术的需求。本书的出版是笔者多年来从事数字化审计领域的研究与实践成果的一次集中呈现，部分审计思想第一次公开，不妥或疏漏之处敬请读者批评、指正。在此也希望与更多的审计专家、学者进行更深入、广泛的交流与讨论。

最后，本书的出版得到经济管理出版社的帮助和山东工商学院特色建设出版基金的资助，同时也得到山东外事职业大学的协助。在此要特别感谢出版社的编辑、学院发展规划处的张献勇教授、钱文玉女士的大力支持与协助，同时也一并致谢所有为本书的出版付出辛勤劳动的各位同仁。

贾代平　殷　晨
2023 年 4 月于烟台

目　录

原理篇

实践篇

原理篇

第一章　金融服务与数字化审计概述

2021 年，元宇宙（Metaverse）概念席卷全球，掀起数字化经济的新一轮浪潮。2021 年 3 月，Roblox 上市，因其在 DPO 招股书中第一次引用元宇宙概念而被誉为"元宇宙第一股"；2021 年 10 月，Facebook 宣布更名为 Meta，并提出了"元宇宙"战略，随后 Meta 公司宣布成立 MetaVERSE 基金，为开发者和内容生态系统提供 2 亿美元的奖励支持计划；2021 年 9 月，清华大学发布《2020-2021 年元宇宙发展研究报告》；2022 年，中国市场信息调查业协会发布《中国元宇宙产业白皮书》。此后，国内外 IT 巨头纷纷下场，布局元宇宙赛道。由此基于元数据的应用及其相关产业得到快速起步。

笔者认为，所谓元宇宙就是由元数据（Metadata）构造出的数字化世界。在面向信息系统的数字化审计过程中，元数据同样可以发挥基础性的作用。本书以金融审计服务为应用背景，从"元数据"的角度拓展数字化审计的业务内涵，详细论述元数据在金融信息系统审计中的价值及其主要应用。本书将为现代金融系统的数字化审计打开一扇数据之窗，丰富和拓展用于审计的后端数据资源。

一、元数据与金融服务

1. 金融信息系统背后的元数据

金融系统的业务审计高度依赖于现代信息系统提供的数据资源。从信息服务的角度，元数据为业务数据的管理与服务而诞生，用于对业务数据资源的描述、组织、追踪等。英文中对元数据的通用解释是：Data about data，这里的第二个 data 就是指用户的 Business data。目前，金融信息化平台已经成为一类广义的 IT 基础设施，其中元数据在为平台实现金融基础性服务方面发挥着关键性的作用。

现代金融信息系统的数据架构及其元数据的构成。元数据是在新技术条件下的一类重要的审计资源，此部分首先介绍现代金融信息系统的数据管理方式、存储方式以及业务处理方式，以及事务处理过程中衍生出的各类元数据；在此基础上重点介绍数据字典（Data Dictionary）和交易档案（Transaction Archive）这两类元数据的内涵及其在金融信息系统审计中的价值。

2. 基于元数据的金融系统审计及其实现方式

探讨元数据在金融信息系统审计中的应用模式。基于元数据的金融信息系统审计是在后台数据管理技术的支持下，将被审计对象的各类业务数据在可控的时间范围内实现立体化的呈现，一方面能够根据审计需要提取任一时间点的业务数据，另一方面能够追踪被审计对象的业务处理过程和人员身份，因此审计过程面对的不再是传统的某些静态时间节点的业务数据或报表，极大地方便了审计人员（或审计工具）对被审计业务的数据观察。在此基础上以四种不同的方式详细地描述数据字典和交易档案的应用：金融系统业务处理的过程化追踪（包括身份与业务的合规性检查），还原业务历史；后向数据推演（在当前数据的基础上观察历史数据）、前向数据推演（在历史时间点观察后续的数据演化）、双向动态数据推演（在任一时间点向前或向后观察数据的动态演化）。

3. 元数据用于金融信息系统审计的实证研究

在探讨基于"元数据"的金融审计方法的基础上，给出系列实证研究的详细过程与结果。一方面，给出若干来自金融服务和财富管理行业真实场景的审计业务需求以及对应的数字化审计；另一方面，为进一步促进基于元数据的金融信息系统审计的应用，在系列案例分析的基础上，给出在实际工程条件下的金融信息系统背后的元数据维护方案。

二、元数据在数字化审计中的价值

1. 数字化审计的理论探讨

提出元数据驱动下的数字化审计的理念并付诸实践，促进现代金融系统与现代数据技术的有机融合。

将传统的静态被审计对象升级为随时间变化的动态审计对象，大幅度提高审计人员观察数据的主动性，可以更客观地反映被审计对象的经济活动，从而避免单纯从静态数据（票据/单证或报表等）判断被审计对象是否合规、合法，最大限度地减少审计过程中因数据的局限性而造成的各种"误判"，提高审计结果的准确度和权威性。近年来，面对快速发展的信息技术（特别是海量数据管理与大数据技术），审计学科的发展相对滞后，基于元数据的金融信息系统审计让现代数据技术为传统的审计学科赋能，助力审计学科的发展和审计能力的提升。

2. 元数据在数字化审计中的应用

将金融系统的审计业务与金融系统的后台数据有机结合，为审计信息化提供了新的方法与手段。审计信息化已提倡多年，但在审计实践中很难落地，主要原因是审计业务需求和信息技术之间的鸿沟、审计人员与 IT 人员的鸿沟，本书的出版将为两者的衔接探索出一种行之有效的途径，为审计信息化的发展提供一种新的实践方法。

基于元数据的金融信息系统审计方法的提出和实施丰富和扩展了审计过程中可以获取的"数据源"，让审计人员可以把握更多的有效数据，从而可以更准确地评估被审计对象；与此同时，元数据将金融业务数据动态化，不再局限于特定的时间点，审计人员可以根据需要观察任一时间点的业务数据，由此显著提高实践中的审计能力。

三、基于元数据的数字化审计特点

作者精通金融信息系统的内部数据存储与管理，并持续关注审计领域的学术动向和代表性著作，以一个全新的视角研究审计信息化问题。对审计信息化领域的基本认识是：学术上，审计学科和信息学科的交流不充分；实践上，审计业务需求和信息技术未能很好地对接。这一现状造成的结果是：金融信息系统的审计需求缺乏IT资源的技术支撑，而新型数据技术的优势在审计领域并没有得到充分地利用。

因此，当前审计信息化领域的著作大多表现为以下两类状态：一是对某些信息技术的简要介绍、浅尝辄止，如新型数据库技术、大数据技术等；二是普及某些IT工具的一般性应用。由于技术的鸿沟，绝大部分的学术著作仅仅停留在审计应用的表层，无法实现审计需求与IT技术的深度融合。

与当前审计信息化领域的主流著作相比，本书存在以下四个方面的突出特点：

一是学术思想方面，实现审计学科和信息技术的深度融合，在业界首先提出基于元数据的审计理念，并通过有效的技术途径加以实施，让新型审计思想成为切实可行的审计方法。

二是内容范围方面，从信息系统后端数据管理的角度助力审计信息化，可大幅度拓展被审计业务的数据来源，将传统的静态数据拓展为立体化的动态数据。

三是结构体系方面，传统地，面对被审计单位的各类信息系统，由于技术上的障碍，审计人员只能作为信息系统的前端用户去提取数据、观察数据。而元数据审计的实施可以改变审计人员在信息系统中的角色定位，将其化身深度的数据管理者，从而可以获取更加深入、隐蔽的业务数据。

四是研究方法方面，面对金融信息系统，业务表现在前端，数据的大本营在后端。根据作者在IT行业的技术积累，从金融信息系统的后端追踪被审计业务的活动轨迹，将数据资源获取方式由传统的前端转换为后端，大幅度提升在金融审计过程中"让数据说话"的能力。

四、元数据的大本营——数据字典

1. 元数据的主要内容

元数据是关于数据的数据（Data About Data）。扩展开来，元数据是指来自信息系统内外的所有物理数据和知识，包括企业所使用数据的结构、物理数据的格式、技术和业务过程、数据的规则和约束。在现代信息系统中，元数据可以帮助数据管理人员和业务管理人员在面对纷繁复杂的多维数据时，可以方便地找到他们所关心的数据；元数据是描述数据平台内部系统数据和业务数据的结构和建立方法的数据，可将其按用途的不同分为两类：技术元数据（Technical Metadata）和业务元数据（Business Metadata）。

技术元数据是描述系统中技术领域相关概念、关系和规则的数据，主要包括对数据结构、数据处理方面的特征描述，覆盖系统数据源接口、数据平台的物理存储与结构、ETL、OLTP/OLAP、数据封装和前端展现等全部数据处理环节。技术元数据存储关于信息系统技术细节的数据，是用于开发和管理各类应用系统时需要使用的数据，它主要包括以下信息：

（1）数据平台结构的描述，包括用户模式、视图、维、层次结构和导出数据的定义，以及数据存储的位置和内容。

（2）信息系统、业务系统、访问控制的体系结构和模式。

（3）与数据处理算法相关的数据，包括度量和维定义算法，数据粒度、主题领域、聚集、汇总、预定义的查询与报告。

（4）由 OS 到数据平台环境的映射，包括原始数据和它们的内容、数据分割、数据提取、清理、转换规则和数据刷新规则、安全（用户授权和存取控制）。

业务元数据是描述系统中业务领域相关概念、关系和规则的数据，主要包括业务术语、信息分类、指标定义和业务规则、业务术语所表达的数据模型、对象名和属性名等。业务元数据从业务角度描述了数据平台中的数据，它提供了介于使用者和实际系统之间的语义层，使非 IT 专业的业务人员也能够"理解"数据平台中的数据。业务元数据主要包括使用者的具体可以包括信息列举如下：

（1）业务数据模型，这是业务元数据所应提供的重要的信息，它表示业务数据组织的总体信息、整个企业的业务概念和相互关系。以这个业务数据模型为基础，为各类业务数据的应用提供对外接口，如用于数据管理、性能调优、业务审计等。

（2）业务处理模型，这是业务数据模型的升级部分，描述了信息系统在处理业务数据时遵从的系列规则、流程、规范等，是一组描述业务活动的基础数据，描述了活动从开始到结束在时间或者空间上的顺序，以及输入和输出。

（3）业务数据逻辑模型和物理模型之间的连接关系，这里的逻辑模型为业务用户提供了业务数据的组织视图，以及这些视图与实际的数据平台存储系统中的表、字段、维、层次等之间的对应关系等。

2. 元数据的集成化管理——数据字典

元数据是数据平台与业务应用之间的接口。在企业中，只要有数据存在的地方，就有其对应的元数据。只有完整、准确的元数据存在，才能更好地理解数据，充分挖掘数据的价值。元数据管理之所以困难，一个很重要的原因就是缺乏统一的标准。在这种情况下，各公司的元数据管理解决方案各不相同。近年来，随着元数据联盟 MDC（Meta Data Coalition）的开放信息模型 OIM（Open Information Model）和 OMG 组织的公共仓库模型 CWM（Common Warehouse Model）标准的逐渐完善，以及 MDC 和 OMG 组织的合并，为各个数据平台厂商提供了统一的标准，也为元数据的统一管理铺平了道路。数据字典就是集成化、集中化管理元数据的一种典型方式。

对于数据系统而言，数据字典就是一套预先内置的系统数据对象的集合，这些数据对象包括基表（Base Table）、视图（View）、程序包（Package）等，其中数据平台中的所有元数据都存储在基表中，同时为了方便用户（包括系统用户、业务用户，此处当然包括审计用户）查询各类元数据，数据字典中提供了各种建立在基表之上的视图，用于以多种直观、可读的方式呈现元数据，为管理和应用提供接口。另外，数据字典作为信息系统的一种重要基础设施，其中还包含了一系列程序性的对象，如存储过程（Stored Procedure）、子程序（Sub - program）、存储函数（Stored Function）等，通常这些程序性对象被分门别类地组织成专门的程序包，为各类数据管理和数据处理提供编程接口。

数据字典作为数据平台的一种基础服务设施，集中管理着整个信息系统的重要基础性数据，如图 1-1 所示，它的数据来源有两个：一是数据平台系统自动获取的元数据，如系统配置、系统结构、数据组织的层次及其访问控制、系统运行与性能等，这部分元数据大多属于前文介绍的技术元数据部分；二是在信息系统开发过程中，开发人员根据应用功能的需要人工组织的元数据，如业务系统中的基础性编码、数据处理的规范、行业标准等，这部分元数据需要开发人员、管理人员或业务人员主动录入、人工维护，它们大多与具体的业务相关，属于前文介绍的业务元数据。

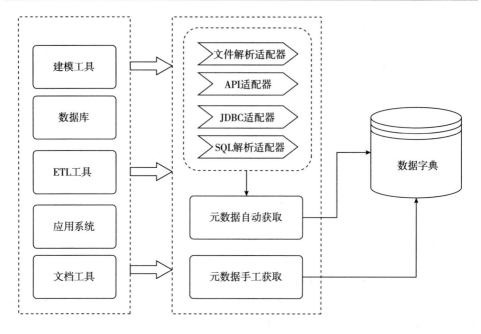

图1-1　数据字典中的元数据来源

由前文的介绍可知，数据字典可以看作现代信息系统内部的信息中心，它以结构化的方式存储了关于数据平台的各个方面的信息，我们可以通过访问数据字典中的元数据掌握数据平台的全貌，包括系统的技术架构、业务的组织结构、应用的运行状况等。

第二章 审计视角下信息系统数据资源及其价值

面对日益专业化的信息系统，如何提取和挖掘数据是数字化审计面临的突出问题。伴随企业和行业的数字化转型，信息系统审计已成为审计研究的一个重要分支，基于各类电子化数据开展审计工作已经成为审计领域的新常态。然而相对于快速发展的数据技术及其 IT 基础设施，信息系统审计的理论与实践都显得相对滞后。为促进信息系统审计的发展，2021 年初，中国内部审计协会组织编写了《第 3205 号内部审计实务指南——信息系统审计》，在其背景介绍中明确指出："信息系统审计需求的不断增长与有效供给显著不足的矛盾愈来愈突出，已成为困扰内审同仁的一大痛点。"

一、信息系统审计的数据观

信息系统审计高度依赖于各类数字化资源，需要审计人员在实践中提高对各类数据源及其运行平台的认识。一方面，受到访问方式和信源结构的限制，审计人员或审计工具能够提取到的数据只是整体业务数据的局部，即审计视角下的数据并不能反映业务数据的全貌。这会导致后续的业务审计出现类似"盲人摸象"的情境。另一方面，在早期的审计实践中，纸质的业务档案曾经发挥着重要作用，查档是审计作业必不可少的环节。然而审计进入信息化阶段，面对电子化的数据，"档案"的价值却被普遍地忽视了，好像数字化审计面临无档可查的局面。事实上，现代信息系统在处理各类业务数据的同时，出于平台内在运行机制的需要，记录着所有业务数据的数字化轨迹，即业务数据的变化历史。显然，这就是信息化条件下的新型档案。信息系统审计中，要提高审计能力、提升审计的数字化水平，需要我们打开数据视野，重视档案的价值，发掘数据平台带给我们的立体化信息。

二、两类具有审计价值的数据资源

面对快速发展的信息系统及其数据技术，审计思想与方法需要与时俱进。早在 2015 年底中共中央办公厅、国务院办公厅就印发了《关于完善审计制度若干重大问题的框架意见》，在"创新审计技术方法"一部分中给出的建议是："构建大数据审计工作模式，提高审计能力、质量和效率，扩大审计监督的广度和深度。"笔者认为，要达成这个数字化审计目标，审计人员首先需要熟悉现代信息系统的服务框架和数据源的基本结构。

1. 信息服务的总体架构

信息系统的本质是为用户提供数据和数据处理服务。这里的"服务"就是一种无形的产品，和所有其他的有形产品一样，同样存在着生产和消费两个环节。无论信息系统的外在形式如何，都可据此划分为服务生产和服务消费两大部分，在 IT 领域把这两个部分形象地比喻为台前和幕后，台前的部分（面向业务用户的部分）叫作客户端/前端（Client/Foreground），幕后的部分（实施数据处理的部分）叫作服务端/后端（Server/Background）。典型地，服务端可以同时提供多种不同类型的业务处理（如企业的人事、财务、投资、销售等），用户通过不同的客户端获得对应的服务。这样的架构下，一种类型的客户端只能够访问对应的局部数据，不同的客户端访问后端数据的不同部分。进一步地，即使是同一类型的客户端，由于账户连接的身份不同，能够处理的业务数据也会有所不同。

上述的这种局部数据观（或称为局部数据视野）对业务用户来说是合理的，但对于审计用户显然存在巨大的局限性。然而长期以来，数字化审计就是在这种数据访问模式下开展工作的，造成的结果往往是只见树木、不见森林。

2. 业务处理的过程化数据：交易档案

现代信息系统目前已经发展成为一种广义的 IT 基础设施，在提供基本的数据存储和访问服务的同时，数据保障服务也已经成为平台服务的标配，如数据安全、联机镜像与备份、高可用性与高性能等，由此产生出丰富的基础数据，交易档案（Transaction Archive/Log）就是其中之一。这里的"交易"是一个广义的概念，信息系统中的所有业务处理都是以交易的形式执行的，交易是数据处理的基本单元。

交易档案类似于人工处理业务时形成的纸质档案，它是现代信息系统正常运行的原生数据，是客户端的业务处理在信息系统里留下的交易轨迹和凭据，也是服务端自身的一种数据保障机制。从技术层面来看，交易档案实现了这样的结果：所有的业务处理在服务端都处于有迹可循、有据可查的状态；从业务层面来看，业务处理的结果体现在数据的改变上，业务处理的过程体现在交易档案里。交易档案对于内部审计的核心价值在于：它完整地保存了交易过程中的数字化轨迹，让数据在动态的业务处理中始终保持可追溯性。

这里电子化的交易档案可以发挥与纸质档案相同的作用，而且更全面、更高效，因为在存储、检索和再利用方面都有着巨大的天然优势。不过，由于交易档案是信息系统在运行过程中的一种衍生资源，且具有较强的专业性和一定程度的隐蔽性，当前在审计领域并未得到充分的利用。大数据时代，纸质档案逐渐消失，电子化档案蓬勃生长。显然，要实现高效的信息系统审计，交易档案应该发挥其更高的价值。

三、数据字典在信息系统审计中的应用

1. 数据字典中的元数据

数据字典被比喻为信息系统内部的"信息中枢"，负责存储和管理一类特殊数据——元数据。英文中对元数据的解释是：Data about data，这里的第二个 data 指的是业务数据（Business data），它记录着服务端的全部管理和运行信息，对于内部审计人员，可能关心的问题有：服务端有哪些真实的访问账户，每个账户下有哪些数据对象（表、视图、报表等），每个数据对象的结构，数据访问的权限分配等。审计人员通过访问数据字典，可以完整地了解全部的业务数据及其在服务端的组织情况。借助数据字典，审计人员面对信息系统，不再是"盲人摸象"，而是拥有"整头大象"。

2. 数据观察的全局化视野

数据字典是信息系统服务端的核心部件，服务于数据管理目标，面向业务的普通账户连接并不会意识到它的存在。如图 2-1 所示，业务端的账户 1 连接访问的是数据集（局部业务数据）A，审计端的账户 2 连接访问的是数据集 B，两个数据集的范围既可能存在交叉也可能完全隔离，这取决于服务端的数据访问控制。理想情况下，这里的数据集 A 和数据集 B 应该完全等价，这是实现真实审计的前提。然而实际情况并不总是如此，审计实践中出现的"真假两套账""账外账"等违规违纪情形，都是数据集 A 和数据集 B 不等价的具体表现。

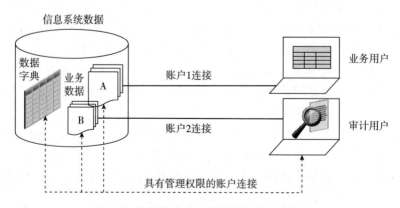

图 2-1　数据字典在信息系统审计中的价值

如图 2-1 所示，鉴于数据集 A、数据集 B 的不等价，信息系统中的数据在审计视角下和业务视角下呈现出两种不同的数据景象。作为客户端应用，如果审计用户使用常规的业务连接（如图 2-1 中的连接 2）就不会发现数据集 A 的存在，更不会感知到数据集 A 和数据集 B 的不同，当然也不可能感知到其他可能的数据集。然而所有的数据集都在创建时被平台自动注册在数据字典中，如果审计用户能够通过具有管理权限的账户连接系统，如图 2-1 中的虚线部分所示，就能够通过数据字典有效地观察到全部的数据集（数据对象）及其业务内容。这里数据字典对于业务审计的应用价值在于：它让审计人员摆脱"盲人摸象"的境地，让所有的业务数据透明化，由此消除审计视角下的数据盲区，实现业务数据全覆盖。

四、交易档案在信息系统审计中的应用

1. 交易档案的两个侧面

本质上信息系统的运行过程就是不断执行各种交易（业务处理）的过程，且服务端在执行业务处理的过程中会即时生成电子化的交易档案，技术上的目的是应对业务处理过程中可能存在的两种情形：中途取消（undo）或事后重演（redo），于是交易档案就有对应的两个部分：undo 档案和 redo 档案。这是交易档案的一体两面，前者是为了防止交易在执行过程中被取消（如人工终止或因故失败），此时数据需要被还原到交易前的状态；后者是交易被成功执行后留下的例行记录（交易凭证）。当用户发起一项业务请求时，用户关心的是处理结果，服务平台关心的则是交易的可靠性和数字化轨迹。从审计的角度，交易档案恰好成为我们观察业务处理的一种过程化数据。

需要注意的是，联机记录交易档案虽然是信息系统服务端的内置行为，但交易档案的保存时限却和传统的纸质档案一样，完全由用户根据业务管理的需要来确定，这也是信息系统服务平台需要运维的主要原因之一。目前电子化的交易档案在信息系统中的存储、管理和维护上也日益规范化、持久化。

2. 数据与业务处理的可追溯性

交易档案在信息系统的数据管理与日常运维中有着多方面的用途，下面仅讨论它在业务审计方面的应用。

如图 2-2 所示，当前时间为 t2 时刻，交易档案存在于 t1~t2 区间[①]，并在 t1 时间点存在历史数据的备份。通过 t1 时刻的数据备份，我们可以掌握 t1 时刻的静态数据。但由于备份不能随时进行，故这些静态数据只能存在于一些固定的历

---

① 从技术上两类档案的区间可以相同也可以不同。

史时刻。在业务审计过程中，如果我们需要观察这些固定时刻之外的业务数据，就可以利用交易档案来还原曾经的业务处理过程、实施基于时间点的数据推演。这一机制为审计线索的追踪提供了可靠的技术手段。

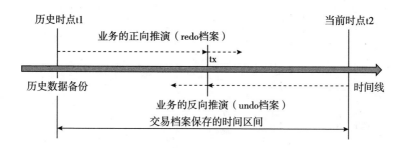

图 2-2　交易档案用于对数据和业务处理的追溯

值得一提的是，利用交易档案执行数据推演可以正向进行也可以反向进行，如图 2-2 中的箭头方向所示，两个方向的推演都需要以某个时刻的业务数据作为起点。反向推演常以当前状态为起点，正向推演则需要以某个历史时刻的状态为起点（常由备份实现，如图 2-2 中的 t1 时刻）。这里综合运用交易档案的不同部分，可以实现更灵活的业务追踪。图 2-2 中两个方向都可以到达 tx 时刻；以此作为新的起点，数据推演可以继续向前或向后，从而实现对历史业务数据的动态观察。这就是由交易档案实现的电子化查档，相较于传统纸质档案的"查档"操作，这种方式更方便、更快捷、更高效。

事实上，交易档案作为信息系统一类重要的数据资源，其应用远不限于上述的查档与追踪。融合应用场景，可以实现更加广泛的审计辅助，如在审计具有关联关系的业务时，业务流程、时间节点等都是可能的审计要素，X、Y 两个业务事件，X—Y 是正常的业务往来，Y—X 则可能是某种违规、违纪行为。由此可见，交易档案的应用，改变了信息系统审计观察数据的方式，业务数据不再是静态的存在，而是一个动态可追溯的过程。

五、构建信息系统审计的模拟环境

一种新的审计思想与方法能否得到推广应用，取决于它能否被审计人员理解和掌握。为了实践本书提出的信息系统审计思想，同时也是为了用于该项审计方法的推广、交流和培训，我们构建了一套专门的模拟审计环境，其整体结构如图 2-3 所示。

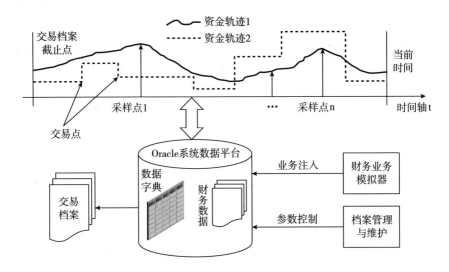

图2-3 信息系统审计下的数据资源及其模拟环境

这里以某单位的财务数据作为模拟审计对象，并通过调度程序不断注入典型的财务业务来保持财务数据的动态性，用以模拟生产系统中的数据特性。一方面，通过数据字典我们可以清晰地观察到不同登录账户下的财务数据，了解财务数据在不同账户下的分布，从而避免数据视野仅局限在某个单一登录账户下的弊端；另一方面，通过交易档案为业务审计提供历史数据的透视能力，即回顾指定资金的历史变更情况及其关键时间节点，如图2-3中的资金轨迹1、资金轨迹2等（两者的交易频度不同）。

下文简要介绍模拟实证环境的主要模块及其功能：

（1）信息系统数据平台：选择在业界广泛使用的 Oracle 系统，建立样本数据库，并提供一整套用于业务审计的财务模型（库表结构）。

（2）财务业务模拟器：一次可以按时间调度执行的作业（Schedulable Job），用于模拟财务系统的典型业务。与生产系统不同的是，为方便验证对历史数据的追踪，这里的数据更新项都带有明确的时间戳（Timestamp）信息。

（3）档案管理与维护：随着模拟业务的执行，系统会持续生成交易档案。此部分用于模拟财务系统针对交易档案的管理、归档、有效期控制、过期处理等场景。

（4）数据字典应用：认识和理解数据字典，观察其构成，通过访问数据字典验证数据模型的定义、结构及其用户模式（Schema）、权限等信息，观察全部的财务数据。

（5）交易档案应用。在观察当前财务数据的基础上，追踪财务数据的演化历史，主要功能有：历史数据采样、账户资金的数字化轨迹、数据的波动性分析等，如设置阈值，过滤出波动显著的账户及其对应的资金、交易时间节点等。

进一步地，如果结合实际的业务需求，图 2-3 所示的模拟环境可以实施和验证更广泛的审计项目，如数据分析、安全审计、业务风险提示与预警等。

六、总结与展望

在大智移云的今天，信息系统是一种高度专业化的 IT 系统，信息系统审计需要越过技术看数据，用数据说话，特别是业务审计尤其如此。审计人员虽然不需要直接掌握相关的技术，但需要理解与接受新技术带给我们的新观念，因为它影响我们看待数据的方式。本书从数据服务的角度，提出一大类用于信息系统审计的数据观察方法。一方面借助数据字典，审计人员可以打开观察数据的视野，即通过元数据掌握业务数据的全貌，消除业务审计中的数据盲区；另一方面借助交易档案，审计人员可以"看见"过去的历史，即通过基于时间点的数据观察实现对业务数据的追踪，在更宽的时域范围上"透视"数据及其业务处理。综合应用数据字典和交易档案，被审计业务及其数据可以得到立体化的呈现，由此审计人员获得一种全方位的数据观察手段，进而在业务审计中掌握"用数据说话"的主动权。

本章涉及的两类数据资源是现代信息系统背后的原生数据，属于典型的大数据范畴，其内容真实地记录了用户数据的广度（业务范围）和深度（时间跨度），是开展信息系统审计的可靠数据源。然而，由于存在一定的技术门槛，目前这类数据在审计领域的应用仍处于起步阶段，其价值在信息系统审计实践中有待进一步发掘和利用。

作者认为，大数据并不是空泛的数据，大数据的价值需要落实到具体的应用上。为了实践本书的信息系统审计思想，我们在提供审计方法和模拟环境的基础上，一并提供对应的数据技术支持，希望对推动大数据在审计领域的深入应用有所示范。

第三章　基于交易档案的历史数据追踪

传统地，面对纸质的单据、凭证和账簿，手工"查档"是各类业务审计的常规操作。在金融信息系统的审计过程中，面对电子化的业务数据，实现电子化的"查档"操作是数字化审计条件下值得研究的课题。本章介绍信息系统的交易档案用于历史业务数据的追踪与还原。

一、引言

在信息系统的运行过程中，业务数据需要定期或不定期地执行备份，备份的目的是在必要的时候进行有效的还原。然而在信息系统的工程实践中，要想完整地、有效地还原数据，仅依靠传统的数据备份是远远不够的，因为利用备份来还原数据只能将数据还原到备份时刻的状态，这样对于历史数据的观察并不连续，导致业务数据的变化过程在时间轴上中断，这在数字化审计过程中显然是不可接受的，特别是在一些关键业务系统的审计中，如针对各类财务系统、金融证券系统、电子商务系统的审计等。根据笔者的调查，在我国的各级各类在线事务处理（OLTP）系统中，由于信息系统数据安全的内在要求，都会在一定时限范围内自动保留交易档案。充分利用信息系统后端保存的交易档案，可以有效地实现对历史业务数据的还原。

二、交易档案用于还原业务数据的主要思想

1. 业务处理与交易档案

在一个基于事务处理的 DBMS 中，如果我们把数据库看作一个存储信息的容器，那么这个容器里有两类信息：数据（Data）和交易档案（Transaction Log 或 Transaction Archive），它们既相对独立又相互联系，构成一个逻辑上的整体。"数据"的重要性自不必说，然而交易档案的重要性还远远没有引起人们的足够重视，首先让我们简要回顾事务处理（Transaction Processing）过程。

用户的业务人员通过信息系统处理自己的业务（Business Processing），现代信息系统总是将用户的业务转化为一个或多个事务去执行（Transaction Processing）。这里的 Transaction 翻译为交易或事务，前者面向业务领域，后者面向 IT 专

业领域。本书中，不再区分交易和事务，两者具有相同的学术含义。

事务是数据库执行数据处理的基本单位，一个事务虽然由一系列操作序列构成，但它是一个操作整体。举个例子：银行系统的转账就是一个典型的事务处理。从数据的底层操作来看，"转账"就是账户资金的一减一加操作，但从我们的业务逻辑上看，这两个操作具有密切的相关性。如果由于某种故障仅执行了其中的一项操作，将严重导致数据（账户资金）的不一致性，因此应用（Application）中必须将这两个相关的操作绑定成一个事务，要么全做（Commit，事务提交，转账成功），要么全不做（Rollback，事务回滚，转账失败），以维护数据的一致性。

当一个事务处理被执行时，基于事务处理的 DBMS 会把该事务从开始到结束所涉及的操作信息（包括事务涉及的数据库对象以及在这个对象上执行的操作类别、操作前后的数据映像、事务的状态等信息）作为一个特殊的数据项以二进制的方式记录下来，这就是我们所说的交易档案。可以说，交易档案是数据平台记录数据操作的"流水账"，只要数据平台在运行操作，DBMS 就要记录交易档案，由此可见交易档案是随时间一维无限增长的"附加数据"，增长的快慢取决于数据库的活动水平，包括执行事务处理的频繁程度和事务本身的大小等因素。因此当数据库执行事务处理时，DBMS 要记录两个方面的内容，即数据（Data）和交易档案（Transaction Log/Archive）。事实上在 DBMS 内部，对交易档案的记录要先于数据，即遵循"先写交易档案"的原则，这主要是为了在一些突发情况下（如突然停电等）业务数据能得到最大限度的保护。

2. 交易档案用于业务数据还原的核心机制

也许有人要问，使用数据平台我们关心的是"数据"，为什么还要花费时间（用于记录）和空间（用于存储）去考虑交易档案呢？要弄清这个问题，需要我们动态地考察数据和交易档案之间的内在联系。

交易档案反映的是数据库的操作情况，每一项交易档案详细记录了事务处理的足够信息，以确保系统在必要的时候能够重演（Redo）事务。如果说数据库中的 Data 是我们的直接数据或"一次数据"，那么数据库中的交易档案则是我们的间接数据或"二次数据"，它记录着 Data 的变更信息。从另一个角度看，Data 反映的是事务处理操作的结果，而交易档案记录的则是事务处理操作的过程，有了这样的历史变更过程，在一定条件下我们就可以依次"重演"这个过程（即重新执行事务处理的操作），以达到还原数据的目的。从这个意义上说，交易档案是数据平台为了自身业务数据的安全而事先投注的"保险"。

假设某运行中的数据平台在 t1 时刻做了一次完整的数据库备份，如图 3-1 所示。一般意义上的数据还原只能做到不完全恢复（Incomplete Recovery），即重建数据库，利用 t1 时刻的数据备份将数据库还原到 t1 时刻的状态。理想的数据恢复方案是，将数据库还原到 t1 至 t2 之间的任一时间点，即数据的完全恢复（Complete Recovery），条件是 t1 至 t2 时间段的交易档案必须存在。因为 t1 至 t2 时间段的交易档案是按照时间顺序详细记录了这一时间段数据库的事务处理信息，之所以数据库中的数据由 t1 时刻状态过渡到 t2 时刻的状态，是因为这些事务处理操作。如果我们在 t1 时刻状态的基础上，重新依次运行这些事务，就可以将数据库由 t1 时刻状态逐步推演到 t2 时刻的状态，实现数据库的数据还原且这种"推演"可以根据需要在 t1 与 t2 之间某个时间点停留，即将数据库还原到过去的某个特定的时间点。图 3-1 对整个过程做了演示。

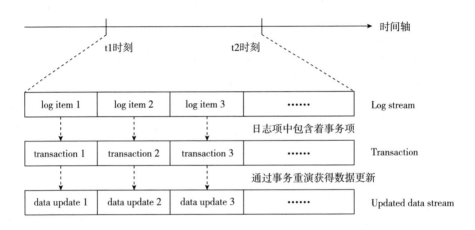

图 3-1　基于事务处理的数据还原过程

需要注意的是，交易档案中记录的事务处理信息是与当时的数据库状态相关联的，离开了特定的数据状态，数据操作也就失去了意义。因此交易档案的重演是有前提的：一是数据库首先必须处于某一时间点的完整状态，在数据库还原中这种状态通常是由数据库的备份来实现的。只有处于这个状态，在这一时间点之后的交易档案才有重新运行的基础。二是重新运行的日志里包含的事务处理必须严格按照原来的时间顺序进行，只有这样，才能实现逐步推演，因为实际的数据库操作的后一步操作总是依赖于前一步操作的结果。正因如此，数据库事务处理的交易档案必须连续地保存，如果由于某种原因某个时间段的交易档案损坏或丢失，则此时间段之后的日志也就失去了存在的意义，不能再用于数据的还原。

三、基于 Oracle 系统的典型还原案例

1. 外部存储结构及其运行方式

为了方便读者理解数据还原的过程，首先扼要介绍 Oracle 数据平台的体系结构。一个 Oracle 数据平台在物理上由 Data File、Redo Log File 和 Control File 三部分组成，它们在逻辑上形成一个有机的整体。Data File 是由表空间（Tablespace）所对应的文件，用于实际存储数据库中的数据；Redo Log File 是用于记录事务处理信息的日志文件；Control File 存储整个数据库的结构信息，如数据文件和日志文件的物理存储信息、三类文件之间的同步信息等，它控制整个数据库的运行。

Oracle Instance 是指数据库在启动后创建和使用的内存结构，包括 SGA 和 Background Processes 两部分。根据实例配置和 Parameter File 中的参数设置，可以将其设置在归档方式（Archive Log Mode）下运行，当出现 Log Switch 操作时，Background Processes 中的后台进程 ARCH 会将刚写满的 Redo Log File 备份转移，形成历史交易档案（Archive Log Files，即联机日志的离线复制）。由于受物理文件大小的限制，联机日志只能记录有限时间段的事务处理信息，而联机日志和历史交易档案的联合可以连续完整地记录数据库在运行过程中的事务处理信息。

2. 业务数据还原图解

当我们在审计过程中需要对历史业务进行追踪时，就可以根据需要执行基于时间点的业务数据还原。典型的数据还原过程需要以下三个阶段：①Restore：选择某个历史备份作为还原的起点，即首先将数据还原至备份时刻的状态；②Roll Forward：利用历史交易档案和联机日志依次重做自备份时刻以来的事务；③Roll Back：可选阶段。如果需要由数据备份将业务数据还原至最新的当前时刻，则需要此阶段。对于那些没有提交（Commit）的事务，但由于系统内部的 Checkpoint 事件的触发有可能导致数据已经写入（脏数据，Dirty Data），这部分数据需要利用回滚数据（Undo Data）进行必要的回滚。如果这三个阶段的操作都能够顺利进行，则可以将数据库毫无损失地还原到损坏前一时刻的状态，即所谓的完全数据复原，如果这个还原过程在第二、第三阶段中途结束，则数据还原到过去的某个时间点，此时我们可以查看该时间点的业务数据。图 3-2 给出了 Oracle 数据平台还原的典型示例。

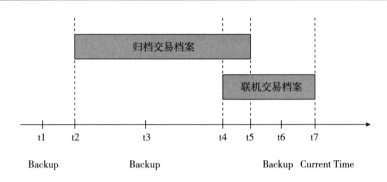

图 3-2 典型 Oracle 系统的数据还原示例

设 t7 为信息系统的当前时刻，业务数据分别在 t1、t3、t6 有三次历史备份，由图 3-2 可知，Archive Log 中包含了 t2 至 t5 时间段的交易档案，Online Redo Log 中包含了 t4 至 t7 时间段的交易档案。下面分别解释选择三个不同备份作为起点的还原过程。

最直接的还原方法是选择 t6 时刻的备份作为还原的起点，首先将数据文件利用备份 Restore 到 t6 时刻，在此基础上只需利用联机重做日志，依次重新运行 t6 至 t7 时间段所包含的必要事务，即可将数据还原到 t6 至 t7 的某个时间点。如果选择 t3 时刻的备份作为还原的起点，则需要同时使用两类日志，首先利用历史交易档案重做 t3 至 t4（或 t5）时间段的事务，接着利用联机日志重做 t4（或 t5）至 t7 时间段的事务，也可将数据还原到 t3 至 t7 的某个时间点。若业务数据在 t2 至 t7 时间段没有备份可以利用，则只能选择更远的 t1 时刻的备份作为还原的起点，此时由于缺乏 t1 至 t2 时间段的交易档案，业务数据只能还原到 t1 时刻，这就是传统的静态数据还原的情形；同样在选择 t3 时刻备份作为起点的还原方法中，如果由于某种原因联机重做日志不可用，则业务数据只能最大限度地还原到 t5 时刻。

四、对交易档案的存储法则

以下是我们在工程实践的基础上总结出的利用信息系统的交易档案提高数据可用性的策略，我们称之为存储法则，它和经济上的证券投资思想有异曲同工之处，通俗地说就是"不要把所有的鸡蛋放在同一个篮子里"。

1. 隔离数据和交易档案的物理存储

业务数据和交易档案是现代信息系统后端数据的两个不同部分。实际应用中，在决定数据系统的物理存储时，有必要将业务数据和交易档案的存储隔离开，条件许可的情况下，尽可能地将两者置于相互独立的物理磁盘中。这种存储方案的选择将可以大大提高数据的可用性。说明如下：在导致数据系统不可用（Not Available）的情形中，存储介质失效是占有相当高的比重，两个相互独立的物理磁盘同时出现介质问题的可能性要小得多。如果数据盘出现问题，日志盘正常，导致数据不可用而日志可用，这种情况可以通过业务数据的历史备份和连续存在的交易档案使业务数据得到完全还原。

2. 保持交易档案适当冗余（Redundancy）

在前面介质问题的例子中，如果出现另一种情况，即日志盘不可用而数据盘可用，导致日志不可访问而"数据"存在，这种情况下存在的"数据"也通常是不可访问的，因为无法定位日志，数据系统是不能正常启动的。解决的办法是利用备份进行还原或重建日志并做日志与数据的同步处理。无论是采取哪一种措施，实践中都要不可避免地出现部分的数据丢失。

比较前后两种介质不可用的情形我们可以看出，交易档案在数据还原过程中显得比数据本身更为重要。因此在条件许可的情况下，应首先将交易档案做数据冗余处理，如进行软硬件镜像、采用 RAID 存储、借助第三方安全保障措施实现奇偶校验等，以确保交易档案的安全性。数据不可用我们可以利用历史备份和交易档案来还原数据，但是联机日志不可用则必然导致整个数据系统的不可用。

3. 保持对交易档案的监控

数据系统的交易档案是随时间一维无限增长的，实际投运的数据系统需要保持对交易档案的监控，主要是两个方面，一是维护交易档案的时间连续性和完整性，以确保数据系统在数字化审计过程中业务数据能够实现完全还原。这里说的连续性和完整性是指自上一次数据库完整备份以来至数据系统运行的当前时刻这一时间段的交易档案。对 Oracle 来说，必须将数据库设置在归档方式（Archive Log Mode）下运行，只有这样数据系统在运行过程中才会产生历史交易档案文件，历史日志才能得到完整的保存。二是监视交易档案的存储空间，如果我们对它不作任何处理，交易档案会持续增长，一旦存储空间用尽，不能继续记录交易档案，数据系统将会被挂起，此时的数据系统将会停止响应对数据的任何操作。

4. 重视控制文件的作用

在 Oracle 数据系统中，控制文件是一个较小的二进制文件，尽管在上述还原过程中没有提到控制文件，但它的作用不可或缺，系统还原进程正是根据 Control File 中包含的 Log Sequence Number 确定需要重做的事务。如果在还原过程中使用的是旧的控制文件或最新的控制文件不可用，即使交易档案保存完整，Oracle 数据系统也只能还原到由 Log Sequence Number 所指定的时间点。由此需要注意的是，第一：在利用历史备份对数据库进行 Restore 阶段，不能对控制文件进行 Restore 操作，否则会导致数据系统的不完全还原；第二：联机保存控制文件的多个副本，并分布于不同的物理磁盘上，确保控制文件的可用性。

五、本章小结

业务数据是任何信息系统的核心，由于实际系统的复杂性（如系统硬件或软件错误、存储介质失效、应用软件缺陷、病毒等导致故障），绝对可靠的系统是不存在的，一旦数据系统出现故障，整个信息系统将陷入瘫痪。通过上述讨论和对 Oracle 数据系统的案例分析，我们重新认识了交易档案系统的价值。第一，在规划和部署一个数据系统时，重视对日志系统的设计可以显著提高数据系统的可用性；第二，在面向数据系统的审计业务中，交易档案是一种强有力的数据再生的手段，特别是利用交易档案，可以实现对历史业务数据的追踪和还原，保障历史数据的高可用性，这一特性在数字化审计业务中具有极高的应用价值。

本章虽然在讨论过程中结合了具体的 Oracle 数据系统，但其包含的技术思想及其数据还原策略适用于所有的基于事务处理的数据系统。

第四章　面向金融信息系统的纵向审计

本章提出一种新的纵向审计方法，从后台数据端和时间轴的角度，拓展金融系统的传统审计功能。把金融数据看作时间的函数，考察数据的动态变化过程。根据金融业务处理过程中产生的两类档案信息，结合审计需要，可以推演和呈现出任一时间点的业务数据，让金融数据在特定条件下能够像游标一样在时间轴上移动，从而为审计人员提供超越常规范围内的数据透视能力。基于时间点的数据透视能力也可扩展出新型金融服务业务并提升系统管理能力。

一、纵向审计的背景

大数据的观念已深入人心，数据已经成为现代社会的一项重要生产资料。与传统的各类物化的生产资料相比，金融数据具有显著的动态特性，它随时间的变化而变化。金融系统的业务审计就是发现数据之间的联系以及各类业务数据变化之间的线索。作者认为，考察金融业务数据随时间的变化关系，既有理论意义又有现实需要。事实上，如果在金融系统的数据服务端能够有效地把握和利用数据的动态特性，可以大幅度地提升数据本身的应用价值。

利用网络和数据技术提高传统审计工作的效率和能力是一种趋势。近年来，为适应数据领域的技术发展和应用需求，突破传统数据管理研究的范围和固有框架，我们从不同的角度将数据领域的新观念与新需求引入对金融业务的审计研究，力争发展出自己的审计特色，提高审计能力和效率，其中金融系统的纵向审计就是我们取得的成果之一。

二、金融系统纵向审计的必要性

金融系统的审计是指审计专业人员依据金融业务规范和财务审计准则规定的程序和方法对被审计对象的金融资产、业务往来、收入与损益的真实性、合法性、有效性进行事后监督，并对其作出客观、公正的评价，目的是揭示金融系统内的资产、负债和盈亏等实际情况，发现和报告金融业务过程中的各种不规范问题，维护各类金融业务的正常、有序运转。

本质上，金融业务是一种建立在"数据"之上的业务活动，而针对金融业务的审计是财富管理活动中的必要环节之一。大数据时代，需要我们充分利用和挖掘有效的数据资源来提高审计活动的效率和质量。

1. 传统审计存在的困难

当前的各类金融业务已经由传统的财务电算化过渡到金融信息化、网络化阶段，金融信息系统管理着所有的金融业务及其相关数据，但业务人员和审计人员只能利用信息系统的前端开展工作，我们知道前端只是金融业务的人机接口，并不能给出业务处理过程的细节信息，审计人员只能根据前端系统输出的各类业务处理结果来梳理、判断资金的使用。比如业务记账结果和实际资金使用并不匹配，但后端却真实地记录了资金的运行状况。

另外，金融系统的前端缺乏对资金使用历史的把握，审计人员若要了解某项资金在过去某个时间段的动态使用情况，前端却无能为力，因为前端输出的仅是某个时刻的静态数据（结果），若要由某个时刻或某些时刻的静态结果去探究随时间变化的动态过程，这会给审计人员带来巨大的工作量（甚至人力不可及），因此在实际的审计工作中根本不可行。事实上，几乎所有的金融系统的前端并不能根据审计人员的需要输出业务处理的历史数据，这就会给进一步的审计工作带来难以克服的障碍。

2. 纵向审计的含义及其必要性

综上可知，由于缺乏动态数据支持，审计人员只能根据金融系统前端输出的静态数据去分析问题、开展审计工作，如图 4-1 所示。审计人员能够获得的数据取决于当前时间点，如果当前时间在 t1，看到的是 t1 时间点的静态数据，此时过去的 t2 或 t3 时间点的静态数据则无从考证。这种状况在分析某些资金的来龙去脉时就显得力不从心，因此如果仅仅在某个时间点上分析数据，依据当前数据和过去的某几个固定时间节点上的历史报表来开展审计，我们称之为"横向审计"。

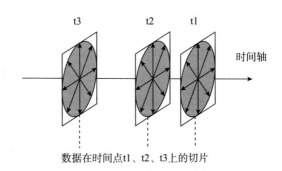

图 4-1 纵向审计的数据透视

"纵向审计"是审计人员在上述横向审计的基础上，突破时间点的限制，不仅利用过去时间切片上的任意数据，而且可以在指定范围内任意选择数据切片的时间点和数据，完全不受历史报表的限制，即能够根据资金分析的需要随时选取过去的某个时间切片的数据进行的审计。当能够连续查看不同时间切片上的业务数据时，整个金融信息系统的业务数据就会立体地呈现在审计人员面前。

金融系统的纵向审计是从数据的服务端来进行审计活动，所有金融数据的变更在服务端（后端）都有迹可循，让立体化的"数据"说话，这将摆脱长期以来审计活动严重依赖客户端（前端）业务系统及其业务人员的局面，实践中会大幅度提高审计活动的工作效率以及审计决策的可信度和公正性。

三、金融业务处理的基本模型

为了介绍我们的纵向审计工作机制，让我们从金融信息系统的业务处理模型开始。金融系统的业务类型千变万化、纷繁复杂，但有一个普适的业务逻辑，即任何复杂的业务处理都是由最基本的业务单元构成的，这个业务单元在数据管理领域有个专门的名词叫 Transaction，中文翻译成"事务"（或"交易"），事务是导致金融信息系统中各类资金数据变更的基本单元，它是构成各类金融业务的元业务。

为了说明事务对金融数据动态变化的影响，现举例说明。"转账"是金融信息系统的一项常见业务，在数据系统内部此项业务要执行多个相互关联的基本操作，如将一笔资金由甲账户转到乙账户，如表4-1所示。

表4-1　转账业务的事务处理

步骤	内部操作	元数据
1)	调整甲账户余额=甲账户原余额-转账金额	记录甲账户新旧两项余额
2)	调整乙账户余额=乙账户原余额+转账金额	记录乙账户新旧两项余额
3)	记账：转账相关信息的记录，如时间、缘由等	增加一条转账记录
4)	转账确认或撤销	系统内部事务处理及日志记录

就此案例，前三项操作需要作为一个整体（unit）来执行，要么全部执行，转账被确认（提交），甲乙两个账户的余额被同时更新；要么全部不执行，如执行到步骤3）时出现失败（介质或网络故障等），此时步骤2）和步骤3）操作结果无效，事务被撤销（回滚），数据恢复到事务前的状态。如果业务处理时破坏了这里的整体性就有可能会导致资金数据的严重不一致性（inconsistency）。就此

例而言，这三项操作的先后顺序无关紧要，但需要保持整体的原子性（atomicity）。在金融信息系统中，所有的交易业务都是严格按照这样的事务模型执行的，没有事务之外的业务处理。

1. 事务的还原档案及其价值

由于事务处理存在撤销（回滚）的可能性，因此当金融系统的服务端执行数据变更操作时，数据管理平台会将修改前的数据以特定的形态（old image）保存起来，这就是事务的还原档案。两个直接目的，一是防止事务撤销；二是维护并发环境下的一致性。金融信息系统是一个多用户的并发事务环境，这里的 old image 和 new image 可能会同时存在多个不同版本，一个事务能够访问的数据是来源于 new image 还是 old image，来自哪个版本的 image，取决于事务的隔离级别，这就是并发环境下的读一致性和多版本并发控制（MVCC）。

由于读一致性的需要，并发环境下的业务处理可能需要大量还原档案的支持。这里有必要明确一致性的含义：用户执行数据访问时，数据系统需要返回访问执行时刻系统已经确认的数据。但实际系统中的任何数据访问并不能瞬间完成，它需要消耗时间。假设一项数据访问的执行需要消耗一分钟的时间，而在这一分钟的期间内，有很多并发事务已经修改了待访问的资金数据，并且已经提交确认。很显然，此时这个数据访问需要忽略当前数据的最新版本，跨越一个或多个事务，找到数据访问执行时刻对应的有效资金数据。正因如此，在一个高负荷的实时的并发处理系统中，如果没有足够的事务还原档案的支持，一个耗时的数据访问有可能执行失败（当然，此时需要重新执行）。

2. 事务的交易档案及其价值

从金融信息系统的业务处理和系统维护的角度看，金融系统的运行过程就是执行各种事务（交易）的过程。为了保障后台交易的安全性，金融系统在执行一项事务时，需要将事务的完整信息记录下来，包括事务涉及的账号、交易时刻、交易涉及的资金变更、发起交易的用户身份、交易事由等作为后台的一个特殊数据项记录下来，这就是事务的交易档案（又称为交易档案 Transaction Log）。形象地说，交易档案是金融数据平台内部记录各类业务处理的"流水账"。

交易档案的记录以事务/交易为单位，交易档案里的每一项详细记录了交易处理的足够信息，以确保金融系统在必要的时候能够重演该事务。如果金融信息系统中的资金数据是金融管理的直接数据或"原生数据"，那么金融信息系统中的交易档案则是金融管理的间接数据或"衍生数据"，它内在地记录着资金的变更逻辑。从另一个角度看，资金数据反映的是各类业务处理的结果，而交易档案记录的则是各类业务处理的内在过程，有了这样的历史变更过程，在一定条件下金融信息系统就可以依次"重演"这个过程，这个内部可以重演的过程可以看作资金数据的一种过程化的"保险"。

四、基于还原档案的审计

前面介绍了还原档案用于交易的撤销和并发环境下的读一致性，这样的作用可以看作金融交易处理的联机保障，也为金融系统的纵向审计提供了数据变更的痕迹。原理上，一项交易一旦结束（确认或撤销），交易产生的还原档案即可丢弃。但由于还原档案里包含了当前资金数据的"怀旧"信息，出于业务审计的需要，我们可以人为地将其保留更长的时间，在此基础上发展出更有价值的系列金融业务，如为审计服务、提供对资金的跟踪能力等。

通常我们对某项资金的查询总是指查看当前时刻的有效资金数据，但资金数据总是随着时间的变化而实时变化的，这导致金融系统的业务审计变得复杂化。如果我们利用人为延期保存的还原档案可以实现非常有意义的向后数据透视，即将时间暂时回到过去某个时间点，去观察"旧时"的资金状态，如图 4-2 所示。显然，有据可循的后向数据透视会降低金融系统业务审计的复杂度。

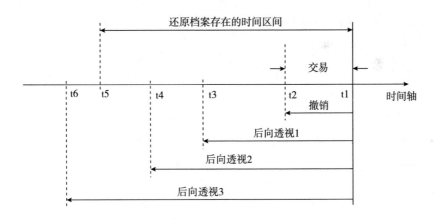

图 4-2　还原档案用于资金数据后向透视

这里后向透视资金数据的依据是利用还原档案推演出资金在过去的某个时间点的状态，并不影响当前资金的状态，因此后向透视不会局限于特定时间点，一项交易撤销只能回到交易开始的时间点，而后向透视操作可以跨越事务，将时间点向更远的方向推演。图 4-2 中设当前时刻为 t1，还原档案中保存了 t5 至 t1 时段的还原信息，当前交易持续时间为 t2 至 t1。交易撤销，资金数据回到 t2 时刻；交易确认，"旧资金数据"被"新资金数据"永久覆盖。能否看到覆盖前的资金数据呢？我们利用存在的还原档案即可做到，如查看 t3 或 t4 时刻的资金数据，且 t3 或 t4 可以是 t1 至 t5 期间的任意时间点。从这个意义上说，后向透视的操作是金融系统中交易撤销操作的拓展，但这种拓展并没有破坏交易的完整性，其结果仅是在当前资金状况的基础上结合连续存在的还原档案"计算"出来的资金数据。

显然，后向透视操作受到系统客观条件限制，后向透视的时间点不能无限制向后推演，因为要实现某个时间点的资金数据透视，其内在要求是从该时间点至当前时刻期间的所有还原档案都必须存在。从图 4-2 可知，图中的金融系统最远可以透视到 t5 时刻，若要透视到 t6 时刻（图 4-2 中的后向透视 3），由于没有 t6 至 t5 期间的还原档案，数据透视失败。由此可见，还原档案保留的时限决定了后向透视的时间窗。

金融数据的后向透视极大地方便了对金融业务的审计操作，为了能够后向透视更远的资金数据，在金融工程的实践中我们需要将还原档案作为一类元数据（metadata）来保存。有了这类元数据的支持，系统中的资金数据可以透视到更远的过去，让金融系统的纵向审计向纵深发展。

五、基于交易档案的审计

在现代金融系统的数据平台中，交易的交易档案也是作为另一类重要的元数据来保存的，它反映的资金交易的内在过程。让我们从资金数据和交易档案两者关系的角度来理解交易档案在纵向审计上的应用。

为保障资金数据的安全，数据平台总是应用"先写交易档案的原则"（write-ahead log rule）来执行各种交易处理，当一项交易被确认时，交易档案被优先记录，即只有交易档案记录完成，交易才被确认成功。金融数据平台之所以这样处理，是为了系统在各种异常/故障情形下资金数据能够得到最大限度的恢复。

就资金数据和交易档案两者的关系而言，存在如表 4-2 所示的三种情形：

表 4-2　资金数据和交易档案的关系

	交易情形 1	交易情形 2	交易情形 3
资金数据	√	√	×
交易档案	√	×	√
	交易确认	交易撤销	交易有效，但需补写资金数据

（1）交易正常完成并确认，交易档案和资金数据被依次写入后端数据系统。

（2）如果由于某种原因，交易未能正常完成（未被确认），但交易持续期间部分资金数据已经被写入后端系统，这样的资金数据被称为 inconsistent/dirty data，这样的资金数据无效，这就是交易撤销的情形。

（3）如果一项交易被正常确认，即交易档案已经写入系统后端，但由于系统异常或故障，对应的资金数据并没有被及时记录，这就是第三种情形。当资金数据和交易档案出现不一致时，现代数据平台总是以交易档案中的信息为准。既然交易档案得到记录，交易就是有效的。此种情形我们可以利用交易档案来补写资金数据，这个过程就是一种特殊的资金数据在时间轴上向前演进的过程。为满足审计工作的需要，某些情形下我们可以人为地利用这个演进过程提供前向透视资金数据的能力，如图4-3所示。

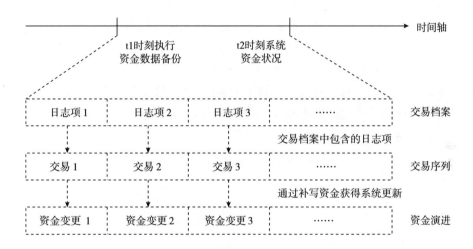

图4-3 交易档案用于资金数据的前向透视

进一步地，上面这个资金数据的演进过程还可以实时地进行。典型的金融数据系统的高可用方案，如主备用（primary-standby）系统或主从（master-slave）复制系统，其中的 standby/slave 端就是通过网络实时地接收并应用从 primary/master 端传输过来的交易档案实现两端的资金数据同步。

显然，这里的交易档案实现金融系统的纵向审计操作的重要支撑信息。如果当前资金数据处于过去的某个时间点，利用交易档案，我们可以将资金数据向更新的时间方向推演，这就是前向资金数据的透视。

六、联合两类档案的双向数据透视

前面分别介绍了数据系统的交易档案和还原档案的价值及其在金融业务审计

中的用途。从应用的机制上分析，两者在资金数据透视的方向上是相反的。还原档案的基本功能是撤销交易，它通常是在交易内起作用，我们在金融系统的实践中扩展还原档案的保留时限创造出后向透视资金数据的功能；而交易档案的基本功能是补写交易的资金变更，进一步地利用交易档案我们实现了资金数据的前向透视。两类档案对资金数据都有演进的作用，只是一个向后（backward），一个向前（forward）。充分利用这两类档案资料，就可以为金融系统的审计作业提供一种基于前向和后向时间点的数据透视能力，从而实现全功能的纵向审计。

如图4-4所示，当前时间为t1，出于金融审计操作的需要，如果要让数据回到过去的某个时间点（如时间点t4），有两种基本的途径：一种是通过传统的金融数据的备份（backup）将资金还原（restore）到备份时刻的状态；另一种是通过后向透视手段让资金数据回到过去。不过，两者在易用性上存在显著的差别，备份只是在某些固定的时间点完成，资金数据还原时我们只能被动地选择这些时间点，而后向透视手段则不受此限制，后向透视的时间点可以在一个区间内任意选择，如后向透视到t4，如果发现t4时间点的资金数据不是审计作业需要的，在此基础上可进一步地向后推演，如由t4退到t5，只要时间点在还原档案允许的时限范围内，这样的后向透视操作可以一直进行下去。

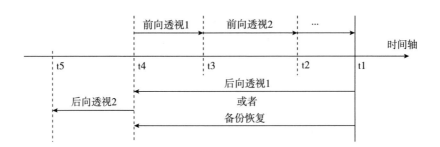

图4-4 基于时间轴的双向数据透视

需要注意的是，如果资金数据在某个时间点要向前推演（更新的方向），此时就需要依靠交易档案，如前所述该过程被叫做前向透视。图4-4中，在t4基础上可以将资金数据向前推演到t3时刻，如果需要，还可进一步推演到t2，类似的过程可以一直向前，直到将资金数据推演到最新时刻t1。

由上面的过程可知，综合利用金融系统中的还原档案和交易档案，可以方便地实现数据在时间轴上灵活地推演，实现双向数据透视，这是一个完美地展现资金数据动态变化的过程，为金融业务的纵向审计提供了一种全新的、强有力的分析手段。

七、实现纵向审计的保障措施

在金融信息系统的资金管理实践中，上述的两类档案信息（还原档案、交易档案）并不是天然存在的。默认情况下，两类档案信息只是局限在交易（事务）范围内，前者是撤销交易的需要，后者是重演交易的需要。要实现对金融业务的纵向审计功能，我们需要事先有所准备，在保障资金数据安全存储的基础上，扩展两类档案的保存时限。同时我们也需要有这样的安全意识，绝对安全的系统是不存在的，事实上，这两类档案不仅可以用于金融业务的纵向审计，也是保障资金数据安全的一种手段。

显然，在没有足够还原档案和交易档案的情境下，纵向审计就会出现"巧妇难为无米之炊"的局面。我们在大量金融系统数据管理的实践中总结出实现双向数据透视的一般保障措施，由于篇幅关系，简述如下：

（1）根据后向透视需求的时间窗确定还原档案保留的时限；

（2）资金数据的备份需要包含还原档案，保障备份点的后向透视功能；

（3）建议交易档案独立存储，以提高资金数据的可恢复性；

（4）保持交易档案的适当冗余（redundancy），如联机镜像、冗余校验存储等；

（5）监控还原档案和交易档案的连续性和完整性，确保资金数据的可透视性。

八、本章小结

金融系统的纵向审计是我们近年来开辟的一个新的研究领域，它是一种以金融系统后端数据为中心的审计方式，这种新型审计方式为审计人员提供前所未有的数据透视能力。①通过对动态资金数据的透视，实现对资金流的梳理，从而可以精准把握各类资金的使用动向及其过程监控，这极大地拓展了传统的基于前端业务分析的审计效率和审计能力；②将这里的数据透视能力作为金融数据管理的背景策略，有助于提高我们在金融系统中的风险控制、系统维护与数据保障能力。

最后需要说明的是，这里讨论的还原档案和交易档案既不属于金融信息系统中的常规数据，它们也不存在于特定的关系模式中，两者都是在金融系统的正常运行过程中的衍生数据，需要我们像对待原生的资金数据一样去管理和维护它们。我们的金融系统的数据管理实践已经证明，充分利用这样的衍生数据不仅能够深化和扩展金融系统的业务审计能力，也会开辟新型的金融业务，进而启发以"数据"驱动的创新。

第五章 典型金融数据平台的体系结构

概括地说，现代信息系统由数据平台和应用系统两大部分构成。应用系统围绕数据平台开展满足用户需要的各种业务数据处理；数据平台则是各种业务处理的数据源头和数据处理的归宿，是各类数据的大本营。面向信息系统的数字化审计，要想越过技术屏障能够提取数据平台后端最真实的数据，需要对数据平台的体系结构（包括数据存储结构、数据访问结构、权限控制结构等）有总体认识。对于在线事务处理（OLTP）系统而言，虽然不同数据平台在具体的数据组织上存在差异性，但它们背后都是基于共同的原理，拥有共性的机制，存在广泛的技术共性。因此它们在总体的体系结构上是基本一致的。本章将结合数字化审计的需要，阐述现代信息系统的后端数据平台的体系结构及其主要内容，为后续结合具体的数据平台介绍数字化审计技术做准备。

一、典型数据平台的服务架构

随着信息技术的进步，现代数据系统变得越来越复杂。作为审计专业人员，面对复杂的数据平台和系统时，我们无须掌握其技术细节，重要的是要分清主次、抓住重点，把握系统的主要组成部分、各部分之间的关系以及系统的运行方式等，理解其技术思想和组织方式，就会极大地提升我们在审计过程中提取数据、理解数据的能力。

1. 数据服务的重要概念

我们知道，当前主流的在线事务处理系统数据平台都是基于关系数据库系统建立起来的，金融信息系统中常见的关系数据库系统有 Oracle、SQL Server、MySQL 等，它们有共同的技术基础，其运行机制也大同小异。理解这类系统时我们首先要熟悉以下四个基本概念及其相互关系：数据库管理系统（DBMS）、数据库（Database）、实例（Instance）和数据库服务器（DB Server）。为简化起见，我们用下面的等式概括三者之间的关系：

DB Server = DBMS + Database（s）+ Instance（s）

DBMS 是一套平台化的软件，当用户需要使用某种类型的数据库时，首先需要在操作系统（OS）之上安装这套软件。在这套软件的支持下，用户就可以创建一个或多个自己的数据库（Database）。每个数据库在物理上存在于存储设备中，通常以一套磁盘文件（操作系统文件）的形式呈现，这套文件在逻辑上构成一个整体，即数据容器的概念，它为用户提供持久存储各类数据的空间。本质上，所有的数据最终都存储在这样的存储空间。需要注意的是，用户无法直接访问这样的存储空间，该空间由 DBMS 软件系统负责对其管理和读写。事实上，大多数情况下 DBMS 需要通过 OS 去读写磁盘上的物理文件。在某些性能要求较高的场合，数据库以若干裸设备（Raw Device）的形式存在，此时 DBMS 完全接管存储设备，越过 OS 直接去读写磁盘上的数据。

　　用户如何能够访问存储设备上的数据呢？这就涉及实例（Instance）的概念，它是一套特定的内存结构，包括缓存结构和进程结构两部分，可以看作物理数据库在内存中的运行形态。当数据库启动时，创建对应的实例，当数据库关闭时，实例结构在内存中消失。任何用户（包括数据库系统的超级用户）都不可能直接访问存储介质上的数据库文件，当用户连接/访问数据平台，本质上连接的是实例，访问的是实例，用户能够操纵的数据来源于实例结构中的缓存。正因如此，一个物理存在的数据库，如果没有对应的实例存在，用户是无法访问其中的数据。实例是用户与数据库之间的访问中介，同时实例的运行状况也决定着数据库服务器的性能。

　　通常情况下，数据库和实例之间是一一对应的关系，这就是数据服务的单实例情形，一台物理的服务器承担全部的数据服务职能。显然，这种单机服务形态能够承载的用户数量和访问负荷是有限的。为了应对大规模的数据服务，数据库和实例一对一关系可以扩展为一对多的关系，即同一个数据库，在一定条件下（需要集群软件的支持）可以启动多个实例，且这多个实例运行在不同的主机上，这就是典型的集群数据服务的形态，此时数据库的物理文件（实体结构）存在于一个共享的存储设备上，每个运行实例的主机都可以并行地访问共享存储上的数据库文件。这样多台主机（运行有实例）联合起来形成一个逻辑上的数据库服务器，以集群的形式对外提供数据服务。当一个用户连接一个集群服务器时，集群调度软件会有两种选择（取决于连接配置）：将其连接导向一个预先设定的实例，或者根据当时各实例的负荷状况将其连接导向一个相对空闲的实例。这样大量的用户连接及其访问负荷被大致均衡地分配到集群服务的不同主机上。当然，集群环境下的主机被有机地整合在一起，形成一个逻辑上的服务器，不同主机上的计算资源可以被综合利用，实现负载均衡，如一个用户连接的数据处理请求可以根据需要被集群调度软件进行分割，并分散到不同的实例上去处理，这就是典型的分布式数据处理。

　　当前在数字化审计过程中，审计人员面对的是各类信息系统，面对的是复杂的软硬件环境，难免有无所适从、力不从心之感。这就需要审计人员分清主次、抓住主要矛盾，摒弃纷繁复杂的技术干扰，抓住如何获取有效数据这条主线，这是将数字化审计落到实处的基石。笔者认为，从现代数据平台的服务架构出发，从整体上把握和认识数据存储和数据访问的脉络，可以达到事半功倍的效果。

下面的信息来自 Oracle 数据平台中实例启动和关闭时的反馈，从中我们可以清楚地看到 Instance 和 Database 之间的关系：当实例启动后，加载数据库（Database mounted），打开数据库（Database opened）；当实例关闭时，数据库关闭（Database closed），数据库卸载（Database dismounted）。

```
SYS> startup
Oracle instance started.

Total System Global Area      267227136 bytes
Fixed Size                    2174888 bytes
Variable Size                 171966552 bytes
Database Buffers              88080384 bytes
Redo Buffers                  5005312 bytes
Database mounted.
Database opened.
SYS> select instance_name,host_name,status from v$instance;
INSTANCE_NAME         HOST_NAME          STATUS
--------------------  -----------------  -------------
audit                 MJDP               OPEN
SYS> show parameter db_name
NAME            TYPE          VALUE
----------------------------  ---------------
db_name         string        AUDITDB
SYS> shutdown
Database closed.
Database dismounted.
Oracle instance shut down.
```

在理解了现代数据服务平台几个重要的概念（Server、DBMS、Database、Instance 等）之后，下面将结合实践中最常用的 Oracle 数据系统具体介绍数据的存储结构和数据的访问结构。

2. 数据平台的主要构成

对应数字化审计工作而言，了解数据平台的主要构成可以更好地理解业务的运行和数据的提取。典型数据平台的核心构成如图 5-1 所示。数据平台是围绕数据库构建起来的 IT 系统。数据库在物理上由数据文件（Data Files）、日志文件

（Log Files）和其他辅助文件组成，它们在逻辑上形成一个有机的整体。Data File用于实际存储数据库中的数据（包括数据字典中的元数据和用户的业务数据）；Log File 是用于记录交易档案的专门文件；其他文件用于处理数据文件和日志文件之间的同步以及控制整个数据库的运行。

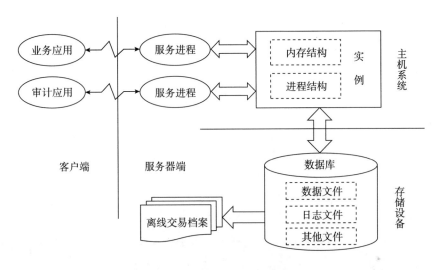

图 5-1 典型数据平台的服务架构

数据库在启动时需要在服务器的内存中创建对应的实例（Instance），包括内存结构和进程结构两部分，内存结构用于实现数据平台运行过程中的数据存储和数据处理，进程结构用于协调内存结构和物理存储之间的关系，如需要的信息能够及时地从存储介质上的数据文件中读入内存，内存中的数据处理信息及其结果能够及时地写入存储介质上的数据文件和日志文件。根据数据平台的配置，可以将系统设置在归档方式（Archived Log Mode）下运行，当日志文件被写满时，进程结构的相关进程就会负责将日志文件中的内容备份转移，形成离线档案文件。由于受物理文件大小的限制，日志文件只能记录有限时间段的交易处理信息，而日志文件和离线档案文件的联合可以连续完整地记录数据系统在运行过程中的所有交易处理信息，这是开展数字化审计工作可以依赖的重要数据资源。

二、数据平台的物理存储结构

数据系统的外部结构指的是数据系统在外部存储介质上的存储结构，典型地是以磁盘文件的形式存储各类信息，这些磁盘文件包括三类：数据文件（Data Files）；日志文件（Log Files）；其他类型的文件。

数据文件和日志文件是所有数据平台所必需的，其他类型文件与使用的数据平台密切相关，这里我们结合具体的数据平台对不同类型的文件做摘要介绍。在Oracle 数据平台中，其他类型文件包括：控制文件（Control File）；口令文件（Password File）；跟踪文件和告警文件（Trace File & Alert Log File）；初始化参数文件（Parameter File）；历史交易档案文件（Archived Log File）。

1. 数据文件

一个数据文件实质上就是一个物理的磁盘文件（或称为操作系统文件），它是构成数据库物理存储数据的磁盘空间。数据库中的所有对象和数据，例如表和表中的数据，最终都物理地存放到了数据文件中。

2. 日志文件（交易档案）

在 Oracle 系统中，数据库所发生的所有事务都被记录到了日志文件中。当数据库失败后，可以利用日志文件恢复丢失的数据。每个 Oracle 数据系统可以拥有两个或多个日志文件，它们通过日志切换（Log Switch）的方式来循环使用。数据库系统记录日志以事务（Transaction）为单位来记录日志，故称为交易档案。

3. 控制文件

控制文件是一个比较小的二进制文件，它主要记录着数据库整体的物理结构信息，包括数据库使用的所有数据文件、日志文件的物理位置、文件名、大小等，同时它也记录着数据还原时需要的同步信息。当一个数据库要加载（Mount）到一个实例上时，系统首先要读取控制文件的内容，以了解数据库的整体结构信息，并根据同步信息判断数据库是否处于一致（Consistent）状态。

控制文件在整个数据库的运行过程中都处于联机状态，以随时记录数据库的最新状态。控制文件对数据库来说至关重要，一个 Oracle 数据系统只需要一个控制文件。为了提高控制文件的安全性，Oracle 提供了 Multiplexed 机制来联机镜像多个控制文件，它们的内容完全保持一致。

4. 历史交易档案文件

默认情况下，Oracle 数据系统的联机日志工作在非归档（Noarchive）方式下，此时并不产生历史交易档案文件。为了在系统出现故障的情况下，数据库能够得到有效的恢复，数据库应该工作在归档（Archivelog）方式下。在这种方式下，在当前的联机日志文件写满后，就会出现日志切换（Log Switch），此时，归档进程（ARCH）会把写满的联机日志文件"拷贝"到有初始化参数指定的归档位置，形成历史交易档案文件。历史交易档案文件保存的是数据库交易档案的历史。

5. 初始化参数文件

对于 Oracle 数据系统和实例，系统大约有 300 个参数对其进行设置，其中绝大多数的参数都有默认值。初始化参数文件用来对一些必要的参数进行调整和设置，一般情况下它是一个很小的文本文件，它记录着启动数据库实例的非默认值。在数据库启动过程中，Oracle 就是根据初始化参数文件中的参数设置来定制实例的。这里的参数文件还有一种存在形式：二进制形式的参数文件，它存放于数据库服务器端，称为 SPFile（Server Parameter File），它通常由最初的文本性质的初始化参数文件转化而来。

6. 口令文件

口令文件是一个很小的二进制文件，它存储着所有具有 SYSDBA 和 SYSOPER 权限的用户名及其口令信息。初始情况下仅有 SYS 用户的口令信息存储其中。在数据库实例处于非装配（Nomount）和装配（Mount）状态下，数据库并没有打开（Open），此时只有具有 SYSDBA 或 SYSOPER 权限的用户才能连接到实例。在非外部验证的情况下，口令文件验证连接到实例的用户合法性。

7. 跟踪文件和告警文件

在 Oracle 系统中，每个后台进程都有一个与之相关的跟踪文件。每当进程检测到一个内部错误，它就会把错误信息写到自己的跟踪文件中。这些信息将有助于 DBA 分析和排除错误。所有的跟踪文件的文件名都包含产生它的后台进程的名称和进程所在的实例名。例如，和进程 LGWR 相关的跟踪文件的名称是 SID_LGWR.trc。其中，SID 是实例名，LGWR 是进程名。

除跟踪文件外，Oracle 中还有一类文件叫告警文件 Alert_SID.log。告警文件用于记录数据库中执行的重要命令和命令执行的结果。例如，数据库状态的变化、日志模式切换、恢复操作、进程的启动与关闭等。DBA 应经常查看 Alert File，以发现和排除数据库的各种异常情况，包括系统配置上的变更，如审计策略的调整。

这里列出的七种类型的文件，其中前五个与本书介绍的数字化审计密切相关，后两个文件是数据平台的正常运行所必需的，审计专业人员可以一带而过。

三、数据平台的逻辑存储结构

数据平台虽然是一个庞大而复杂的系统，但数据库中的所有数据（系统数据、用户数据）都物理地落实到存储介质上。逻辑上，数据系统的存储空间典型地被划分为若干个逻辑上的子空间——表空间（Tablespace）或数据文件组（Datafile Group），不同表空间或文件组用于存储不同类别的数据。数字化审计过程中，经常需要不同类别的数据相互参照、验证，才能形成真正有效的审计结论。

1. 表空间与数据存储

数据存储空间之所以被划分为不同的表空间，其主要目的是要实现分门别类地组织数据。一个典型的数据平台（不限于 Oracle）通常需要以下表空间或文件组：系统表空间（System）、还原表空间（Undo）、临时表空间（Temp）、业务数据表空间（Business）等。表 5-1 给出了典型数据系统表空间与文件组的对应关系。

表 5-1　典型数据系统表空间与文件组的对应关系

Oracle	SQL Server	数据存储功能
系统表空间	Primary 文件组	元数据专属存储空间
Sysaux 表空间	无	管理工具内部使用空间
还原表空间	Tempdb 数据库	存储还原数据（Undo Data）
临时表空间		存储临时数据（Temp Data）
业务数据表空间（多个）	用户文件组（多个）	用户业务数据的存储空间

从数字化审计的角度看，使用多个表空间或文件组来组织数据的好处在于：

- 把元数据（数据字典中的数据、系统数据）和用户的业务数据分开；
- 把一个应用系统的业务数据与其他应用系统的业务数据隔离；
- 按照业务的观点将不同类型的业务数据分割，便于管理与备份等；
- 某些表空间可以专门用来存储历史业务数据，便于联机查档。

2. 数据字典与系统表空间

系统表空间主要用来存储数据字典（Data Dictionary）信息。虽然 Oracle 并不禁止用户向系统表空间存放其他的数据对象，但为了数据系统的高效运行，强烈建议用户不要这样做。数据字典中的所有对象都属于 SYS 用户。默认情况下，SYS 用户和 SYSTEM 用户下的所有对象都存放在系统表空间，换句话说，系统表空间尽量留给 SYS 用户和 SYSTEM 用户使用。系统表空间存储了 Oracle 数据管理需要的数据对象，包括全部的元数据信息。

数据字典是 Oracle 数据库的"信息中心"，它是由一系列 SYS 用户所拥有的数据库对象（包括一系列基础表和动态性能视图等）构成，保存了关于数据库自身以及其他所有数据库对象的信息（这类信息有时又称为 Metadata），在 Oracle 数据库运行期间，需要随时访问这类信息，并且会自动维护它们，不需要 DBA 人为地更改它们。

具体地，数据字典中保存以下主要信息：

（1）数据库的结构信息，包括内存结构、物理结构、进程结构、会话信息等；

（2）各种数据对象（表、视图、同义词、存储过程、触发器、程序包等）的定义信息，它们由 DDL 语句生成；

（3）数据系统存储空间的配置和使用信息，包括表空间及其内部使用情况；

（4）数据安全及其权限控制信息，如用户、角色、权限分配等信息；

（5）数据系统运行期间的各类统计信息，这些信息可以让 DBA 随时监测数据库性能；

（6）关于各类数据档案的重要信息，如联机档案、历史档案的存储及其时限范围等。

数据字典中的库表信息主要分为两类：基础表和动态性能视图。基础表中的信息一旦形成在运行期间通常不会改变（除非 DDL 语句的作用）；动态性能视图是依赖数据库运行时的状态，反映数据库运行的一些内在信息，所以在访问这类数据字典时往往不是一成不变的。以下分别对这两类数据字典进行论述。

数据字典基础表：这类数据字典主要是由表和视图组成，应该注意的是，数据字典中的表是不能直接被访问的，但是可以访问数据字典中的视图。静态数据字典中的视图分为三类，它们分别由以下三个前缀构成：

（1）USER_＊：该视图存储了关于当前用户所拥有的对象的信息。（即所有在该用户模式下的对象）。

（2）ALL_＊：该视图存储了当前用户能够访问的对象的信息。（与 USER_＊相比，ALL_＊并不需要拥有该对象，只需要具有访问该对象的权限）。

（3）DBA_＊：该视图存储了数据库中所有对象的信息。（前提是当前用户具有访问这些数据库的权限，一般来说必须具有管理员 DBA 权限）。

从上面的描述可以看出，三者之间存储的数据肯定会有重叠，其实它们除了访问范围的不同以外（因为权限不一样，所以访问对象的范围不一样），其他均具有一致性。具体来说，由于数据字典视图是由 SYS（系统用户）所拥有的，所以在缺省情况下，只有 SYS 和拥有 DBA 系统权限的用户可以看到所有的视图。没有 DBA 权限的用户只能看到 USER_＊和 ALL_＊视图。如果没有被授予相关的 SELECT 权限，则不能看到 DBA_＊视图。

动态性能视图：Oracle 包含了一些潜在的由系统管理员如 SYS 维护的表和视图，由于当数据库运行的时候它们会不断进行更新，所以称它们为动态数据字典（或者是动态性能视图）。这些视图提供了关于内存和磁盘的运行情况，所以我们只能对其进行只读访问而不能修改它们。Oracle 中这些动态性能视图都是以

V$开头的视图，比如 V$ACCESS、V$DATAFILE 等。

善于利用数据字典中包含的各类元数据，可以给我们的数字化审计工作带来极大的方便，因为数据字典中包含了业务系统在运行过程中所有静态的和动态的信息。表 5-2 给出了 Oracle 系统用于存储各类元数据的表（视图）的类型。执行下列查询语句可以获取所有数据字典中的表或视图名称信息：

SQL> select * from dictionary order by table_name

表 5-2　数据字典中元数据的存储结构

类型	前缀	用途	举例
静态数据字典视图	USER_	当前用户所拥有的所有元数据信息	USER_TABLES USER_VIEWS
	ALL_	当前用户所能访问的所有元数据信息	ALL_TABLES ALL_TAB_COLUMNS
	DBA_	具有 DBA 权限能够访问的元数据信息，一般比 USR 和 ALL 版本更详细	DBA_TABLES DBA_TAB_PRIVS DBA_DATA_FILES
动态性能视图	V$	包含当前数据平台动态运行的元数据信息	V$TABLESPACE V$LOG_HISTORY
	GV$	与集群服务有关的信息，主要用于 Oracle RAC 数据库集群环境	GV$LOCK V$SYSTEM_PARAMETER

3. 还原档案与 UNDO 存储空间

还原档案又称为回滚信息，它是现代数据系统用于保证读一致性、撤销交易和还原业务数据的一种机制，通俗地说，它就是为交易撤销而保留的数据更新前的旧值（Before Image）。数据系统内部采用回滚段来存储回滚信息。

回滚段中记录了被每个交易修改过的业务数据的旧值。例如，用户 A 正在修改表 AUTHS 中的业务数据，并且还没有提交（COMMIT）。此时，如果用户 B 要求读取 AUTHS 中的数据，则数据系统向用户 B 返回回滚段中的旧数据，以保证用户 B 的读一致性。另外，如果用户 A 要撤销（Rollback）对 AUTHS 的修改，数据系统使用回滚段中的旧值来还原数据。

这里特别介绍 Oracle 系统 AUTOMATIC UNDO MANAGEMENT（UNDO 空间自动管理）的概念。[①] 在 UNDO 空间自动管理的情形下（由参数 UNDO_MAN-

---

① 在 Oracle 的专业术语中，倾向于用 UNDO 来代替 Rollback 一词。

AGEMENT=AUTO 决定），Oracle 允许创建多个 UNDO 表空间，但同一时间只允许一个激活（由参数 UNDO_TABLESPACE=XXX 决定），此时 UNDO 表空间的组织与管理由 Oracle 内部自动完成。

利用 Oracle 的 UNDO 空间自动管理特性，当一个回滚段空间不足时，Oracle 会自动使用其他回滚段，并不会中止交易的运行。审计人员只需了解 UNDO 表空间是否有足够的空间，而不必手工设置回滚段或为交易指定回滚段。设置自动还原空间管理，修改以下初始化参数：

UNDO_MANAGEMENT=AUTO

UNDO_TABLESPACE=还原表空间名

UNDO_RETENTION=回滚信息保存的时限

回滚信息最基本的功能是保障交易可撤销，当用户撤销交易（Rollback）时，修改的数据通过回滚信息被还原。从原理上说，一旦交易被提交（Commit），回滚信息就可能被删除。不过现代数据系统对回滚信息的利用做了大幅度的扩展，它被持续地保存，可以用于对业务数据实现基于时间点的还原。正因如此，UNDO 表空间中保存的信息被称为还原档案，该档案持续保存的时间区间决定了业务数据能够被还原的时间范围。在 Oracle 数据系统中，可通过参数 UNDO_RETENTION 控制还原档案保存的时限。在数字化审计过程中，利用这一特性可方便地实现对历史业务数据的追踪。

四、数据平台的交易档案存储结构

用于金融服务的信息系统成为在线事务处理系统（Online Transaction Processing）或在线交易系统。这里的 Transaction 是数据系统的关键概念，中文将其翻译为事务或交易，本书倾向于使用"交易"一词。

1. 交易与交易档案

现代信息系统的数据处理是以交易为单位的，正是"交易"的发生导致数据系统里的业务数据由一种状态转换到另一种状态。从 IT 专业的角度，交易满足以下四个特性（简称为 ACID）：原子性（Atomicity）、一致性（Consistency）、隔离性（Isolation）、持久性（Durability）。此处我们从业务交易和数字化审计的角度，对这些特性给出易于理解的解释：

（1）交易（Transaction）是现代数据系统实现各类数据处理的基本单位；

（2）从用户的角度，任何一个交易的执行只存在两种处理结果：要么成功，对应交易提交（Commit）；要么失败，对应交易撤销（Rollback），不存在第三种处理结果；

（3）只有交易的发生才会导致业务数据的变更。从业务数据变更的角度，没有交易之外的操作。

正是由于上述特性，数据系统的交易档案完美地记录了业务处理的过程。在数字化审计中，交易档案可以用来重现业务处理的过程，显然，这为审计作业中业务数据的"查档"和"追踪"提供了一条重要的技术途径。

2. 交易档案存储的循环性质

数据系统的交易档案相当于业务系统执行业务处理过程的一本流水账，具有一维无限增长的特性。显然，任何大小的日志文件（Log File）都不可能无限持续记录系统运行产生的交易档案。因此用于存储交易档案的日志文件的存储空间在使用上具有循环性质。在默认情况下，如果存储空间用尽，数据系统会循环使用其中的空间，这会导致新生成的交易档案会按时间的先后顺序将早期的交易档案覆盖。因此，通过有限大小的日志文件只能记录有限时间段的交易档案。这个时间段的长短取决于日志文件的大小和实际交易状况。这个时间段的信息也是信息系统元数据的一部分。

显然，在实际的信息系统中，这个交易档案要持续地保存，仅通过数据库本身的日志文件（又称为联机日志文件）是无法实现的。于是产生了归档日志文件的概念，它是通过对日志文件中的内容实施备份来实现的。在联机日志文件中的内容被覆盖（重写）前，对已有的交易档案信息实施备份，于是产生归档日志文件。归档日志文件中存储的是历史交易档案的信息。这个对日志文件的备份操作，既可以通过数据平台自动执行，也可通过数据管理人员人工执行。为了保持交易档案基于时间上的连续性，在几乎所有的投入运行的信息系统中，这种对交易档案的备份都应该被调整为自动执行，以确保交易档案的持续记录。具体方法取决于使用的数据平台。

五、数据平台的权限控制架构

现代数据系统通过严格的权限控制来限定用户的行为（操作），如果用户对于某个数据对象没有访问权限，用户连接至数据系统后既看不到该数据对象，也不能意识到它的存在。正因如此，在数字化审计过程中，如果想通过数据系统获得正确的、全面的业务数据，理解数据系统的权限控制机制是必须的。否则，受控于访问用户的权限，审计人员面对数据平台，则类似于"盲人摸象"。

1. 权限相关的几个重要概念

（1）登录账号和用户身份。

用户（User）和登录（Login）决定我们在访问数据平台时的身份，当然也就决定了我们在数据系统中的访问权限。在大多数情况下，非专业人员将 User 和 Login 混为一谈，这会给对权限的理解带来困扰。事实上，区分 User 和 Login

需要我们结合前面的服务架构去理解，Login 是针对服务器（Server）而言的，而 User 是针对数据库（Database）而言的。业务人员或审计人员要访问数据平台，首先要使用 Login 登录服务器，然后根据 User 身份去访问数据对象。

这里涉及 Server 和 Database 的关系。在某些数据平台（如 Oracle），一个 Database 作为一个 Server 存在，因此这里的用户和登录是合二为一的，即只有数据库用户（服务器用户）的概念；对于另一些数据平台（如 SQL Server、MySQL），Server 和 Database 存在着显著区别，在一个 Server 下有多个 Database，此时的 Database 类似于前面介绍的表空间（Tablespace）的概念。而我们的数据对象总是存在于某个 Database 中，访问数据对象就会受到登录后对应的用户身份的限制。显然，这里需要注意 Login 和 User 的对应关系，连接数据平台使用的是 Login，而访问数据对象时会受到 User 身份的严格约束。

（2）模式和对象属主。

模式（Schema）是一组数据对象的集合，属主（Owner）指数据对象（表、视图、报表等）的主人（资源的拥有者）。这里的权限控制机制与现实生活的经验相一致，如果某件物品是主人的私有财产，则主人对这件物品拥有完全的处置权限。数据对象是 Owner 的私有财产，Owner 身份拥有数据对象的全部权限。因此，想具有完全处置某个数据对象的权限，让用户身份成为该对象的属主是一种快捷方便的途径，否则其他用户访问该数据对象时就会严格受到权限的控制，而这些权限需要显式地被授予。

与普通数据对象类似，模式（Schema）也存在对应的属主（Owner）。模式属主拥有该模式下所有数据对象的全部访问权限（即对象属主的权限）。在每个数据库（Database）作为独立服务器（Server）的数据平台，用户（User）和模式（Schema）构成了一对一的关系，数据对象隶属于不同的用户，即每个数据库用户自然形成对应的一个模式，模式名即用户名。而在服务器和数据库是一对多关系的数据平台，存在数据库属主的概念。数据库属主（DB Owner）拥有该数据库的完全权限，即访问该数据库时不受权限约束。另外，模式所拥有的数据对象可以跨越不同的数据库，这样模式的属主和对象的属主就可能出现不一致的情形，默认情况下模式的属主自动成为该模式下所有数据对象的属主，即模式属主自动覆盖原先的对象属主。

2. 数据系统权限的层次

这里有两个基本问题：系统有哪些权限项？这些权限项作用在哪些层级？

（1）权限项。

指权限项目或权限列表，权限控制中有哪些权限项可以使用？对于每个具体的数据平台，这些具体的权限项有数百个甚至更多，而且这些具体的权限项的描述都不同，如是否允许连接数据系统对应一个权限项，在 Oracle 系统里被描述为 "Create Session"，而在 SQL Server 系统里被描述为 "Connect SQL"。显然，我们不能生硬地去记忆这些权限项，我们需要从类别上定性地去认识这些权限项目。

总体上，我们可以将这些权限项划分为两大类：系统权限和对象权限。

系统权限是在服务器（Server）范围内的权限，或者更具体地说，能够执行哪些指令的权限，一项系统权限往往对应一类或一组指令的权限，如 "Create Table" 代表能够在服务器系统里创建任何表的权限、"Import Full Database" 代表能够备份数据库数据的权限（Oracle）等。另外，系统权限也常常对应于数据平台的某种管理权限，如能否扩展存储空间、能否创建用户、能够调整系统设置等。

对象权限是与具体数据对象、系统对象相关的权限。与之形成对照的是，系统权限项与具体的对象无关，它总是代表着在服务器范围内的一类命令权限。显然，对象权限的描述与具体的数据对象、系统对象相关，如对于一个表（Table）而言，就有查询权限、增删改的权限等，对于一个程序性对象，如存储过程（Stored Procedure）就不存在这些权限，但是存在能否调用该过程的权限（Execute）等。表 5-3 和表 5-4 描述的就是在 Oracle 系统里，常见数据对象中存在的对象权限。

表 5-3　对象类型与对象权限

对象权限	表	视图	序列	程序对象	快照
ALTER	Y		Y	Y	Y
DELETE	Y	Y			
EXECUTE				Y	
INDEX	Y				
INSERT	Y	Y			
REFERENCES	Y				
SELECT	Y	Y	Y		Y
UPDATE	Y	Y			

表 5-4　对象权限的内涵

对象权限	允许执行问 SQL 语句
ALTER	ALTER 对象名（表或序号生成器）
DELETE	DELETE FROM 对象名（表或视图）
EXECUTE	EXECUTE 对象名（过程或函数），访问公共的包变量

续表

对象权限	允许执行问 SQL 语句
INDEX	CREATE INDEX ON 对象名（仅对表）
INSERT	INSERT INTO 对象名（表或视图）
REFERENCES	在表上定义 FOREIGN KEY（外部键）的 CREATE 或 ALTER TABLE 语句
SELECT	SELECT…FROM 对象名（表、视图或快照），引用序号生成器的 SQL 语句
UPDATE	UPDATE 对象（表或视图）

（2）权限项作用的层级。

如前文所述，对象权限发挥功能需要作用在某个对象上。这里的"对象"在不同的数据平台上其含义也有所差别，其共同点是每一类数据平台都有大致相同的数据库对象，如表、视图、存储过程等。除此之外，权限作用的"对象"还存在不同层级的对象，如服务器（Server）、数据库（Database）、模式（Schema）、对象（Object）、对象中的列（Column）等。在大多数数据平台中，对于表、视图、报表等具有二维关系的数据对象，权限还可以控制列（Column），如限制某个表某个列上的操作。

显然，从权限项作用的层级角度看，前面介绍的系统权限也是一类特殊的对象权限，即作用在服务器对象上的权限，其特殊性表现在就数据平台而言，服务器对象只有一个。由于对象存在着层次，这里需要注意，作用在高层次对象权限，自动覆盖其下属低层次对象的权限，如作用在某个模式（Schema）上的查询权限，会自动拥有该模式下的所有对象的查询权限。

在数据平台的权限管理中，所有的权限最终都要落实账户（用户）上。前面介绍的系统权限项（数量有限），再加上对象权限项（数量无限），数据平台允许的权限项的数目是非常庞大的。从另一个角度看，数据系统权限管理的实质是落实这些权限项与账户（用户）的对应关系，使得不同的账户（用户）拥有不同的权限项目，以满足数据管理与业务处理的需要。显然，在一个实际的数据系统中，这种对应关系是非常庞杂的、烦琐的。实践中，几乎所有的数据平台中一个共同的做法是在账户（用户）和权限项之间增加了一个层级——角色（Role），以方便权限管理。角色是权限项的组合，角色不会给权限项目带来新的内容，它只是一种根据需要创建出来的复合型权限，以最大限度地简化权限管理的实施。

对于所有的数据平台而言，角色分为预定义角色和自定义角色。预定义角色指的是数据平台自带的角色，当服务器被创建后，系统就自动具有这些角色。自定义角色是系统管理人员根据业务管理的需要而后续创建出来的角色。自定义角色一旦被创建，它和预定义角色的使用方式无异。在信息系统的工程实践中，自定义角色往往与"岗位"相关联，因为真实环境中人的权限与岗位有关，不同岗位的员工具有不同的权限。系统管理人员通常根据岗位需要创建对应的角色，根据岗位需要赋予角色不同的权限项，然后针对账号（用户）隶属的岗位赋予不同的角色权限。图5-2是岗位、角色、权限项与账户（用户）之间的典型对应关系。

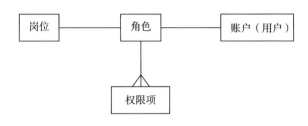

图5-2　典型的权限管理结构及其相互关系

3. 特殊账户与角色

为了方便系统管理，每一种数据平台在创建服务器后都会预置若干典型的账户（用户）和角色，主要目的有两个，形成初始的系统超级账户（用户）和默认的管理账户（用户），表5-5给出了典型数据平台预置的特殊账户及其角色权限。

表5-5　典型平台的特殊账户与角色

	Oracle	SQL Server
超级账户	sys	sa（登录账户）
管理账户	manager	dbo（数据库用户）
超级角色	sysdba	sysadmin
管理角色	dba	db_owner

每个系统都有自己初始的超级账户（用户），它们拥有系统所有的权限项目，相当于服务器（Server）的拥有者，访问数据平台时不受权限约束。如表5-5所示，Oracle系统初始超级用户是sys，它拥有超级角色sysdba权限。对应于SQL Server系统，其初始的超级账户是sa，它拥有超级角色sysadmin权限。

与此同时，每个数据平台也内置了默认的管理账户，具有常规的管理数据的权限。Oracle系统的默认管理账户是manager，它拥有管理角色dba权限。对应于SQL Server系统，它虽然没有内置默认的管理账户，但在每个数据库中内置一个默认的数据库管理用户 dbo，它拥有默认的数据管理角色 db_ owner 权限。SQL Server 系统中的 dbo 身份，相当于数据库范围内的管理账。

4. 权限的授予与回收

本节的最后我们来讨论权限管理的两种关键操作：授予权限和回收权限。在面向信息系统的数字化审计中，用于审计的账户必须具备必要的权限才能访问被审计的业务数据，不仅如此，审计账户还必须拥有部分的管理权限，才能掌握审计业务数据的全貌。数据系统中的元数据是一种管理数据，只有具有必要的管理权限才能访问。而只有通过元数据才能掌握业务数据的全貌。因此在数字化审计的实践中，普通的业务账户是不能胜任审计任务的，用于审计的账户不仅要能够访问全部的业务数据，而且必须要具有访问元数据的能力。如果审计账户无法访问元数据，数据访问的范围即使被限制在局部的业务数据中也不会自知，那这样的审计作业就如同"盲人摸象"。

在标准的 SQL 语言规范中，定义了授予权限的指令 Grant 和回收权限的指令 Revoke，对于这两个指令在不同数据平台的具体使用，笔者认为通用性大于差异性，表 5-6 给出了两类指令的通用使用结构。

表 5-6　权限控制的两个主要指令

权限管理	指令	权限内容	方向	操作目标	可选项
授予	Grant	系统权限项对象权限项角色 All	To	服务器账户数据库用户角色 Public	With grant option
回收	Revoke		From		Cascade

在不同数据系统中，这里权限管理的最大差异在于权限内容上，体现在对于系统权限项、对象权限项的具体描述上，其中对象权限的描述有一个共同的特征：使用 On 关键字引出权限作用的数据对象（如表、视图、模式等）。

需要注意，使用 Grant 和 Revoke 这两类指令也受到权限控制（系统权限），只有拥有使用 Grant 和 Revoke 指令权限的账户（用户）才能调用该指令进行权限的变更。如果带 With grant option 选项授权，接收权限的账户（用户）不仅获得了该项权限，而且获得了将此项权限授予给其他权限主体的能力。回收权限时使用 Cascade 选项表示按照权限层次进行级联回收。

六、与数字化审计有关的元数据

数据系统的元数据包罗万象，它涵盖了数据系统从服务器到数据对象的全部相关信息，系统管理人员、审计人员、开发人员等通过查询数据字典中的元数据可以获得对整个数据平台从整体到局部、从存储到性能等方面的认识，数据字典中的元数据甚至能反映业务数据的统计信息、分布状况等。正因如此，笔者认为，数据字典是数据系统内部的信息中心，是我们认识数据系统、把握业务数据的依据。

本节结合数字化审计的需求，具体列出主要的元数据。通过这些元数据，审计人员可以完整地认识信息系统、掌握业务数据、探索业务数据的历史。

1. 主要的元数据列表

（1）关于数据系统的配置及存储方案：

服务器、数据库、实例（Instance）及其运行配置参数（Parameter）；业务数据的存储空间（Storage Space）及其划分；存储空间对应的数据文件（Data File）及其存储位置；交易档案对应的日志文件（Log File）及其存储位置、存储空间大小；数据字典（Data Dictionary）的构成及其组织结构。

（2）关于用户及其用户权限信息：

数据系统有哪些登录账户（Login）和数据库用户（User）；超级账户，用于系统管理的账户（用户）和用于业务处理的账户（用户）；用于访问控制的权限项（Privilege）、角色（Role）；每一个用于业务处理的账户（用户）权限；用户模式（Schema），业务处理账户（用户）下的全部数据库对象（Object）。

（3）关于业务数据的存储结构及其相互关系：

用于存储业务数据的表结构（Table）及其约束（Constraint）；用于查看业务数据的视图定义（View）及其结构；用于业务数据汇总与统计的报表（Report）及其数据来源；定义在业务数据表上的触发器（Trigger）及其关联操作。

（4）关于数据系统还原档案的主要信息：

还原档案（Undo Data/Log）的配置及其存储方式；还原档案的保存时限（Retention）及其控制参数；数据闪回（Flashback）的配置及其闪回指标；闪回数据档案（Flashback Data Archive）涉及的表及其存储空间；业务数据能够实现的最远还原点和闪回点（Timestamp）。

（5）关于数据库及其业务数据的备份信息：

数据库运行的恢复模式（Recovery Mode）；物理备份（Backup）的类型（Full/Incremental）、内容及其时间点信息；逻辑备份（Export/Bcp）的内容及其对应的备份时刻；数据系统其他相关文件的备份信息。

（6）关于数据系统交易档案的主要信息：

日志文件的序列号（Sequence#）及其对应的起止时间；联机交易档案的组织、对应的文件、容量、是否归档（Archived?）等信息；历史交易档案对应的文件（归档文件）的位置、大小、持续时间（Duration）；快速恢复区（Flash

Recovery Area）中的内容及其使用信息。

2. 典型数据系统的数据字典

前文列出的与数字化审计有关的元数据信息，看起来比较抽象、繁杂，事实上它们仅属于内部系统数据的一部分。现代数据系统为了方便地存储与管理这类数据，与业务数据的组织类似，同样使用一系列的内部表（又称为 Base Table 或 System Table）来存储与管理它们。与业务数据表不同的是，这些内部表对所有用户（包括超级用户和系统管理用户）来说都是只读的（甚至是不公开的），其内容由平台软件系统自动维护。为了提高这类数据的可读性以及方便用户查询，系统在这些内部表的基础上构造了一系列的视图供用户使用，这些视图被统称为数据字典视图或系统视图。

本节列出在实践中被广泛使用的两类数据系统（Oracle、SQL Server）、数据字典视图的大致对应关系示例（由于对元数据的组织方式不同，不存在严格的一一对应关系），以期读者对数据字典及其元数据有进一步的认识（见表5-7~表5-10）。由于篇幅有限，从第六章开始我们将结合 Oracle 系统详细介绍元数据及其在数字化审计中的应用，其主要原因有以下两个方面：一是 Oracle 数据系统因其安全性、可靠性在金融信息系统中处于绝对领先的位置，其市场占有率远高于其他类型的数据系统（且远超过排名第二及其后其他数据系统市场占有率之和）；二是了解 Oracle 系统后，审计人员在接触其他数据系统时再无技术门槛，完全可以达到触类旁通的效果。

表5-7 关于服务器与数据库参数数据字典视图

Oracle	SQL Server	视图说明
DICTIONARY	master database	
V $PARAMETER		
V $DATABASE	sys. configuration	服务器、数据库、实例的配置及
V $INSTANCE	sys. databases	其运行状态信息
V $DATABASE_INCARNATION		

表5-8 关于数据系统的存储空间及其配置

Oracle	SQL Server	视图说明
DBA_TABLESPACES V $TABLESPACE DBA_FLASHBACK_ARCHIVE_TS	sys. filegroups	关于空间分配（表空间/文件组）信息

Oracle	SQL Server	视图说明
DBA_DATA_FILES V$DATAFILE V$LOGFILE V$ARCHIVED_LOG V$ARCHIVE_DEST DBA_FLASHBACK_ARCHIVE DBA_FLASHBACK_ARCHIVE_TABLES USER_FLASHBACK_ARCHIVE USER_FLASHBACK_ARCHIVE_TABLES V$RECOVERY_AREA_USAGE V$RECOVERY_FILE_DEST	sys. database_files sys. master_files sys. fn_db_backup_file_snapshots	关于物理存储（数据文件、日志文件和归档文件、闪回档案）信息
DBA_PART_TABLES	sys. partitions	分区表及其分区信息

表5-9 关于数据对象的数据字典视图

Oracle	SQL Server	视图说明
DBA_OBJECTS USER_OBJECTS	sys. objects	所有不同类型的数据库对象的信息
DBA_TABLES USER_TABLES	sys. tables	所有表（包括系统表、用户表）的信息
DBA_VIEWS USER_VIEWS	sys. views sys. system_views	所有视图（包括系统视图、用户视图）的信息
DBA_SYNONYMS USER_SYNONYMS	sys. synonyms	所有同义词（包括系统同义词、用户同义词）的信息
DBA_CONSTRAINTS DBA_CONS_COLUMNS	sys. key_constraints sys. foreinkeys sys. default_constraints sys. check_constraints	表上的数据约束及其字段信息
DBA_TRIGGERS USER_TRIGGERS	sys. triggers	所有触发器（包括系统触发器、用户触发器）的信息
DBA_PROCEDURES USER_PROCEDURES	sys. procedures	所有存储过程（包括系统过程、用户过程）的信息
DBA_SOURCE	sys. sql_modules	程序性对象的源代码

表5-10　关于账户（登录/用户）及其权限控制的数据字典视图

Oracle	SQL Server	视图说明
DBA_USERS USER_USERS DBA_ROLES	sys. server_principals sys. database_principals	服务器账户（Login）、数据库用户（User）、角色信息
DBA_SYS_PRIVS DBA_TAB_PRIVS DBA_COL_PRIVS	sys. database_permissions	关于系统权限、对象权限的信息
USER_SYS_PRIVS USER_TAB_PRIVS USER_COL_PRIVS	sys. fn_my_permissions	当前用户的系统权限、对象权限的信息

第六章 元数据来源与元数据管理

传统地，金融信息系统的审计面向的金融业务数据。然而在企业数字化的环境下，仅仅依靠业务数据是远远不够的，因为当前的业务数据总是随着各类业务处理的执行处于随时变化的状态，系统呈现给用户和审计人员的数据总是最新的业务数据，而在业务系统中，历史数据只是被有选择地记录和存储。显然，依靠最新的业务数据和有选择性的历史数据开展业务审计，普遍面临数据不完备的风险，因此面向这样的数据环境开展审计工作客观上存在着天然的不足和"缺陷"。

一、支持数字化审计的元数据类型

随着数据技术的发展，现代信息系统已经能够从技术上克服数字化审计面临的"数据不完备"问题，这个主要的技术手段就是"元数据"。充分利用信息系统中的元数据资源，审计过程中不仅可以观察业务数据的全貌，还可以观察历史业务数据的全貌，以及历史业务数据处理过程的全貌，这将为数字化审计提供全方位的、立体化的数据资源，让现代信息系统中的数据资源透明地呈现在审计人员面前。

不过由于存在专业壁垒和技术壁垒，目前在审计行业，审计人员对元数据的认识远远不足，审计过程中利用元数据资源更是困难重重。当前审计领域利用元数据开展数字化审计处于起步的阶段，因此提高审计人员对元数据类别和价值的认识显得非常必要。

从数字化审计的角度，我们可以将各种类型的元数据划分为以下三大类型（见表6-1）：

一是技术类元数据，用以描述数据库面貌的元数据，如数据库存储结构、逻辑结构的构成，数据库用户及其权限等。

二是交易类元数据，用以记录业务数据交易信息的元数据，全方位反映信息系统在运行过程中的过程化交易信息。

三是监控类元数据，根据审计需要设置对某些业务数据实施某种监控而产生的一类元数据，它是审计监控的结果。

表6-1 元数据类型及其存储

类型	存储	审计价值	表现形式	数据存储
技术类	数据字典	认识数据平台	System Tables	Inner Tables
交易类	交易档案	记录交易过程	Transaction Log	Log Files
			Flashback Log	
			Flashback Archive（Undo Data）	Data Files
监控类	监控记录	监视交易行为	Audit Trail	Tables/Files

二、数据字典中的元数据（技术类）

支持数据库系统有效运行的元数据：数据字典。

这是典型的常规意义上的元数据，它是信息系统内部的静态元数据，是关于数据库系统本身的一系列技术类的元数据。这一类元数据由于不涉及业务数据，一般认为这类元数据与数字化审计无关，但这恰恰是对数字化审计的误解。在各类数字化审计的过程中，我们无法避开技术类的元数据，也就是我们无法避开与具体的数据库系统打交道。只有很好地认识我们面对的数据库系统，我们才能在审计过程中更好地获取支持审计的各类基础性数据。数据字典中的元数据正是我们认识数据库系统的技术类支撑数据，是一类重要的开展数字化审计的基础性数据。

下面我们结合在金融信息系统中被广泛使用的 Oracle 数据库系统来介绍这类元数据的来源及其组织方式。

典型地，与其他数据库系统一样，Oracle 系统使用一系列内部表及其视图（数据字典视图）来存储和管理这类元数据，同时对外为用户提供数据访问的接口。事实上从审计的角度，我们没有必要去区分数据字典中的表（Table）和视图（View），因为它们中的数据都是只读的，其内容是由数据库系统的平台软件（DBMS）来自动维护，用来为数据库系统的管理用户（当然包括审计用户）提供观察和认识数据库系统自身状况的元数据，人们将这些内部表和视图统一称为数据字典视图。

在 Oracle 数据库系统中，数据字典视图从命名上被组织为以下四大类，它们分别具有以下名称前缀。

DBA_，全局性数据字典视图，为具有 DBA（Database Administrator）权限的用户（具有最高管理权限的一类管理用户）执行各类数据管理和维护任务服务，例如：DBA_USERS 提供数据库系统的全部用户信息、DBA_TABLES 提供数据库系统内所有用户拥有的用户表（User Tables）的信息等。

ALL_，用户视野下的数据字典视图，提供当前用户所能访问的数据资源（与当前用户拥有的权限有关）相关的元数据，例如：ALL_TABLES 提供当前用户所能访问的所有的用户表（可能包含其他用户拥有的表，当前用户具有访问权限）的信息、ALL_OBJECTS 提供当前用户所能访问的所有的数据库对象（包括表、视图、作业 JOB、自定义数据类型 TYPE 等）的信息等。

USER_，用户视野下的数据字典视图，提供当前用户所拥有的数据资源（数据资源的 Owner 是当前用户）相关的元数据，例如：USER_TABLES 提供当前用户所拥有的所有的用户表的信息、USER_OBJECTS 提供当前用户所拥有的所有的数据库对象（包括表、视图、作业 JOB、自定义数据类型 TYPE 等）的信息等。

V$，动态性能视图，这一类视图仅存在于数据库系统启动后的内存结构中，主要反映数据库系统的运行状况和部分可在线调整的配置情况，这类视图为我们了解当前数据系统的真实状况提供了翔实的可靠信息。例如：V$ARCHIVED_LOG 提供当前数据系统交易档案的相关元数据（档案文件及其对应的交易时段等）、V$RECOVERY_AREA_USAGE 提供数据系统电子化"档案柜"的当前使用情况等。

下面的查询列出所有上述四类数据字典视图的名称，其中 comments 字段给出该数据字典视图的用途说明。

```
SYS> select table_name, commments from dictionary
  2   where table_name like 'DBA_%';
SYS> select table_name, commments from dictionary
  2   where table_name like 'ALL_%';
SYS> select table_name, commments from dictionary
  2   where table_name like 'USER_%';
SYS> select table_name, commments from dictionary
  2   where table_name like 'V$%';
SYS> select table_name, comments from dictionary
  2   where table_name = 'USER_TABLES';
TABLE_NAME                      COMMENTS
------------------------        --------------------
USER_TABLES
Description of the user's own relational tables
SYS> describe all_tables
Name                  Null?      Type
-----------------------------------------------------------------
```

OWNER	NOT NULL	VARCHAR2(30)
TABLE_NAME	NOT NULL	VARCHAR2(30)
TABLESPACE_NAME		VARCHAR2(30)
CLUSTER_NAME		VARCHAR2(30)
IOT_NAME		VARCHAR2(30)
STATUS		VARCHAR2(8)

……

这里的 Describe 指令（可简化为 Desc）给出数据字典视图的结构信息，也可用于查看用户表的结构信息，包括字段名称（Name）、是否允许为空（Null?）、字段数据类型（Type）等。

三、交易档案中的元数据（交易类）

支持数据系统的交易能够重演（Redo 或 Review）的元数据：交易档案。

这是反映业务数据处理过程的元数据，它是信息系统内部的动态元数据。利用这一类元数据，数字化审计过程中我们可以完美地查看被审计业务数据的动态交易过程，而不仅仅是静态的交易结果。

交易档案（Transaction Archives）是现代信息系统中内置的一种数字化档案，相当于传统业务的纸质档案，但比纸质档案内容更全面更系统、利用更方便更快捷。当前数字化审计过程普遍缺乏对这一数字化资源的有效利用。我们认为这是当前数字化审计在有效利用数据资源方面的重大缺陷，弥补这个缺陷是此书写作的主要目的之一。

本节将结合 Oracle 数据库系统介绍交易档案中元数据的存在形式，以及有效地保存、保护这些资源，至于如何在数字化审计过程中有效地利用这些资源将在后续的章节中作介绍。

1. 交易档案的运行模式

对待交易档案，现代数据库系统存在两种基本的档案模式（Archive Mode）：档案模式（Archive Mode）和非档案模式（No Archive Mode）。档案模式是一种连续保存交易档案的运行模式，非档案模式则不然。显然，在数字化审计过程中，要寻求交易档案的数据资源支持，需要将数据系统的运行调整到连续保存模式，这也是几乎所有投入生产运行的金融信息系统的内在要求。

查看数据系统的交易档案的运行模式：

SYS> archive log list;

Database log mode	No Archive Mode
Automatic archival	Disabled
Archive destination	USE_DB_RECOVERY_FILE_DEST

Oldest online log sequence	223
Current log sequence	224

　　由上述指令的输出结果可以看出，当前数据系统运行在非档案模式。数据系统运行在此模式，其交易档案并不能得到连续完整的保存。显然这样的系统并不能满足现代数字化审计对数据资源的要求。因此金融信息系统务必运行在档案模式。下面的交互过程是将本书写作的测试系统由非档案模式调整到档案模式。

```
SYS> shutdown
Database closed.
Database dismounted.
Oracle instance shut down.


SYS> startup mount
Oracle instance started.
```

Total System Global Area	267227136 bytes
Fixed Size	2174888 bytes
Variable Size	180355160 bytes
Database Buffers	79691776 bytes
Redo Buffers	5005312 bytes

```
Database mounted.


SYS> alter database archivelog;
Database altered.
SYS> alter database open;
Database altered.


SYS> archive log list;
```

Database log mode	Archive Mode
Automatic archival	Enabled
Archive destination	USE_DB_RECOVERY_FILE_DEST
Oldest online log sequence	223
Next log sequence to archive	224
Current log sequence	224

　　2. 电子化的"档案柜"

　　为了方便交易档案的存储与管理，现代数据系统都提供了有效的配置手段。在 Oracle 数据系统中，通过一组实例运行的初始化参数（Initialization Parameter）控制交易档案的存储位置及其存储空间，这相当于传统手工管理阶段物理"档案

柜"的位置及其档案柜的大小。参考下面的指令输出,我们可以清楚地看出用于
本书写作的测试系统的档案柜信息:

```
SYS> show parameters db_recovery_file
NAME                          TYPE           VALUE
------------------------------------------------------------------
db_recovery_file_dest         string         d:\metadata
db_recovery_file_dest_size    big integer    10G


SYS> select * from v$recovery_file_dest;
NAME                          //档案柜的存储位置
SPACE_LIMIT                   //档案柜的存储空间配额
SPACE_USED                    //当前已使用的存储空间
SPACE_RECLAIMABLE             //可以释放的存储空间
NUMBER_OF_FILES               //当前档案柜里的档案文件数量
------------------------------------------------------------------
d:\metadata    1.0737E+10    321421824    1206272    13
```

其中初始化参数 db_recovery_file_dest 确定交易档案(以文件形式存在)的
磁盘存储位置(磁盘目录 d:\metadata),参数 db_recovery_file_dest_size 确定为交
易档案存储配置的存储空间(10G)。如果要调整交易档案的存储位置及其存储
空间,调整这两个参数即可实现。上面的 select 查询是通过访问数据字典视图
v$recovery_file_dest 给出档案柜的空间使用情况。

在 Oracle 数据库系统的专业文献中,由上述两个参数设置的存储区域又被称
为档案存储区(Flashback Recovery Area),它是存储 Oracle 系统所有交易档案的
大本营,某些档案的元数据必须存储在这里,如后面要介绍的闪回日志(Flash-
back Log)。这是档案存储区的作用就是相当于手工管理阶段的档案柜,它是数
字化管理阶段的电子档案柜。要实现数字化审计的质效提升,必须依赖于这个电
子化档案柜给我们提供的各类档案信息。

3. 交易档案的持续时间

电子化的交易档案没有传统的物理档案那样直观,需要我们随时了解当前信
息系统档案柜里的档案信息(元数据):交易档案的起止时间、是否存在断档
(持续时间中断、不连续)、交易档案文件及其对应的时间范围等。数据字典视
图 V$ARCHIVED_LOG 为我们提供这类信息。

```
SYS> alter session set nls_date_format = 'YYYY-MM-DD HH24:MI:SS';
Session altered.
SYS> select sequence#, name, first_time, next_time, status
```

```
  2    from v$archived_log;
```

SEQUENCE#	//档案文件编号
NAME	//档案文件的磁盘路径与文件名
FIRST_TIME	//文件记录的交易档案起始时间
NEXT_TIME	//文件记录的交易档案终止时间
STATUS	//档案文件的状态

```
——————————————————————————————————————————
100
D:\METADATA\AUDIT\ARCHIVELOG\2023_01_25\O1_MF_1_100_KX12RNTW_.ARC
2023-01-20 09:51:05
2023-01-22 21:35:16
A
101
D:\METADATA\AUDIT\ARCHIVELOG\2023_01_25\O1_MF_1_101_KX12YNTJ_.ARC
2023-01-22 21:35:16
2023-01-23 09:54:28
A
102
D:\METADATA\AUDIT\ARCHIVELOG\2023_01_25\O1_MF_1_102_KX12YV5N_.ARC
2023-01-23 09:54:28
2023-01-24 18:45:36
A
```

上述查询结果中的 status 字段，取值 A 的含义是档案文件处于可用状态（Available），其他可能的状态还有 D（Deleted）、U（Unavailable）、X（Expired），依次表示档案文件已删除、物理文件不可用、档案已超过保存时限。与传统手工保存纸质档案类似，档案保存时限、是否超期等根据档案的保存策略（Retention Policy）确定。

```
SYS> select min(first_time) begin_time, max(next_time) end_time,
  2    sysdate curr_time from v$archived_log;
BEGIN_TIME    END_TIME    CURR_TIME
```

```
——————————————————————————————————————————
2022-09-01 09:51:05
2023-01-25 09:54:34
2023-01-25 10:03:49
```

上述查询结果给出作者的测试数据库中，元数据系统中保存了从 2022-09-01 09：51：05 时刻到当前时刻的所有交易档案。

4. 支持联机交易的元数据

在数据技术领域，"交易"一词由 Transaction 翻译而来，该词在数据库相关的专业文献中又被翻译为"事务"。这里的 Transaction 是现代信息系统中实现各类数据处理的基本单位，支持事务提交（Commit）和事务回滚（Rollback）两种操作，对应于业务处理的成功和失败（撤销）。在金融信息系统中，所有的金融业务功能（业务处理）都是被转化为一个或多个 Transaction 来实现的，因此金融信息系统又被认为是一种典型的联机事务处理系统（Online Transaction Processing，OLTP）。

在金融系统的各种交易（Transaction）过程中，为了防止交易在执行过程中由于某种原因导致的交易失败或中途撤销，数据系统会记录一种特殊的元数据：Rollback Data 或 Undo Data，中文翻译为回滚信息、撤销数据或还原数据等，它们的含义一致，只是在不同的数据系统中叫法不同。这类元数据的主要目的是：在交易失败或中途撤销的情形下，将业务数据还原到交易之前的状态，其实现的效果是失败的交易或中途撤销的交易不会导致业务数据的任何改变，相当于这些异常的交易完全没有发生。因此在真实的金融信息系统中，任何交易的执行只会存在两种结果：交易成功（Commit）或交易回滚（Rollback），后者的效果是零，即不会对业务数据产生任何变更。Rollback Data 或 Undo Data 就是支持后者操作的元数据。

在 Oracle 数据系统中，这种支持联机交易回滚（撤销）的元数据使用专门的存储空间来存储和管理，这个专门的存储空间叫撤销表空间（Undo Tablespace），它是 Oracle 数据库内部的存储单元。如果把数据库比作文件柜，那一个表空间就相当于文件柜里的一个单元格。

```
SYS> show parameters undo

NAME                    TYPE            VALUE
-------------------------------- ------------ ---------------

undo_management         string          AUTO
undo_retention          integer         604800
undo_tablespace         string          UNDOTBS
```

上述指令的输出结果显示，数据库系统使用 UNDOTBS 表空间来存储支持联机交易的元数据（又称回滚数据或撤销数据）。默认情形下数据库系统将其保存 604800 秒（7 天），超过此时限的撤销数据被标记为 Expired（过期），可随时丢弃。由于此类元数据属于联机交易的流水信息，数据库系统在必要的时候（如存储空间不足时）可将其覆盖。为了避免此类情形发生，即突破由参数 undo_retention 设置的时限，可对撤销表空间做以下配置：

```
SYS> alter tablespace UNDOTBS retention guarantee;
Tablespace altered.
SYS> select tablespace_name,contents,logging,retention
  2  from dba_tablespaces where tablespace_name='UNDOTBS';
TABLESPACE_NAME   CONTENTS   LOGGING   RETENTION
------------------------------ --------- --------- -----------

UNDOTBS            UNDO        LOGGING   GUARANTEE
```

上述对撤销表空间的配置强制性要求这类元数据的保存时限不能突破由初始化参数 undo_retention 设置的时限。当然，此时如果出现由于空间限制导致新产生的回滚信息无法保存，则系统会出现错误，信息系统中的用户交易则无法完成。此时需要数据库系统的维护人员（DBA）人工扩展撤销表空间的存储空间。正因如此，在金融信息系统的维护实践中，通常将撤销表空间配置为其存储空间可自动扩展（Autoextend on），以避免出现用户交易无法完成的情形。

5. 支持数据对象回放的元数据

闪回档案是对前述的回滚数据（Rollback/Undo Data）的升级管理措施。回滚数据除了能够保证用户交易能够有效撤销（Rollback）外，它的另一个主要功能就是实现用户业务交易过程的回放，专业的说法叫作闪回（Flashback），即利用回滚数据，我们可以实现用户业务数据（基于用户表 Table）在参数 undo_retention 设置的时限范围内的回看。

为了能够实现更大时间范围内的闪回操作，Oracle 数据库系统开发出闪回数据档案技术，即将超过 undo_retention 时限的回滚信息转移至专门的存储空间，实现更长期的保存，这一类元数据被叫作闪回档案（Flashback Archive）。利用闪回档案，可以实现基于用户表的更大时间范围内的闪回操作。

第 1 步：为闪回档案创建专门的存储空间（表空间）。

```
SYS> create tablespace METADATA
  2  datafile
  3  'd:\database\audit\metadata. dbf'size 10m autoextend on;
Tablespace created.
```

第 2 步：在上述存储空间创建闪回档案存储区。

下面的指令在表空间 metadata 上创建一个叫 undoarch1 的闪回档案区，该区域的回滚数据可以有效地保存 360 天。

```
SYS> create flashback archive undoarch1
  2  tablespace metadata retention 360 day;
Flashback archive created.
```

第 3 步：确定哪些用户及其用户表需要使用闪回档案。

首先确定使用闪回档案存储区的用户，授予这些用户 flashback archive administer 权限；其次配置用户表使用某个闪回档案区存储其回滚信息。这样这些用户表能够 Flashback 的时限由闪回档案区的保留时间确定。

```
SYS> grant flashback archive administer to biz;
Grant succeeded.
BIZ> alter table demo flashback archive undoarch1;
Table altered.
BIZ> select table_name,flashback_archive_name,status
  2  from user_flashback_archive_tables;

TABLE_NAME    FLASHBACK_ARCHIVE_NAME    STATUS
----------------------------------------------------------------
DEMO          UNDOARCH1                 ENABLED
```

6. 支持数据库回放的元数据

现代数据库技术已发展出整体回放（Replay）的能力，即根据数据管理需要可以将数据库整体退到过去的某个时间点的状态。在 Oracle 数据库系统中，这一功能被称为数据库闪回（Database Flashback）。这一功能的实现需要一类特殊元数据的支持，即闪回日志（Flashback Log）。下面介绍如何启用数据库的回放功能。

第 1 步：数据库必须运行在档案模式（Archive Mode）。

```
SYS> select dbid, name, created, log_mode from v$database;

DBID          NAME       CREATED              LOG_MODE
----------    ---------- -------------------- -------------
544324690     AUDIT      2023-01-24           ARCHIVELOG
```

第 2 步：为数据库配置电子化"档案柜"。

前面已经介绍，这个电子化"档案柜"就是存储各类交易档案的大本营，由下面两个配置参数确定其存储位置与存储空间。

db_recovery_file_dest	确定电子化"档案柜"的存储位置
db_recovery_file_dest_size	确定电子化"档案柜"的空间大小

第 3 步：开启数据库数据回放功能。

默认情况下，数据库的数据回放功能是关闭的，这里需要我们人工开启该功能。一旦开启该功能，数据库会在电子化"档案柜"中自动记录一类特殊的元数据——闪回日志（Flashback Log）以支持数据库回放功能的各种应用。

```
SYS> shutdown
Database closed.
Database dismounted.
```

```
Oracle instance shut down.
SYS> startup mount
Oracle instance started.
Total System Global Area    267227136 bytes
Fixed Size                    2174888 bytes
Variable Size               159383640 bytes
Database Buffers            100663296 bytes
Redo Buffers                  5005312 bytes
Database mounted.
SYS> alter database flashback on;
Database altered.
SYS> alter database open;
Database altered.
SYS> select dbid, name, log_mode, flashback_on from v$database;
DBID          NAME        LOG_MODE       FLASHBACK_ON
----------    ---------   ------------   ------------------
544324690     AUDIT       ARCHIVELOG     YES
......
SYS> select file_type, percent_space_used, number_of_files
  2  from v$recovery_area_usage where file_type = 'FLASHBACK LOG';
FILE_TYPE          PERCENT_SPACE_USED        NUMBER_OF_FILES
------------------  -------------------       ----------------
FLASHBACK LOG          5.08                   13
```

从上述最后一个查询示例我们了解到，当前数据库闪回日志的元数据已占电子化"档案柜"5.08%的存储空间，总共存在 13 个闪回日志文件。一旦启动数据库回放功能，数据库系统根据业务数据的交易情况周期性地创建闪回日志文件以存储对应的元数据。通过这一类元数据，数据库系统支持业务数据的快速回放。

四、审计监控中的元数据（监控类）

数据库审计监控（Database Auditing/Monitoring）是指审计人员可以监视和记录数据库在运行过程中的某个特定方面的操作信息。监控数据库的运行涉及的基本内容有用户、权限（包括角色）和权限控制；同时，审计人员可以监测数据库的用户访问情况。授权访问和审计监控是现代信息系统数据访问的两个方面，它们相互补充，共同构成业务数据安全运行的主要手段。

在实际的金融信息系统中，我们可以根据审计的需要，事先设置针对业务处理的数据监控任务，以重点关注某些业务上的行为。一旦用户的数据处理行为进入监控范围，系统会自动记录下这些受关注的操作，产生跟踪记录（Audit Trail）。这是审计用户根据业务跟踪的需要聚焦特定的数据处理，由此产生额外的元数据。这相当于真实世界架设的各类摄像头，可按需调整摄像头的监控范围和监控目标，这里的元数据就相当于从这些物理摄像头记录结果中提取的一系列关键信息。

现代数据库系统都内置了对在线业务处理的审计监控功能（Database Auditing/Monitoring Online），在 IT 领域，该功能是指 DBA 监视和记录数据库系统在运行过程中的某个特定方面的数据处理，这是对数据系统授权访问的一种补充，属于被动数据安全的手段。在数字化审计领域，审计人员通常无权干涉用户的数据访问和业务处理，但可以利用这项内置功能实现对用户业务处理的实时监控。数据的授权访问和在线审计监控是实现金融信息系统数据安全保障的两个方面，它们相互补充，共同为金融业务的数据安全和业务处理保驾护航。

根据数字化审计的实践背景与需求，本节结合 Oracle 系统介绍两类不同的监控行为：标准数据库监控/审计（Standard Database Auditing）、细粒度监控/审计（Fine Grained Auditing）。

1. 数据库审计监控的启动

现代数据库系统可使用多种方式监控用户的业务行为，最普遍的一种方式是在数据库范围内关注某些特定操作，从而将监控范围内的操作记录在案。

启动上述级别的监控与审计，首先要在数据库范围内设置如下初始化参数：

```
SYS>              show            parameters audit
NAME              TYPE            VALUE
------------------------------------------------------------
audit_file_dest       string          D：\Oracle\DBMS\RDBMS\AUDIT
audit_sys_operations  Boolean         FALSE
audit_trail           string          NONE
```

上述三个与审计监控有关的参数中，默认不启动审计监控（audit = none），默认不监控具有系统权限的用户（audit_sys_operations = false），如果启动基于操作系统的审计监控，监控记录所生成的元数据将通过操作系统文件进行记录，文件的存储位置由参数 audit_file_dest 确定。

首先将参数 audit_trail 由默认值 none 调整为我们需要的值，以启动数据库内部的监控功能；其次通过指令设置我们需要审计监控的数据库操作范围。

参数 audit_trail，设置是否启动数据库审计监控功能，可选的取值有：none，不启动数据库审计功能，系统默认值；db，启动数据库审计功能，并将审计结果记入系统审计表 sys. aud $，审计人员可通过数据字典视图 dba_audit_trail 查看监控审计监控结果；db，extended，功能同 db，并提供扩展功能，将被审计监控的数据操作对应的 SQL 语句及其绑定变量记入 sys. aud $表的 sqltext 和 sqlbind 字段中；os，启动数据库审计监控功能，并将审计监控结果写入操作系统文件。

参数 audit_file_dest，在 audit_trail = os 的情况下，设置审计监控结果的文件存储位置，unix 环境中，默认值是 $Oracle_home/rdbms/audit。在 Windows 环境中，审计记录被写入"事件查看器（Event Viewer）"的日志文件中。

在上述三个参数的配置中，参数 audit_trail 的设置方式至关重要，它决定在数据库范围内是否启动审计监控，以及如何记录审计监控的结果（见表6-2）。

表6-2　参数 audit_trail 的设置方式

设置值	参数设置说明
none 或 false	默认值，不启动审计监控功能
db	将审计监控结果（audit trail）记录在数据库内部的审计相关表中，如 sys. aud $，审计的结果只有连接信息
db, extended	审计结果里面除了连接信息还包含了当时执行的具体语句
os	将 audit trail 记录在操作系统文件中，文件位置由参数 audit_file_dest 指定

2. 标准数据库审计监控

在金融信息系统的运行过程中，业务数据处理的活动类型很多，审计人员没有必要关心所有的业务数据活动，可以选择有针对性的活动对其进行审计监控。在 Oracle 数据库系统中，有一种控制审计监控范围的基本方法叫作标准数据库审计监控，它可以在三个级别上展开：语句级的审计、对象级的审计以及权限级的审计。三种不同级别的监控相当于通过三种不同的方式设置监控与审计的范围，其主要内容参见表6-3。

表6-3　标准审计监控中的三个级别

监控级别	任务描述
语句级别	按照语句类型监控 SQL 语句的执行，无论访问何种特定的数据库对象。可以在数据库中指定一个或多个用户，针对特定的语句审计这些用户执行的 SQL 语句。已经启动的审计监控项目可通过数据字典视图 dba_stmt_audit_opts 查看
对象级别	监控特定数据库对象上运行的特定语句（例如，account 账户信息表上的 DML 语句）。数据库对象级别的监控总是应用于数据库中的所有用户。已经启动的审计监控项目可通过数据字典视图 dba_obj_audit_opts 查看

续表

监控级别	任务描述
权限级别	监控系统权限的使用，如 create/alter table 或 update any table 等。和语句级别的监控一样，权限级别的监控可以指定一个或多个特定的用户作为监控目标。已经启动的审计监控项目可通过数据字典视图 dba_priv_audit_opts 查看

在启动审计监控功能后，审计人员可通过 audit 指令实施监控范围的控制，相反的操作是通过 noaudit 指令取消某些审计监控项目。指令 audit 的语法结构如下：

audit 语句级审计监控选项 | 对象级审计监控选项 | 权限级审计监控选项

by 数据库用户

by session | access

whenever [not] successful;

在实施上述三个级别的审计监控过程中，审计人员还可以进一步限定审计监控的范围：基于数据库用户的审计监控（by 数据库用户），即仅审计监控某一用户或某些用户的行为；基于会话的审计监控（by session），审计监控的结果以会话（session）为单位，同一会话中的相同操作仅记录一次；基于数据访问的审计监控（by access），与 by session 相对，以实际的每一次的数据访问为单位进行记录，即进入审计监控范围内的操作，执行一次记录一次；基于审计监控范围内的数据操作是否成功的审计监控，仅监控记录执行成功的操作（whenever successful），仅监控记录执行失败的操作（whenever not successful），如果 audit 指令中没有 whenever 选项，则进入审计监控范围内的数据操作，无论成功还是失败都会记录在审计监控的结果中。

为节约篇幅，对于 Oracle 数据系统的标准审计监控的三个级别，下面仅给出一些具体的监控实例，对于三个级别的审计监控选项的详细描述，请读者参考 Oracle 数据库的相关专业资料。

SYS> alter system set audit_trail=db,extended scope=spfile;

System altered.

参数调整后，数据库需要重新启动，以便新的参数设置生效，开启数据库范围内的审计监控功能。

SYS> show parameters audit_trail

```
NAME                    TYPE                    VALUE
-----------------------------------------------------------
audit_trail             string                  DB, EXTENDED
```

（1）SQL 语句级审计监控。

审计监控 biz 用户、scott 用户查看表数据、更新表数据的操作：

SYS> audit select table, update table by biz, scott;

Audit succeeded.

SYS> select user_name, audit_option, success, failure

  2 from dba_stmt_audit_opts where user_name in ('BIZ', 'SCOTT');

USER_NAME	AUDIT_OPTION	SUCCESS	FAILURE
BIZ	UPDATE TABLE	BY SESSION	BY SESSION
BIZ	SELECT TABLE	BY SESSION	BY SESSION
SCOTT	UPDATE TABLE	BY SESSION	BY SESSION
SCOTT	SELECT TABLE	BY SESSION	BY SESSION

SCOTT> select * from biz. account where acc_id>100010;

SCOTT> update biz. account set balance=balance+100

  2 where acc_id>102020;

SYS> select

  2 username, userhost, owner, obj_name, action_name, timestamp,

  3 sql_text from dba_audit_trail where obj_name='ACCOUNT';

USERNAME	USERHOST	OWNER	OBJ_NAME	ACTION_NAME	TIMESTAMP
SQL_TEXT					
SCOTT	MJDP	BIZ	ACCOUNT	SESSION REC	30-JAN-23
SCOTT	MJDP	BIZ	ACCOUNT	SESSION REC	30-JAN-23

select * from biz. account where acc_id>100010

update biz. account set balance=balance+100 where acc_id>102020

（2）数据库对象级审计监控。

审计监控数据库对象（biz 用户下的 account 表）上的 dml 操作：

SYS> audit select, insert, update, delete on biz. account

  2 by access;

Audit succeeded.

SYS> select owner, object_name, sel, ins, upd, del

  2 from dba_obj_audit_opts;

OWNER	OBJECT_NAME	SEL	INS	UPD	DEL
BIZ	ACCOUNT	A/A	A/A	A/A	A/A

这里字段 sel、ins、upd、del 分别标识数据库对象上的 select、insert、update、delete 操作，取值 A/A 分别对应成功/失败操作的记录方式，A 标识 by access，若审计方式为 by session 则使用 S 标识。

```
BIZ> insert into account values(
  2   seq_acc. nextval,acc_pkg. get_str,acc_pkg. get_val,sysdate);
1 row created.


SYS> select
  2   username,userhost,owner,obj_name,action_name,timestamp,
  3   sql_text from dba_audit_trail where obj_name='ACCOUNT';
USERNAME  USERHOST  OWNER  OBJ_NAME  ACTION_NAME  TIMESTAMP
SQL_TEXT

------------------------------------------------------------

BIZ  MJDP  BIZ  ACCOUNT  INSERT  30-JAN-23
insert into account values(

acc_seq. nextval,acc_pkg. get_str,acc_pkg. get_val,sysdate)
```

（3）系统权限级审计监控。
审计监控数据库用户 scott 是否尝试删除数据库对象（表）的操作：

```
SYS> audit drop any table by scott whenever not successful;
Audit succeeded.
SYS> select user_name, privilege, success, failure
  2   from dba_priv_audit_opts where user_name ='SCOTT';
USER_NAME             PRIVILEGE          SUCCESS        FAILURE

------------------------------------------------------------

SCOTT                 DROP ANY TABLE     NOT SET        BY ACCESS
SCOTT> drop table dept;
ERROR at line 1:
ORA-02449: unique/primary keys in table referenced by foreign keys


SYS> select
  2   username,userhost,owner,obj_name,action_name,timestamp,
  3   sql_text from dba_audit_trail where username='SCOTT';
USERNAME  USERHOST  OWNER  OBJ_NAME  ACTION_NAME  TIMESTAMP
SQL_TEXT

------------------------------------------------------------

SCOTT     MJDP      SCOTT   DEPT      DROP         30-JAN-23
```

drop table dept

从上述针对 Oracle 系统标准审计监控操作的演示示例中，我们可以看出审计监控的本质是监控数据库内的某种数据操作，这些操作的范围可以分别通过三种方式（语句级选项、对象级选项、权限级选项）来限定。一旦设置了审计监控的范围，匹配的操作就会被记录在案，其审计监控结果（又被称为审计痕迹 audit trail）的详细信息可通过数据字典视图 dba_audit_trail 查看。

如果要取消上面的审计监控项目，可使用 noaudit 指令，参考下面的演示：

SYS> noaudit select table,update table by biz,scott;

Noaudit succeeded.

SYS> noaudit all on biz. account;

Noaudit succeeded.

SYS> noaudit drop any table by scott;

Noaudit succeeded.

最后简要介绍如何管理审计监控记录。虽然我们可以通过数据字典视图 dba_audit_trail 查看审计监控记录，但实际的 audit trail 存储在系统表 aud$ 中。随着时间的推移，审计监控的记录会与日俱增，需要我们对其进行适当维护。在此建议，物理删除 aud$ 表中的记录前对其进行备份，以便保存审计监控的历史。

下面的演示代码首先在一个专门的表空间 metadata 上创建一个用于备份审计监控记录的表 aud$_history，与系统表 aud$ 结构相同，并增加了用于标记备份时间的字段 bck_date；然后将一个月前的审计监控记录转移至备份表，接着删除原始记录。

SYS> create table aud$_history tablespace metadata

    2   as select sysdate bck_date, a. * from aud$a where 1=2;

Table created.

SYS> insert into aud$_history

    2   select sysdate, a. * from aud$a where timestamp#<sysdate-30;

128 rows created.

SYS> delete from aud$

    2   where timestamp#<sysdate-30;

128 rows deleted.

3. 细粒度审计监控

上节介绍的标准数据库审计监控是一种基于操作"指令类别"的审计，无论是语句级、对象级、权限级都是通过设置某一类或某几类指令来划定审计监控的范围，这一类审计在实际应用中还稍显粗犷。本节将介绍另一类更加"细致"的审计监控方法——细粒度审计监控（Fine Grained Audit/Monitor，FGA）。与标准数据库审计监控相比，这是一种基于数据"访问条件"的审计监控。FGA 审计监控的灵活性表现在：审计人员可以根据工作需要设置"审计策略"，从而实施有针对性条件（如数据的过滤条件、针对字段的访问等）的审计监控。

　　Oracle 数据库系统为 FGA 审计监控提供了一个核心的 PL/SQL 程序包 dbms_fga，审计人员可以利用该程序包控制审计监控作业的实施。该程序包由下面四个存储过程（stored procedure）构成，其基本功能如下所示：

```
SYS> describe dbms_fga
PROCEDURE ADD_POLICY          //添加审计监控策略
PROCEDURE DISABLE_POLICY      //关闭审计监控策略
PROCEDURE DROP_POLICY         //删除审计监控策略
PROCEDURE ENABLE_POLICY       //启用审计监控策略
```

（1）审计账户及其权限的准备。

　　创建专门的审计监控用户 aud，用于实施细粒度审计监控。注意这里授予审计用户重要的三项权限：select any dictionary（访问数据字典的系统权限）、audit any（实施审计监控的系统权限）、execute on dbms_fga（调用 FGA 审计监控程序包的对象权限）。

```
SYS> create user aud identified by " ****** "
  2   default tablespace metadata;
User created.
SYS> grant connect, resource, select any dictionary,
  2   audit any to aud;
Grant succeeded.
SYS> grant execute on dbms_fga to aud;
Grant succeeded.
```

（2）针对数据库用户 biz 下的账户信息表 account 设置审计监控策略。

```
AUD> begin
  2     dbms_fga. add_policy(
  3       object_schema    => 'BIZ ',
  4       object_name      => 'ACCOUNT ',
  5       policy_name      => 'ACCOUNT_ACCESS ');
  6   end;
  7   /
PL/SQL procedure successfully completed.
```

（3）检查审计监控策略的有效性。

```
SCOTT> select * from biz. account;
……
1001 rows selected.
```

```
SYS> select
  2   timestamp, db_user, os_user, object_schema, object_name,
  3   sql_text
  4   from dba_fga_audit_trail where db_user='SCOTT ';
```

```
TIMESTAMP    DB_USER   OS_USER   OBJECT_SCHEMA   OBJECT_NAME
SQL_TEXT
-------------------------------------------------------------
2023-01-31 20:07:37
SCOTT
MJDP\Administrator
BIZ
ACCOUNT
select * from biz. account
```

如上文演示的细粒度审计监控策略 ACCOUNT_ACCESS，默认情况下会对被审计对象的所有列开启审计监控，当任何一列被访问时都会记录一条审计信息，这在实际的项目审计中可能没有必要，而且这样做也会使审计监控的跟踪结果增长过快造成存储空间的压力。细粒度审计监控可以根据业务审计需要设置有条件的审计，当业务数据处理的条件满足时审计监控才会产生相应的跟踪记录。作为演示实例，此处我们对账户信息表 account 的字段 balance 列设置审计条件，当访问该列并触发审计条件时才会产生审计记录。

```
AUD> begin
  2   dbms_fga. add_policy (
  3   object_schema       =>'BIZ ',
  4   object_name         =>'ACCOUNT ',
  5   policy_name         =>'ACCOUNT_ACCESS2 ',
  6   audit_column        => 'BALANCE ',
  7   audit_condition     => 'BALANCE >= 10000 ');
  8   end;
  9   /
PL/SQL procedure successfully completed.
```

```
SCOTT> select count( * ) from biz. account where balance>12000;
......

SCOTT> select count( * ) from biz. account where balance<10000;
......
```

SYS> select

   2   timestamp, db_user, os_user, object_schema, object_name,

   3   sql_text

   4   from dba_fga_audit_trail where db_user='SCOTT';

TIMESTAMP   DB_USER   OS_USER   OBJECT_SCHEMA   OBJECT_NAME

SQL_TEXT

2023-01-31 20:34:13

SCOTT

MJDP\Administrator

BIZ

ACCOUNT

select count(*) from biz. account where balance>12000

    在上述细粒度审计监控的演示中，根据审计监控策略 ACCOUNT_ACCESS2，在 SCOTT 用户执行的两条 SQL 中，都涉及 account 表中的 balance 列，第一个语句的条件满足策略中的 audit_condition，而第二个语句的条件则不满足，因此第一个语句被 FGA 审计，第二个语句则没有。

    （4）审计监控策略的关闭或删除。

    默认情况下审计监控策略一旦创建，其状态是启用的（enabled=yes）。策略的状态可通过数据字典视图 dba_audit_policies 查看。当需要暂时禁用审计监控策略时，可将其 enabled 状态设置为 false；当需要永久关闭某个审计监控策略时，也可将其直接删除（调用 dbms_fga. drop_policy 过程）。

AUD> begin

   2   dbms_fga. disable_policy(

   3   object_schema   => 'BIZ',

   4   object_name   => 'ACCOUNT',

   5   policy_name   => 'ACCOUNT_ACCESS2');

   6   end;

   7   /

PL/SQL procedure successfully completed.

SYS> select policy_name,object_name,policy_column,enabled,

   2   policy_text from dba_audit_policies;

POLICY_NAME   OBJECT_NAME   POLICY_COLUMN   ENABLED

POLICY_TEXT

ACCOUNT_ACCESS2	ACCOUNT	BALANCE	NO

BALANCE >= 10000

4. 两类审计监控的比较

（1）标准审计监控需要使用初始化参数 audit_trail 在数据库范围内启用。这个参数是静态的，调整其设置值必须重启数据库来使其生效。相比而言，细粒度审计监控 FGA 不需要任何初始化参数的修改。

（2）审计监控项目的启用和禁用：标准审计监控使用 audit 指令设置监控项目，使用 noaudit 解除其监控，但会丢失对应的元数据（建议人工事先备份）。FGA 分别使用 PL/SQL 包 dbms_fga 中的过程 enable_policies 和 diable_policies 启用和禁用监控项目（策略），在禁用策略时不会丢失监控相关的元数据。

（3）FGA 只能处理 DML 类型的语句：SELECT、INSERT、UPDATE 和 DELETE。相比而言，标准审计监控可以处理更丰富的 SQL 语句和系统权限。

（4）标准审计监控可以按会话（by session）或按访问（by access）实施，FGA 只能按照具体的数据操作记录（相当于 by access 方式）。

（5）标准审计监控可以记录监控范围内的不成功操作（whenever not successful），即可以跟踪某些恶意操作的企图。相比而言，FGA 只能跟踪执行成功的 DML 操作。

（6）标准审计监控的跟踪记录可以写入数据库表或 OS 文件。显然两种不同的记录方式可以用不同的方式对其进行访问。FGA 的跟踪记录仅写在数据库表 fga_log $/dba_fga_audit_trail 中，如果需要写入 OS 文件，需要由额外的程序处理。

（7）在 FGA 中，审计监控的配置更加灵活，可以关注表上某些列（audit_column）的操作，还可以设置数据操作的条件（audit_condition）等，这为在监控过程中寻找各类审计线索提供了极大的方便。

（8）在需要的操作权限上的差别：标准审计监控需要系统权限（audit any），而 FGA 仅需要对象权限（execute on dbms_fga），即程序包上的运行权限。

五、元数据总结与基础性管理

在数字化审计过程中，传统地，我们只是关注金融业务数据本身。事实上，各类业务处理总是体现在动态变化的业务数据里。然而，如果我们只是关注业务数据本身，我们面对的总是某一时刻的数据处理结果，一堆静态的数据集。

面对现代金融信息系统，要提升数字化审计的水平和效率，一方面，我们要认识信息系统，了解信息系统的构成和运行机制，以获取更多的数据来源；另一方面，我们要把握业务数据的动态处理过程，这样才有可能发现更多的审计线索。

要实现上述两个目标，信息系统中的各类元数据起着非常重要的作用。在金融信息系统的审计过程中，各类元数据存在两个方面的价值：一方面帮助我们认识信息系统，另一方面帮助我们更好地认识业务。认识系统、认识业务是我们深入开展数字化审计的前提。如果我们将金融信息系统看作一个大的复合型的数据源，它将由以下两个方面的主要数据构成（见图6-1）：

图 6-1　现代信息系统中的数据

业务数据是各类金融业务处理的结果，元数据则可以反映金融业务处理的过程。"结果"反映的是某一时刻业务的状态，"过程"则可以真实地反映业务是否规范、操作是否违规等一系列审计问题。由此我们认为，数字化审计过程中，充分利用元数据、开发元数据的价值是提升数字化审计水平的关键环节。前面介绍的三类元数据为面向金融服务的数字化审计开启了三个不同侧面的观察窗口。

1. 开启必要的数据访问权限

我们知道，现代数据平台都有严格的权限管理机制去控制用户对数据的访问，典型的做法是基于访问身份的权限控制。在数字化审计的过程中，一方面，如果我们仅以业务用户的身份去访问金融信息系统，那么我们看到的仅是业务数据，无法看到各类元数据给我们带来的更多信息。另一方面，如果金融业务数据存储在不同的用户模式下，默认情况下，当前的用户身份只能访问该用户模式下的业务数据，无法访问其他用户模式下的业务数据。

因此在数字化审计过程中，为了能够打开数据观察的视野（即既能访问全部的业务数据，也能顺畅地访问各类元数据），审计人员在访问信息系统时需要有专门的审计账户，且该账户必须具有必要的、且足够的访问权限。

下面结合 Oracle 数据系统说明建立审计专门账户的必要性。我们认为用于审计的数据库账户至少需要以下两个方面的权限：

（1）跨业务用户的交叉数据访问（Cross Schemas）的权限。

（2）数据字典（Data Dictionary）的访问权限。

在写作本书的审计测试系统中，存在两个业务账户 biz 和 scott，前者拥有账户信息表和转账记录表，后者拥有职工表和部门表。典型地，两个账户及其数据是相互隔离的，因此两者都不适合作为审计账户。为此事先专门建立了一个新账户 aud 拟作为审计账户，在授予了 select any table 系统权限后，aud 账户身份可以访问两个业务账户 biz 和 scott 的所有表和数据。

SCOTT> select * from biz. account;

ERROR at line 1;

ORA-00942: table or view does not exist

BIZ> select * from scott. emp;

ERROR at line 1;

ORA-00942: table or view does not exist

AUD> select * from biz. account;

ERROR at line 1;

ORA-01031: insufficient privileges

AUD> select * from scott. emp;

ERROR at line 1;

ORA-01031: insufficient privileges

SYS> revoke select any table from aud;

Revoke succeeded.

AUD> select * from biz. account;

1001 rows selected.

AUD> select * from scott. emp;

15 rows selected.

上面的数据访问过程演示了业务用户的交叉访问问题以及建立专门审计账户的必要性。类似地，普通业务账户没有访问数据字典的权限，而审计账户要想掌握信息系统的数据分布、结构及其用户模式，必须具有访问数据字典的权限（select any dictionary）。前面介绍的三类元数据是金融信息系统实施数字化审计必须依靠的信息，同样必须具有访问数据字典的权限，审计账户才能访问全部元数据。建议审计账户授予的权限项目如表6-4所示。

AUD> select * from dba_users;

ERROR at line 1;

ORA-00942: table or view does not exist

SYS> grant select any dictionary to aud;

Grant succeeded.

AUD> select user_id, username, default_tablespace, account_status

  2 from dba_users;

USER_ID	USERNAME	DEFAULT_TABLESPACE	ACCOUNT_STATUS
33	BIZ	USERDATA	OPEN

38	AUD	METADATA	OPEN
37	SCOTT	USERDATA	OPEN
0	SYS	SYSTEM	OPEN
5	SYSTEM	SYSTEM	OPEN

表6-4　建议审计账户授予的权限项目

审计账户	权限项	权限说明
AUD	CONNECT、RESOURCE	两个基础性角色权限
	UNLIMITED TABLESPACE	使用数据库存储空间的权限
	SELECT ANY DICTIONARY	访问数据字典的权限
	AUDIT ANY	实施标准审计监控的权限
	SELECT ANY TABLE	访问不同用户模式下业务数据的权限

```
AUD> select * from user_role_privs;
USERNAME        GRANTED_ROLE       ADMIN_OPTION        DEFAULT_ROLE
------------------------------------------------------------------
AUD             CONNECT            NO                  YES
AUD             RESOURCE           NO                  YES
AUD> select * from user_sys_privs;
USERNAME        PRIVILEGE                    ADMIN_OPTION
------------------------------------------------------------------
AUD             AUDIT ANY                    NO
AUD             SELECT ANY TABLE             NO
AUD             UNLIMITED TABLESPACE         NO
AUD             SELECT ANY DICTIONARY        NO
```

2. 基于审计需求的交易档案管理

在金融信息系统的运行过程中，用户会执行各种业务处理（Transaction），专业的说法又被称为交易或交易处理（Transaction Processing）。当然，用户关注的也是业务处理的结果。事实上，现代数据平台为了用户业务处理和业务数据的安全，后台系统围绕"交易"的执行而额外产生多种类型的"元数据"。本书中，我们将这一类元数据统称为"交易档案（Transaction Archives）"。

具体来说，交易档案有以下三个方面：

一是围绕用户"交易"的运行而产生的日志——交易日志（Transaction Log）。二是保障数据库的数据状态能够整体回退（专业的说法叫"闪回"）而生成的逆向推演数据——闪回日志（Flashback Log）。三是确保某些数据库对象

（如某些重要的业务表）能够"回看"（专业的说法叫闪回查询）的回滚数据（Undo/Rollback Data）——闪回档案（Flashback Archive）。

（1）交易日志的管理。

数据库系统自动记录交易日志的行为与系统的数据保障、数据的备份与恢复密切相关。交易日志在技术领域的基础性用途：在系统出现各种意外的情形下，业务数据能够得到有效的恢复；交易日志在审计领域的基础性用途：保障我们在审计过程中能够查询在指定时限范围内任意时刻的历史数据。显然，在金融信息系统中，交易日志需要连续地保存，至于保存的期限长短则与业务管理、审计目标相关，由用户的数据维护方案以及数字化审计的查账需求确定。

在默认情况下，数据库平台只是自动保存最近一个时间段的交易日志（通常取决于日志文件允许的大小），如果要连续地保存一个较长的时间段，就需要人为地调整数据库系统的参数及其配置，并为交易日志的存储提供足够的外部空间。

首先要确保数据库系统在"归档模式"下运行（默认在非归档模式下运行），并明确交易日志的存储位置及其存储空间。

```
SYS> archive log list;
Database log mode              Archive Mode
Automatic archival             Enabled
Archive destination            USE_DB_RECOVERY_FILE_DEST
Oldest online log sequence     107
Next log sequence to archive   108
Current log sequence           108
```

上述的指令输出确认当前数据库系统运行在归档模式（Archive Mode），交易日志（档案）的存储目的地是 USE_DB_RECOVERY_FILE_DEST，此处使用一个专门的存储区域叫作快速恢复区/档案存储区（Flashback Recovery Area），该区域由下面的两个参数确定其位置及其存储空间：

```
SYS> show parameters db_recovery
NAME                           TYPE            VALUE
------------------------------------------------------------
db_recovery_file_dest          string          d:\metadata
db_recovery_file_dest_size     big integer     10G
```

需要说明的是，在 Oracle 系统中使用档案存储区作为交易日志的保存目的地是系统推荐的方式，但并不是必需的。系统管理人员可以通过参数 log_archive_dest_state_n（n 的范围 0~31）将这里的交易日志镜像保存至多个存储目的地。不过存储在档案存储区的交易日志 Oracle 系统提供一定程度的自动化管理机制，如自动删除不再需要的交易日志。

至于当前数据库系统交易日志持续保存的实际时限，我们可以通过下面的数据字典查询获得。下面是作者在写作本书使用的测试数据库中的查询结果，当前数据库系统的交易日志连续保存的实际期限是 2023-01-23 18：17：32 至当前时间。

```
SYS> select min(first_time) oldest_time, sysdate latest_time
  2   from v$archived_log;
OLDEST_TIME            LATEST_TIME
------------------------------------------------
2023-01-23 18:17:32    2023-02-02 10:41:58
```

显然这个期限需要满足实际工作中数字化审计目标对金融信息系统的要求。例如，现假设根据业务管理需要和审计需求，信息系统中的交易档案至少要保存一年。如何确保这个保存时限呢？在 Oracle 系统中，这是根据数据备份与交易日志的保留策略（Retention Policy）确定的。如果要确保交易档案保存一年，在此我们可以通过设置恢复窗（Recovery Window）的时长来实施保留策略。

```
RMAN> show retention policy;
RMAN configuration parameters for database with db_unique_name AUDIT are：
CONFIGURE RETENTION POLICY TO REDUNDANCY 1; # default

RMAN> configure retention policy to recovery window of 365 days;
new RMAN configuration parameters：
CONFIGURE RETENTION POLICY TO RECOVERY WINDOW OF 365 DAYS;
new RMAN configuration parameters are successfully stored

RMAN> show retention policy;
RMAN configuration parameters for database with db_unique_name AUDIT are：
CONFIGURE RETENTION POLICY TO RECOVERY WINDOW OF 365 DAYS;
```

这里的保留策略是用来标记历史的数据备份、交易日志是否有效（Active）或过期（Expired）。保留策略之内的交易日志标记为有效，超出保留策略的交易日志被标记为过期；有效的交易日志不允许删除，过期的交易日志可以删除。上述代码显示，当前数据库的默认保留策略是以数据库备份的冗余度（Redundancy）为标准，默认的标准是冗余度为1，其目标是数据库每一部分的数据至少保留一份。显然以冗余度为目标，没有时间尺度，不能满足数字化审计对交易日志保存的需求。上述的演示将保留策略调整为以恢复窗（Recovery Window）为目标，将其恢复窗设置为一年（365 天），其作用是数据库的备份及其交易日志至少需要保存一年时限。这种对交易日志的保存方式非常类似于手工管理纸质档案的模式。

（2）闪回日志的管理。

前面介绍的交易日志是金融信息系统交易处理的"正向"档案，而闪回日志则是金融信息系统交易处理的"反向"档案。闪回（Flashback）的意思是将数据的状态快速回到过去某个时间点的状态，且可以做到不影响当前时刻的数据状态，既可以根据需要快速地查看过去某个时刻的历史数据，也可以快速地回到当前时刻的状态，这对于数字化审计工作提供了快速查看历史数据、寻找审计线索的方法。

与前面的交易日志不同，默认情形下 Oracle 系统里并不会启用数据库级别的闪回功能，因此也就不会记录闪回日志。在存在数字化审计需求的金融信息系统中，需要提前启用该项功能，并根据业务审计的需要确定闪回日志的保存时限。

与交易日志的另一点不同是，闪回日志只能存储在档案存储区（Flashback Recovery Area）。对于此类元数据的管理，首先需要确认数据库运行在归档模式（Archive Mode）以及数据库的闪回功能启用。在启用数据库级别的闪回功能前还需要确认已配置档案存储区。这两项数据库档案功能的启用和配置，请参考前面的介绍，在此不再赘述。

```
SYS> select dbid, name, log_mode, flashback_on
  2   from v$database;
DBID           NAME          LOG_MODE          FLASHBACK_ON
---------------------------------------------------------------
544324690      AUDIT         ARCHIVELOG        YES
SYS> show parameters db_recovery
NAME                                   TYPE             VALUE
-----------------------------------  -------------  ---------------
db_recovery_file_dest                  string           d:\metadata
db_recovery_file_dest_size             big integer      10G
```

上面的代码给出了当前数据库的档案状态：归档模式、数据库闪回功能已启用，档案存储区已配置。随着金融信息系统中的各类交易处理的执行，数据库系统会自动生成闪回日志并以文件形式存储至档案存储区。要达成数字化审计的档案需求，这里我们要关注两个相互联系的方面：闪回日志的保存时限和档案存储区的存储空间。显然这两者呈正相关，保存时限越长，需要的存储空间也越大。这里有一个关键的初始化参数 db_flashback_retention_target，它决定闪回日志在档案存储区的保存时限。

```
SYS> show parameters flashback
NAME                                    TYPE          VALUE
--------------------------------------- ------------- --------
db_flashback_retention_target           integer       1440
SYS> select
  2   oldest_flashback_time oldest_time,
  3   retention_target rete_target,
  4   flashback_size curr_size,
  5   estimated_flashback_size esti_size
  6   from v$flashback_database_log;
OLDEST_TIME          RETE_TARGET      CURR_SIZE       ESTI_SIZE
-------------------- ---------------- --------------- -----------
2023-01-31 20:46:31  1440             52101120        30326784
```

上面的查询结果给出当前数据库闪回日志的相关信息：当前数据库闪回日志占用的存储空间为 52101120 字节；根据现有的闪回日志数据，当前数据库可以闪回的最远时刻为 2023-01-31 20：46：31；保留时限为 1440（分钟）；根据当前数据库的交易处理的运行情况和闪回日志保留时限要求，对档案存储区存储空间的需求估计为 30326784 字节。根据此数据，我们可以判断当前档案存储区的空间大小的设置是否在合理范围。

显然，这里的保留时限和空间需求是相互关联的。假设现根据数字化审计的要求，必须确保数据库能够闪回到最近一个月的任意时间点。我们对当前测试数据库做参数调整，将当前 db_flashback_retention_target 参数值由 1 天（1440）调整到一个月（43200），然后再观察系统给我们提供的估算数据。

```
SYS> alter system set db_flashback_retention_target=43200;
System altered.
SYS> show parameters db_flashback
NAME                                    TYPE          VALUE
--------------------------------------- ------------- --------
db_flashback_retention_target           integer       43200
SYS> select
  2   oldest_flashback_time oldest_time,
  3   retention_target rete_target,
  4   flashback_size curr_size,
  5   estimated_flashback_size esti_size
  6   from v$flashback_database_log;
```

OLDEST_TIME	RETE_TARGET	CURR_SIZE	ESTI_SIZE
2023-02-01 09:42:08	43200	52101120	903168000

根据当前测试数据库的交易处理的运行情况和闪回日志保留时限要求（已更新至 43200 分钟，1 个月时限），对档案存储区存储空间的需求估计为 903168000 字节（约为 900M）。

（3）闪回档案的管理。

前面的闪回日志提供数据库级别的闪回功能。显然当整个数据库闪回到某个历史时间点，它会影响到所有的业务数据的库表（Table）。这里的闪回档案（Flashback Data Archive，Flashback Archive）是用户业务处理产生的另一类元数据，它提供定制数据库对象（业务库表）的闪回功能，即闪回日志提供"数据库级别"的闪回功能，而闪回档案提供"库表级别"的闪回功能。

显然，基于闪回档案的数据闪回功能更具有针对性。对于历史数据的查询，当聚焦到某些特定的用户表上，对于档案的存储空间的需求就会大幅降低，于是这类档案的保存时限可以大幅延长，如在同样存储条件下，数据库级别的闪回是一个月的时限，针对特定表的闪回可以延长到一年甚至数年，这种情形大幅提高了这类档案的实用性和审计价值。在数字化审计的实践中，我们常常关心的某些重点业务表中的数据及其历史，因此就可以有针对性地事先配置这些表的闪回服务。

配置业务数据表的闪回服务功能，需要以下三个基本步骤：

其一，创建用于专门存储闪回档案的表空间。

其二，根据审计需求在表空间上创建一个或多个闪回档案区（可设置不同的闪回时限）。

其三，为需要支持闪回功能的业务表指定闪回档案区。

查询下面三个数据字典视图，可以清晰地了解闪回表（Table）、闪回档案区（Flashback Archive Area）及其表空间（Tablespace）的关系。

```
SYS> describe dba_flashback_archive;
```

Name	Null?	Type
OWNER_NAME		VARCHAR2(30)
FLASHBACK_ARCHIVE_NAME	NOT NULL	VARCHAR2(255)
FLASHBACK_ARCHIVE#	NOT NULL	NUMBER
RETENTION_IN_DAYS	NOT NULL	NUMBER
CREATE_TIME		TIMESTAMP(9)
LAST_PURGE_TIME		TIMESTAMP(9)

```
STATUS                                            VARCHAR2(7)
SYS> describe dba_flashback_archive_ts;
Name                            Null?             Type
---------------------------------------------------------------
FLASHBACK_ARCHIVE_NAME          NOT NULL          VARCHAR2(255)
FLASHBACK_ARCHIVE#              NOT NULL          NUMBER
TABLESPACE_NAME                 NOT NULL          VARCHAR2(30)
QUOTA_IN_MB                                       VARCHAR2(40)
SYS> describe dba_flashback_archive_tables
Name                            Null?             Type
---------------------------------------------------------------
TABLE_NAME                      NOT NULL          VARCHAR2(30)
OWNER_NAME                      NOT NULL          VARCHAR2(30)
FLASHBACK_ARCHIVE_NAME          NOT NULL          VARCHAR2(255)
ARCHIVE_TABLE_NAME                                VARCHAR2(53)
STATUS                                            VARCHAR2(8)


SYS> select
T. owner_name,T. table_name,A. retention_in_days,T. status
  2    from dba_flashback_archive_tables T, dba_flashback_archive A
  3    where T. flashback_archive_name = T. flashback_archive_name;
OWNER_NAME          TABLE_NAME          RETENTION_IN_DAYS     STATUS
---------------------------------------------------------------
BIZ                 DEMO                30                    ENABLED
BIZ                 ACCOUNT             360                   ENABLED
```

上述查询结果显示，当前测试数据库中的 biz 用户下拥有的两个表 demo 和 account 通过配置闪回档案区，分别可以实现 30 天和 360 天的闪回查询，这为需要"查账"的业务表提供了一种非常方便的审计技术支持。

3. 审计监控下的跟踪数据管理

前面介绍了在 Oracle 系统下的两类审计监控：标准数据库审计监控和细粒度审计监控。虽然审计监控下的跟踪数据根据系统配置可以将其保存至操作系统文件中，但由于基于文件的元数据会给后续的管理和维护带来不便，实践中总是将这类元数据存储至数据库系统的内部表中，在 Oracle 系统中，它们被存储至数据字典的相关基表（Base table）中。

对于标准数据库审计，虽然我们可以通过数据字典视图 dba_audit_trail 查看审计跟踪结果，但实际的跟踪数据存储在基表 sys. aud $ 中，因此标准数据库审计下的基础性元数据管理就是针对该基表的数据管理。有兴趣的读者可以通过下面的查询了解视图 dba_audit_trail 的定义，从中可以看出该视图与基表 sys. aud $ 的关系。

```
SYS> set long 9999
SYS> select
dbms_metadata. get_ddl( 'VIEW ','DBA_AUDIT_TRAIL ','SYS ')
   2   from dual;
......
```

对于细粒度审计监控，Oracle 系统重点关注了针对 DML 操作（select、insert、delete、update）的审计，并且可以根据用户需要去筛选符合特定条件的用户操作。关于这一类审计监控下的跟踪记录，我们可以通过数据字典视图 dba_fga_audit_trail 查看。和标准数据库审计类似，其实际的跟踪记录存储在基表 sys. fga_log $ 中。类似地，我们可以通过下面的查询查看这个视图和基表的关系。

```
SYS> set long 999
SYS> select
dbms_metadata. get_ddl( 'VIEW ','DBA_FGA_AUDIT_TRAIL ','SYS ')
   2   from dual;
......
```

随着审计监控的持续进行，其跟踪结果会持续在对应的两个基表中积累，信息系统的维护人员需要对其进行日常管理。从上面的讨论我们知道，对于审计监控下的跟踪记录（元数据）的基础性管理，我们可以简化成对相关表的数据管理。事实上，为了方便对审计监控下的跟踪数据管理，Oracle 系统提供了一个专门的 PL/SQL 程序包 DBMS_ AUDIT_ MGMT，利用该程序包提供的系列过程和函数可以实现对审计跟踪数据的清理、维护及其调度管理：

SET_AUDIT_TRAIL_PROPERTY：设置审计跟踪数据的维护属性。

INIT_CLEANUP：设置审计数据保留的天数。

SET_LAST_ARCHIVE_TIMESTAMP：设置上次归档审计记录的时间戳。

CREATE_PURGE_JOB：设置每隔多长时间清除审计数据的 JOB。

在此作者对审计监控下的元数据管理提供以下基础性建议：

（1）创建专门的表空间（Tablespace）用于专门存储与审计有关的元数据。

```
SYS> create tablespace metadata
   2   datafile 'd:\database\audit\metadata01. dbf 'size 100m
   3   autoextend on;
Tablespace created.
```

（2）将此处的审计跟踪数据表 sys. aud $ 和 sys. fga_log $ 的存储移动至该表

空间。

```
SYS> begin
  2    DBMS_AUDIT_MGMT. set_audit_trail_location(
  3    audit_trail_type => DBMS_AUDIT_MGMT. AUDIT_TRAIL_AUD_STD,
  4    audit_trail_location_value => 'METADATA ');
  5    end;
  6    /
PL/SQL procedure successfully completed.


SYS> begin
  2    DBMS_AUDIT_MGMT. set_audit_trail_location(
  3    audit_trail_type => DBMS_AUDIT_MGMT. AUDIT_TRAIL_FGA_STD,
  4    audit_trail_location_value => 'METADATA ');
  5    end;
  6    /
PL/SQL procedure successfully completed.


SYS> SELECT table_name, tablespace_name FROM dba_tables
  2    WHERE table_name IN ( 'AUD $', 'FGA_LOG $');
TABLE_NAME           TABLESPACE_NAME

-----------------------------------------------------------

FGA_LOG $            METADATA
AUD $                METADATA
```

（3）定期对这两个审计表中的数据做清理、备份。

下面的代码首先创建一个嵌入日期字符串的表（如 stdaud_20230210），并将标准审计的跟踪数据备份至该表，然后将原始审计记录表 sys. aud $清空。细粒度审计的跟踪记录也可做类似处理。

```
SYS> declare
  2      date_str varchar2(8);
  3      sql_str varchar2(2000);
  4      table_name varchar2(20);
  5      begin
  6      select to_char(sysdate,'yyyymmdd ') into date_str from dual;
  7      table_name := 'stdaud_ '||date_str;
  8      sql_str := 'create table '||table_name||
  9      'tablespace metadata as select * from sys. aud $';
```

```
10      dbms_output. put_line(sql_str);
11      execute immediate 'truncate table sys. aud $';
12      execute immediate sql_str;
13   end;
14   /
```

create table stdaud_20230210 tablespace metadata

as select * from sys. aud $

PL/SQL procedure successfully completed.

　　上面演示的方法是将审计跟踪结果直接备份至我们创建的定制表中。对于表中数据的备份，数据库系统通常还会提供另一种手段——逻辑备份，即将指定的某个表或某些表中的数据备份至一个二进制文件。在必要的时候可以将这个二进制文件中的数据恢复到备份的表中。在 Oracle 系统中，这种逻辑备份和恢复的方法叫作"导出/导入（Export/Import）"。下面演示其中的用法。

C:\>set Oracle_sid=audit

C:\>exp system/manager

Export: Release 11. 2. 0. 1. 0 - Production on Fri Feb 10 16:51:46 2023

......

Enter array fetch buffer size: 4096 >

Export file: EXPDAT. DMP > d:\metadata\audit_trail_20230210. dmp

(1)E(ntire database), (2)U(sers), or (3)T(ables): (2)U > T

Export table data (yes/no): yes

Compress extents (yes/no): yes

Export done in ZHS16GBK character set

About to export specified tables via Conventional Path . . .

Table(T) or Partition(T:P) to be exported: (RETURN to quit)>

sys. aud $

Current user changed to SYS

. . exporting table   AUD $ 123 rows exported

Table(T) or Partition(T:P) to be exported: (RETURN to quit)>

sys. fga_log $

. . exporting table   FGA_LOG $ 151 rows exported

Table(T) or Partition(T:P) to be exported: (RETURN to quit)>

Export terminated successfully with warnings.

　　上面的代码演示的是使用逻辑备份中的导出工具 exp 备份两个审计监控的跟踪记录表 sys. aud $和 sys. fga_log $，将这两个表中的元数据备份至操作系统二进制文件 d:\metadata\audit_trail_20230210. dmp 中，这是截至 2023/02/10 日的审计记录。当然在需要这些审计跟踪记录时，可以使用导入工具 imp 将该文件中记录的数据导入至原始或另外的数据库中。

在最近的 Oracle 版本中，同时提供了一个更新版本的逻辑备份/恢复工具——数据泵（Data Pump），对应的执行程序分别叫做 expdp（导出工具）和 impdp（导入工具），其使用方式和前面介绍的 exp/imp 类似，在此从略。

实践篇

第七章 构建金融信息系统的 数字化审计环境

一种新的数字化审计思想如果要落到实处，落实到具体的审计工作实践中，就需要经过充分测试，证明其有效性和可行性。为了方便读者能够实践本书前半部分介绍的基于元数据驱动的金融信息系统审计思想，本章将结合在业界广泛使用的 Oracle 数据库系统构建一个企业级的动态模拟交易环境，以仿真投入运行的各类金融信息系统。之所以称之为动态模拟环境，是因为这个模拟环境构建完成后，我们通过内部调度程序不断地在执行各种模拟交易。因此在本章构建的模拟环境中，其金融业务数据并不是静态的，而是一直是处于一种动态变化的过程中，这就为我们实践数字化审计新思想提供了一个无限接近真实的信息系统环境。

一、金融系统数据管理的基本问题

现代金融信息系统是一个典型的 IT 大系统，涉及服务架构、技术路线、业务复杂性等多个方面。审计人员在面临这样一个复杂系统时，总是感觉有力不从心、捉摸不透，这会导致实践中的数字化审计工作往往陷入被动。本节将化繁为简，剔除与审计工作无关的部分，提取与数字化审计密切相关的部分，从获得审计相关数据的角度抽取出审计人员需要掌握的基本要素，构建出对信息系统数据源结构的整体认知，如图 7-1 所示。理解和把握这些基本要素和相互结构，是实现数字化审计工作得心应手、胸有成竹的必经之路。

（1）数据库的整体结构问题。

在实际的审计工作中，面对金融信息系统，审计人员了解数据库的物理结构可以有效地消除对数据源的神秘感和无力感，这为审计工作的开展创造一个有利的工作条件。对于大多数专业和非专业人员，数据库是作为一个逻辑上的"容器"来使用的，他们可以使用这个容器，但这个容器的状态、在物理上是如何构成的、存储在哪里并不清楚。数据库的整体结构问题就是要回答这个疑问，包括以下基本内容：

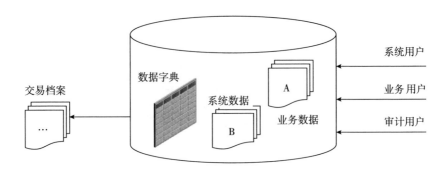

图7-1 审计视角下的数据源结构

数据库由哪些物理文件构成？它们的存储位置（目录结构）及其容量大小（size）？

这些物理文件的分类及其基本用途，例如：哪些文件是数据文件（data file）？哪些文件是档案文件（log/archive file）？

数据库整体状态的主要配置，例如：档案管理模式？是否支持闪回（flashback）？

（2）用户及数据权属问题。

数据访问需要一个合法且有效的身份，所有的应用（application）及其用户（user）都需要一个确定的身份去与数据库进行交互。与此同时，每个合法有效的身份能够访问的数据都与这个身份匹配的权限有关，如果没有必要的权限，即使与数据库建立了连接，在数据库中也会寸步难行。一个数据库连接（connection/session）仅能访问其中的部分数据是一种非常普遍的现象。

另外，数据库中的所有数据（数据库对象）都隶属于某个或某类数据库用户，这个用户就是数据的属主（owner）。显然，数据库里存在着数据和用户的依附关系，通常数据库对象总会有它的属主。由于存在访问权限问题，属主不仅可以访问自己的数据，还有可能访问别人的数据。这样导致的结果是：数据库对象和用户之间关系事实上是一种多对多的关系，即一个用户可以访问多个用户下的数据，一个数据库对象也可以被多个用户所访问。

用户及数据权属问题包括的主要内容有：

当前数据库存在哪些合法用户？这些用户的状态（如是否被禁用）？

在这些用户中，哪些是系统用户？哪些是业务用户？是否有专门的审计用户？

这些用户的权限有哪些？审计用户的权限是否能够满足工作需要？

（3）交易档案及数据备份的有关问题。

对于金融信息系统，交易档案是一类重要的必不可少的审计资源，它是随时间累积的历史资料，其价值相当于手工审计阶段的纸质档案。需要注意的是，在现代 IT 系统中，交易档案的有效利用与数据库的备份（物理备份）密切相关。交易档案中只是记录了交易的过程，因此要想利用交易档案来推演金融业务数据的变更，需要有原始数据作基础。最常见的一种情形，这个原始数据基础就是数据库的备份。在如今的金融信息系统维护方案中，普遍地应用一种或多种数据库（数据）的备份策略，以确保系统有必要的备份存在。显然，备份是数据库某一历史时刻的静态数据。有了交易档案的支持，历史数据就能够动态地呈现出来。这是现代信息技术给数字化审计工作提供的最有效的数据洞察工具。

另外，随着数据库技术的发展，当前越来越多的数据库系统支持多种类型的闪回（flashback）操作，这是一种用于追踪历史数据的便捷手段，是传统的"备份+交易档案"方式的有效补充。

这里交易档案与备份有关的问题包括：

当前数据库系统的备份方案？存在哪些历史数据库备份（包括备份类型）？

交易档案是否完整、有效？交易档案持续的时间以及交易档案保存的时限？

数据库闪回功能是否启用？闪回日志持续的时间以及闪回日志保存的时限？

二、创建典型配置的金融业务数据库

本书选择在金融行业广泛应用的 Oracle 数据库系统作为实验平台。本节将带领读者从无到有、从 0 到 1 创建一个典型配置的金融信息系统数据库（见表 7-1 ~ 表 7-4）。这个完整的数据库创建过程，对数字化审计人员更好地认识被审计系统大有裨益，同时也为审计人员在用户现场复制一个用户系统做好必要的技术储备。

表 7-1　数据库主要配置

项目	参数	配置值
数据库名	db_name	auditdb
实例名	instance_name	audit
运行内存	memory_target	512M
数据库存储位置	db_create_file_dest	d:\database\auditdb
档案存储区位置	db_recovery_file_dest	d:\metadata
档案存储区容量	db_recovery_file_dest_size	10G
UNDO 表空间	undo_tablespace	undodata

表 7-2　数据库空间分布

空间类别	表空间名称	说明
系统表空间	system	仅供系统内部使用，主要用于存储数据字典等核心内部数据，包括本书涉及的部分元数据（data about database）
系统辅助表空间	sysaux	辅助内部系统管理，主要为各类系统管理工具服务
临时表空间	tempdata	存储各类数据处理过程中的临时数据
UNDO 表空间	undodata	专门用于存储撤销（rollback）操作或表闪回（table flashback）操作需要的数据
业务数据表空间	userdata	存储用户的各类业务数据（business data），本书中指金融业务数据
元数据表空间	metadata	专门用于存储业务数据的闪回档案（flashback archive）和审计跟踪数据（audit trail）

表 7-3　数据库用户及用途

用户类别	用户名	说明
系统用户 1	sys	数据库系统超级用户
系统用户 2	system	预置的数据库管理用户
业务用户 1	biz	用于本书实施金融业务处理的用户
业务用户 2	scott	用于临时数据测试的用户
审计用户	aud	专门用于数字化审计的用户

表 7-4　数据库档案资源管理

资源类别	Oracle 命名	保存期限/策略
交易档案	Transaction Log Archive Log	365 天（一年）
撤销数据	Undo/Rollback Data	7 天（一周）
闪回档案	Flashback Archive (Table)	30 天（一个月）
闪回日志	Flashback Log (Database)	90 天（一个季度）
数据库备份	Backup Set/Piece	保存期限：365 天（一年） 备份策略：每周一次数据库备份，每天一次增量备份
数据恢复窗	Recovery Window	365 天（一年），即确保业务数据能恢复到最近一年内任意时间点
档案存储区	Flash/Fast Recovery Area	相当于传统的"档案柜"或"档案库"，集中存储数据库运行过程中产生的各类历史档案资料，如交易档案、数据库备份、闪回日志等

1. 运行环境的准备

本书的测试环境是 Windows，数据库平台 Oracle 选择是当下在金融信息系统中广泛应用的 11.2 版本。在该环境下一个 Oracle 数据库创建之前的主要工作是：设置操作系统环境变量、创建实例（Instance）运行需要的 OS 服务、准备数据库的参数文件、启动实例至非加载（nomount）状态等。

（1）创建实例运行环境。

C：\>set Oracle_sid=audit

C：\>oradim -new -sid audit -intpwd 123456 -startmode auto

Instance created.

这里的第一步是设置操作系统的环境变量 Oracle_sid，需要将其设置为与数据库实例名（instance_name）一致。

（2）启动实例至 nomount 状态。

编辑内容如下的参数文件（d：\ database \ initaudit. ora）。

##

db_name='AUDITDB'

instance_name='AUDIT'

memory_target=512M

db_create_file_dest='d：\database'

db_recovery_file_dest='d：\metadata'

db_recovery_file_dest_size=10G

control_files='d：\database\auditdb\ctlaudit. ora'

undo_tablespace=undodata

db_block_size=8192

processes=100

compatible='11. 2. 0. 1. 0'

##

使用上面的参数文件启动实例至 nomount 状态：

C：\>sqlplus / as sysdba

SQL＊Plus：Release 11. 2. 0. 1. 0 Production on Mon Feb 13 10：33：35 2023

Copyright（c）1982, 2010, Oracle. All rights reserved.

Connected to an idle instance.

SYS>

SYS> startup pfile='d：\database\initaudit. ora 'nomount

Oracle instance started.

Total System Global Area   534462464 bytes

Fixed Size   2177456 bytes

```
Variable Size            322963024 bytes
Database Buffers         201326592 bytes
Redo Buffers               7995392 bytes
SYS> create spfile from pfile = 'd:\database\initaudit. ora ';
File created.
```

这里的最后一步是可选步骤，它根据文本参数文件创建了一个默认的二进制参数文件（spfile），这为后续的数据库管理带来方便。数据库实例默认根据 spfile 启动。至此一个 Oracle 数据库的运行环境准备完毕。

2. 审计测试数据库的创建

这项工作需要以前面的运行环境做基础，具体的创建操作需要在 Oracle 实例处于 nomount 状态下执行。下面编辑以下创建数据库的指令并运行，准备创建我们的审计测试数据库 auditdb，注意这里的名称对应的是初始化参数 db_name 设置的值。

```
SYS> create database auditdb
 2   datafile
 3   'd:\database\auditdb\system. ora 'size 100m autoextend on
 4   sysaux datafile
 5   'd:\database\auditdb\sysaux. ora 'size 50m autoextend on
 6   undo tablespace undodata
 7   datafile
 8   'd:\database\auditdb\undodata. ora 'size 50m autoextend on
 9   default temporary tablespace tempdata
10   tempfile
11   'd:\database\auditdb\tempdata. ora 'size 50m autoextend on
12   logfile
13   group 1 ('d:\database\auditdb\dbredo01. log ') size 50m,
14   group 2 ('d:\database\auditdb\dbredo02. log ') size 50m
15   character set zhs16gbk;
Database created.
```

到此，测试数据库创建成功。下面运行必要的 PL/SQL 脚本来完善数据库的内部环境，如创建数据字典视图、创建默认的预置程序包。

```
SYS> @ d:\Oracle\dbms\rdbms\catalog. sql
......
PL/SQL procedure successfully completed.
SYS> @ d:\Oracle\dbms\rdbms\catproc. sql
......
```

PL/SQL procedure successfully completed.

SYS> connect system/manager

Connected.

SYSTEM> @ D:\Oracle\dbms\sqlplus\admin\pupbld. sql

......

SYSTEM> -- End of pupbld. sql

下面检查刚刚创建的审计数据库的各种默认状态。数据库创建成功后，它的物理存储（包括数据文件、档案文件、控制文件）都建立起来了。我们需要检查、验证与调整的方面包括存储空间、数据库用户、数据库运行状态等。

SYS> select tablespace_name, contents from dba_tablespaces;

```
TABLESPACE_NAME       CONTENTS
----------------------------------------
SYSTEM                PERMANENT
SYSAUX                PERMANENT
UNDODATA              UNDO
TEMPDATA              TEMPORARY
```

SYS> select tablespace_name, file_name, trunc(bytes/1024/1024)

　　2　from dba_data_files union

　　3　select tablespace_name, file_name, trunc(bytes/1024/1024)

　　4　from dba_temp_files;

```
TABLESPACE_NAME   FILE_NAME   TRUNC( BYTES/1024/1024)
-----------------------------------------------------------------
SYSAUX         D:\DATABASE\AUDITDB\SYSAUX. ORA      69
SYSTEM         D:\DATABASE\AUDITDB\SYSTEM. ORA      175
TEMPDATA       D:\DATABASE\AUDITDB\TEMPDATA. ORA    50
UNDODATA       D:\DATABASE\AUDITDB\UNDODATA. ORA    157
```

SYS> select property_name, property_value from database_properties

　　2　where property_name like '%TABLESPACE%';

```
PROPERTY_NAME                     PROPERTY_VALUE
--------------------------------  --------------------
DEFAULT_TEMP_TABLESPACE           TEMPDATA
DEFAULT_PERMANENT_TABLESPACE      SYSTEM
```

上面的前两个查询给出当前数据库存储空间划分及其大小的信息。当前的审计测试数据库拥有四个表空间，分别是 system、sysaux、undodata、tempdata，其中前两个为系统表空间，后两个分别为 undo 表空间、临时表空间。注意，这里的四个表空间都是 Oracle 系统为数据库的正常运行配置的，用户的任何业务数据都不应该存储在这些表空间。从原理上说，虽然 system、sysaux 表空间可以用来存储用户的业务数据（contents 字段内容为 permanent 的数据），但我们强烈建议不要这样做，因为这两个存储空间是为系统内部服务而设计的。

上面的第三个查询给出当前数据库与表空间相关的属性：系统默认表空间（DEFAULT_PERMANENT_TABLESPACE）、系统默认的临时表空间（DEFAULT_TEMP_TABLESPACE）。系统默认表空间是指默认情形下用户创建的数据库对象存储至哪个表空间，当前系统默认表空间为 system，这与前面介绍的存储思想矛盾，需要改变。为此，我们需要为数据库创建业务用户使用的表空间。按照表7-2 所示的数据库空间分布规划，接下来我们要分别创建 userdata 和 metadata 两个分别为业务用户和审计用户服务的表空间，并将系统默认表空间调整至 userdata，演示代码如下：

```
SYS> create tablespace userdata
  2    datafile
  3    'd:\database\auditdb\userdata. ora 'size 50m autoextend on;
Tablespace created.


SYS> create tablespace metadata
  2    datafile
  3    'd:\database\auditdb\metadata. ora 'size 50m autoextend on;
Tablespace created.


SYS> alter database default tablespace userdata;
Database altered.
SYS> select property_name,property_value from database_properties
  2    where property_name like '%TABLESPACE%';
PROPERTY_NAME                    PROPERTY_VALUE
----------------------------------------------------
DEFAULT_TEMP_TABLESPACE          TEMPDATA
DEFAULT_PERMANENT_TABLESPACE     USERDATA
```

3. 业务/审计用户及其权限分配

首先我们检查前面刚创建的审计测试数据库的内置用户信息，然后我们按照表 7-3 所示的用户规划创建业务用户和审计用户，并赋予必要的权限。

```
SYS> select user_id,username,account_status,default_tablespace
```

```
2  from dba_users order by user_id;
```

USER_ID	USERNAME	ACCOUNT_STATUS	DEFAULT_TABLESPACE
0	SYS	OPEN	SYSTEM
5	SYSTEM	OPEN	SYSTEM
9	OUTLN	OPEN	SYSTEM
14	DIP	EXPIRED & LOCKED	USERDATA
21	Oracle_OCM	EXPIRED & LOCKED	USERDATA
30	DBSNMP	EXPIRED & LOCKED	SYSAUX
31	APPQOSSYS	EXPIRED & LOCKED	SYSAUX

这里给出的数据库用户信息都是预定义的,特别注意上述查询结果的前两行,依次给出两个系统用户:超级用户 sys 和管理用户 system,其他行给出的用户都是预定义的普通用户,审计过程中无须涉及,在此从略。

下面按照表 7-3 的规划依次创建业务用户 biz 和 scott、审计用户 aud,注意分配它们不同的默认表空间,并为它们赋予必要的权限。

```
SYS> create user biz identified by bizbiz
  2   default tablespace userdata;
User created.
SYS> create user scott identified by tiger
  2   default tablespace userdata;
User created.
SYS> create user aud identified by audaud
  2   default tablespace metadata;
User created.
SYS> grant connect,resource,unlimited tablespace
  2   to biz,scott,aud;
Grant succeeded.
SYS> grant select any dictionary,select any table to aud;
Grant succeeded.
```

通过上面的 grant 授权指令,首先为刚刚创建的三个用户统一授予了必要的基础性权限,即三个角色权限 connect, resource, unlimited tablespace, 对应的权限内容是:建立数据库连接、创建常见数据库对象、使用表空间的存储空间不限等;然后为审计用户特别授予了额外的两项权限 select any dictionary, select any table,分别对应的权限内容是:查询数据字典、查询任何用户下的表。注意,这两项权限对于审计用户非常重要,它们让审计用户在工作过程中能够"看见"数据库系统内部的任何表和有权查看表中的数据(仅限 select,不能执行 dml 增删改等操作），这让所有的业务数据和系统数据（元数据）在审计用户面前无处隐藏。

```
SYS> select grantee,granted_role,admin_option,default_role
  2    from dba_role_privs where grantee in ('BIZ','SCOTT','AUD')
  3    order by grantee;
```

GRANTEE	GRANTED_ROLE	ADMIN_OPTION	DEFAULT_ROLE
AUD	CONNECT	NO	YES
AUD	RESOURCE	NO	YES
BIZ	CONNECT	NO	YES
BIZ	RESOURCE	NO	YES
SCOTT	CONNECT	NO	YES
SCOTT	RESOURCE	NO	YES

```
SYS> select grantee,privilege,admin_option from dba_sys_privs
  2    where grantee in ('BIZ','SCOTT','AUD')
  3    order by grantee;
```

GRANTEE	PRIVILEGE	ADMIN_OPTION
AUD	SELECT ANY DICTIONARY	NO
AUD	SELECT ANY TABLE	NO
AUD	UNLIMITED TABLESPACE	NO
BIZ	UNLIMITED TABLESPACE	NO
SCOTT	UNLIMITED TABLESPACE	NO

4. 检查与调整测试数据库状态

在绝大部分情形下，初始创建的数据库距离投入生产运行的数据库系统还是有一段距离，特别是用于金融信息系统的数据库，因为它对数据安全、审计、保障等方面的要求要高于其他行业。

这里要关注的数据库状态包括：

归档模式（archivelog mode），即如何处理不断生成的交易档案？

数据库闪回状态（flashback mode），即是否启动数据库级别的闪回功能？

闪回区（flash/fast recovery area），即集中存储与交易档案、数据恢复有关的各类生成性数据（包括元数据）；

历史资料的保存策略（retention policy），即如何保存和处理不断增长的历史资料，如资料的标记、保存期限、如何清理等。

（1）检查并配置档案存储区（flash/fast recovery area）。

Oracle 数据库的档案存储区根据两个参数确定，db_recovery_file_dest 和 db_recovery_file_dest_size，前者确定档案存储区的位置，后者确定档案存储区的总体容量（不是磁盘存储空间，而是由 Oracle 管理的存储空间）。调整这两个初始化参数即可调整档案存储区的位置和容量。

```
SYS> show parameters db_recovery
NAME                          TYPE              VALUE
------------------------------------ ----------- --------------
db_recovery_file_dest         string            d：\metadata
db_recovery_file_dest_size    big integer       10G
```

　　（2）检查并调整数据库归档（archive mode）和闪回（flashback）功能。

　　根据数据库在运行过程中是否能够连续完整地保存交易档案，数据库的归档模式有两类：非归档模式（no archive mode）和归档模式（archive mode）。除非数据库在运行过程中允许由于意外导致数据丢失，否则投入生产运行的数据库系统都应该在归档模式下运行，这是保证业务数据安全的最基本要求。

```
SYS> archive log list;
Database log mode             No Archive Mode
Automatic archival            Disabled
Archive destination           USE_DB_RECOVERY_FILE_DEST
Oldest online log sequence    213
Current log sequence          214
```

```
SYS> select dbid,name,log_mode,flashback_on from v$database;
DBID          NAME        LOG_MODE          FLASHBACK_ON
----------------------------------------------------------------
592609066     AUDITDB     NOARCHIVELOG      NO
```

　　显然，当前数据库 AUDITDB 运行在默认的非归档模式（NOARCHIVELOG），数据库闪回功能并没有启用（NO）。我们需要将其调整至归档模式，并启用数据库闪回功能。注意：调整至归档模式前数据库需要配置档案存储区，且归档模式和档案存储区是启用数据库闪回功能的前置条件。启用数据库闪回功能后，系统会生成一种新型档案资料，即闪回日志（flashback log），该资料只能放置在档案存储区。下面是调整过程：

```
SYS> shutdown normal;
Database closed.
Database dismounted.
Oracle instance shut down.
```

```
SYS> startup mount
Oracle instance started.
Total System Global Area     534462464 bytes
Fixed Size                     2177456 bytes
Variable Size                331351632 bytes
Database Buffers             192937984 bytes
Redo Buffers                   7995392 bytes
Database mounted.
SYS> alter database archivelog；
Database altered.
SYS> alter database flashback on；
Database altered.
SYS> alter database open；
Database altered.


SYS> select dbid，name，log_mode，flashback_on from v $database；
DBID          NAME          LOG_MODE          FLASHBACK_ON
------------------------------------------------------------
592609066     AUDITDB       ARCHIVELOG        YES
```

（3）检查并设置数据的闪回时限。

这里的闪回功能有两个层次：数据库对象（表）层面上的闪回（table flashback），该功能由撤销数据（undo/rollback data）支持实现；数据库层面上的闪回（database flashback），该功能由闪回日志（flashback log）支持实现。根据表7-4所示的数据库档案资源管理策略，表级闪回的时限是 7 天（604800 秒）、数据库级的闪回时限是 90 天（129600 分钟）。下面查询并调整这两类资料的保存时限。

```
SYS> show parameters retention
NAME                                TYPE           VALUE
----------------------------------- -----------   -------
db_flashback_retention_target       integer        1440
undo_retention                      integer        900
```

当前数据库的默认设置是：表级的闪回时限是 900 秒，数据库级的闪回时限是 1440 分钟，显然这不符合我们的预订要求，需要调整这两个参数的设置值。

```
SYS> alter tablespace undodata retention guarantee；
Tablespace altered.
SYS> alter system set undo_retention = 604800 scope = spfile；
```

System altered.

SYS> alter system set db_flashback_retention_target = 129600

scope = spfile;

System altered.

　　上面的指令首先设置撤销表空间中的 undo data 必须保证参数 undo_retention 的闪回要求（retention guarantee），即在满足 undo_retention 要求之前不允许被覆盖（撤销表空间中的存储空间是循环使用的）；然后将参数配置值写入初始化参数文件，数据库重启后参数生效。

SYS> show parameters retention

NAME	TYPE	VALUE
db_flashback_retention_target	integer	129600
undo_retention	integer	604800

　　（4）检查与设置数据库备份的保留策略。

　　在现代金融信息系统的运行过程中，为了保障业务数据的安全，系统维护人员会规划数据库的备份策略并调度执行（如：每周执行一次数据库的全库备份，每天执行一次数据库的增量备份）。这样在周期性的执行过程中，随着日积月累会生成大量的数据库备份资料。

　　数据库备份的保留策略用来维护这些不断增长的备份资料，这个保留策略用来标记备份与恢复的资料（包括交易档案），哪些必须保留、哪些可以删除等。

　　针对备份与恢复的相关资料的管理，Oracle 数据库系统提供了一个专门工具——恢复管理器（Recovery Manager，RMAN）。下面我们通过这个工具按照表7-4 所示的数据库档案资源管理中对数据恢复窗（Recovery Window）的要求配置保留策略。符合保留策略的资料必须保存，超出保留策略的资料被标记为 obsolete，系统管理人员可以使用 report obsolete 和 delete obsolete 指令来检查和删除超出保留策略限制的档案资料。

C:\>set Oracle_sid = audit

C:\>rman target /

Recovery Manager：Release 11.2.0.1.0 - Production on Tue Feb 14 20:51:03 2022

Copyright（c）1982, 2009, Oracle and/or its affiliates.

connected to target database：AUDITDB（DBID = 592609066）

RMAN> show retention policy;

RMAN configuration parameters for database with db_unique_name AUDITDB are:

CONFIGURE RETENTION POLICY TO REDUNDANCY 1; # default

　　上述指令输出显示，当前数据库默认的备份保留策略是按备份的冗余度标准

（REDUNDANCY 1），即数据库不同部分的备份在档案存储区中至少保留一份。
显然这项的默认配置并不满足表 7-4 约定的要求，需要调整。

```
RMAN> configure retention policy to recovery window of 365 days；
new RMAN configuration parameters：
CONFIGURE RETENTION POLICY TO RECOVERY WINDOW OF 365 DAYS；
new RMAN configuration parameters are successfully stored


RMAN> report obsolete；
RMAN retention policy will be applied to the command
RMAN retention policy is set to recovery window of 365 days
no obsolete backups found
RMAN> delete obsolete；
RMAN retention policy will be applied to the command
RMAN retention policy is set to recovery window of 365 days
allocated channel：ORA_DISK_1
channel ORA_DISK_1：SID=18 device type=DISK
no obsolete backups found
```

Oracle 系统档案存储区中的文件资料除了 obsolete 状态外，还有一种 expired
状态。obsolete 状态表示超出保留策略限制的资料，可以删除，以便为档案存储
区腾出空间。expired 状态是通过指令 crosscheck 检查出来，该指令交叉检查
RMAN 资料库（repository）中的记录（元数据）和档案存储区中物理文件的对
应关系，如果发现资料库中的某个文件对应的物理存储不存在（如：在操作系统
环境下被手工删除或由于某种原因被损坏等），该文件在 RMAN 资料库中被标记
为 expired。对应那些被标记为 expired 状态的文件记录，可以使用 delete expired
backup 指令批量删除，即清楚 RMAN 资料库中的记录。

```
RMAN> crosscheck backup；
using channel ORA_DISK_1
specification does not match any backup in the repository
RMAN> delete expired backup；
using channel ORA_DISK_1
specification does not match any backup in the repository
```

三、金融业务数据模型的设计与实现

本节根据某单位的金融（财务）业务设计一个精简的数据模型，并根据此
模型实施业务库表的创建、测试数据的生成、模拟金融业务的持续运行、业务
数据的检验等一系列工程应用环节，由此构建一个模拟的被审计数据库的测试

环境。

1. 精简的金融业务数据模型

考虑某单位内部的金融业务，围绕金融账户及其资金开展各类金融活动。为此我们构造表7-5和表7-6两个库表模型。特别说明：模型最大限度地剔除了与金融账户、资金无关的信息，以便聚焦后续的数据观察与审计活动。

表7-5　账户信息表（account）

数据项	字段	数据类型	说明
账号	acc_id	number（6）	账户编号
账户名	title	varchar2（30）	与开户人相关的标识
余额	balance	number（10，2）	账户余额
时间戳	tstamp	date	特别设计的测试字段，为后续基于时间的数据验证提供依据

表7-6　转账记录表（trans）

数据项	字段	数据类型	说明
流水号	tx_seq	number（8）	由序列对象自动生成
转账时间	tx_time	date	记录转账发生的时间
转出账户	acc_out	number（6）	提供资金的账户（账号）
转入账户	acc_in	number（6）	接收资金的账户（账号）
金额	amount	number（10，2）	记录转账金额
转账类型	tx_type	char（8）	记录转账操作的类别
备注	tx_desc	varchar2（30）	转账业务说明

```
SYS> conn biz/******
Connected.
BIZ> create table ACCOUNT
  2  (
  3      ACC_ID    NUMBER(6)           not null,
  4      TITLE     VARCHAR2(30)        not null,
  5      BALANCE   NUMBER(10,2)        default 0,
  6      TSTAMP    DATE                default sysdate,
  7      constraint PK_ACCOUNT primary key（ACC_ID）
  8  );
```

Table created.

```
BIZ> create table TRANS
  2  (
  3     TX_SEQ    NUMBER(8)            not null,
  4     TX_TIME   DATE                 default sysdate,
  5     ACC_OUT   NUMBER(6)            null,
  6     ACC_IN    NUMBER(6)            null,
  7     AMOUNT    NUMBER(10,2)         default 0,
  8     TX_TYPE   CHAR(8)              null,
  9     TX_DESC   VARCHAR2(30)         null,
 10     constraint PK_TRANS primary key (TX_SEQ)
 11  );
```
Table created.

```
BIZ> alter table TRANS
  2  add constraint CK_TYPE check (TX_TYPE in
  3  ('transfer','turn in','turn out','opening','closing'))
  4  /
```
Table altered.

2. 准备基础性测试数据

这里通过随机函数（随机数发生器）为账户信息表生成一系列测试数据。首先创建一个用作随机数发生器的 PL/SQL 程序包 com_pkg，然后利用该包中的两个随机函数为账户信息表注入基础性测试数据。

```
BIZ> create or replace package com_pkg
  2  as
  3    function get_str(len number := 30, opt char default 'p')
  4    return varchar2;
  5    --输出最大长度 len 的随机字符串,参数 opt 确定元字符的构成
  6    --'p'为可打印字符,'x'为大写字母与数字的混合
  7    --'a'为大小写混合字符,'c'为大写字符
  8
  9    function get_val(len integer := 10) return number;
 10    --输出最多位数 len 的随机数
 11
 12  end com_pkg;
 13  /
```

Package created.

BIZ> create or replace package body com_pkg

2　　as

3　　　function get_str(len number : = 30, opt char default 'p ')

4　　　　return varchar2 is

5　　　　rlen number;

6　　　begin

7　　　　rlen : = trunc(dbms_random. value(10, len+1));

8　　　　return dbms_random. string(opt, rlen) ;

9　　　end;

10

11　　　function get_val(len integer : = 10) return number is

12　　　　n number;

13　　　begin

14　　　　n : = trunc(dbms_random. value(3, len+1));

15　　　　return

16　　　　trunc(dbms_random. value(power(10, n−1), power(10, n)));

17　　　end;

18

19　　begin

20　　　--包的初始化

21　　　dbms_random. initialize(

22　　　to_number(to_char(systimestamp, 'ff3 ')));

23

24　　end com_pkg;

25　　/

Package body created.

BIZ> create sequence seq_acc start with 100000 increment by 1;

Sequence created.

BIZ> create sequence seq_tx start with 10000000 increment by 1;

Sequence created.

BIZ> --记录开户与销户

BIZ> create or replace trigger tri_openclose

2　　after insert or delete on account

```
 3   for each row
 4   begin
 5     if inserting then
 6       insert into trans(
 7       tx_seq, tx_time, acc_in, amount, tx_type)
 8       values(seq_tx. nextval,
 9       sysdate, :new. acc_id, :new. balance, 'opening ');
10     end if;
11     if deleting then
12       insert into trans(
13       tx_seq, tx_time, acc_out, amount, tx_type)
14       values(seq_tx. nextval,
15       sysdate, :old. acc_id, :old. balance, 'closing ');
16     end if;
17   end;
18   /
Trigger created.
```

BIZ> --准备测试数据

```
BIZ> declare
 2     cnt number;
 3     rows number: = 1000;
 4   begin
 5     select count( * ) into cnt from account;
 6     if cnt> = rows then return; end if;
 7     loop
 8       insert into account values(seq_acc. nextval,
 9       com_pkg. get_str, com_pkg. get_val/100, sysdate);
10       cnt: = cnt+1;
11       exit when cnt> = rows;
12     end loop;
13     commit;
14   end;
15   /
PL/SQL procedure successfully completed.
```

3. 通用模拟业务程序的开发

BIZ> create or replace package acc_pkg

```
 2   as

 3      procedure opening(rows number default 1);        --开户

 4      procedure closing(rows number default 1);        --销户

 5      procedure transfer(times number default 1);      --转账

 6      --参数控制转账(oper 转入 I、转出 O)

 7      procedure updatex(oper char, times number default 1);

 8      --随机执行转账(90%)、转入(5%)、转出(5%)

 9      procedure operate(txs number default 1);

11   end acc_pkg;

12   /
```

Package created.


```
BIZ> create or replace package body acc_pkg

 2   as

 3      procedure opening(rows number default 1)

 4      as

 5      cnt number := 0;

 6      begin

 7        loop

 8          insert into account values(seq_acc. nextval,

 9          com_pkg. get_str, com_pkg. get_val/100, sysdate);

10          cnt:=cnt+1;

11          exit when cnt>=rows;

12        end loop;

13        commit;

14      end;

15

16      procedure closing(rows number default 1)

17      as

18        acc_min number;

19        acc_max number;

20        acc number;

21        cnt number := 0;

22        num number := 0;

23      begin

24        loop

25          select min(acc_id),max(acc_id)
```

```
26          into acc_min,acc_max from account;
27          acc : = trunc(dbms_random. value( acc_min, acc_max+1));
28          select count( * ) into num from account where acc_id=acc;
29          if num=1 then
30              delete account where acc_id = acc;
31              commit;
32              cnt: = cnt+1;
33          end if;
34          exit when cnt>=rows;
35        end loop;
36      end;
37
38      procedure transfer(times number default 1)
39      as
40        acc_min number;
41        acc_max number;
42        acc1 number;        --account out
43        acc2 number;        --account in
44        amt number(10,2) : = 0;
45        cnt number : = 0;
46        rows number : = 0;
47      begin
48        loop
49          select min(acc_id),max(acc_id)
50          into acc_min,acc_max from account;
51          rows : = 0;
52          while(rows! =2) loop
53            acc1: = trunc(dbms_random. value( acc_min, acc_max+1));
54            acc2: = trunc(dbms_random. value( acc_min, acc_max+1));
55            select count( * ) into rows from account
56            where acc_id in ( acc1, acc2);
57          end loop;
58          select balance * dbms_random. value( 0. 1,0. 5) into amt
59          from account where acc_id = acc1;
60          update account set
61          balance=balance-amt,tstamp=sysdate where acc_id = acc1;
62          update account set
```

```
63        balance=balance+amt,tstamp=sysdate where acc_id = acc2;
64        insert into trans values(seq_tx.nextval,sysdate,
65        acc1,acc2,amt,'transfer',null);
66        commit;
67        cnt:=cnt+1;
68        exit when cnt>=times;
69      end loop;
70    end;
71
72    --参数 oper: 'I'转入系统,'O'转出系统,'T'系统内转账
73    procedure updatex(oper char, times number default 1)
74    as
75      acc_min number;
76      acc_max number;
77      acc number;      --account id
78      amt number(10,2) := 0;
79      cnt number := 0;
80      rows number := 0;
81    begin
82    loop
83      select min(acc_id),max(acc_id)
84      into acc_min,acc_max from account;
85      rows := 0;
86      while(rows!=1) loop
87          acc:=trunc(dbms_random.value(acc_min, acc_max+1));
88          select count(*) into rows from account
89          where acc_id = acc;
90      end loop;
91      select balance*dbms_random.value(0.1,0.3) into amt
92      from account where acc_id = acc;
93      case oper
94        when 'I'then
95    update account set
96          balance=balance+amt,tstamp=sysdate where acc_id=acc;
97          insert into trans values(seq_tx.nextval,
98          sysdate,null,acc,amt,'turn in',null);
99              commit;
```

```
100        when 'O 'then
101     update account set
102           balance = balance+amt, tstamp = sysdate where acc_id = acc;
103             insert into trans values( seq_tx. nextval,
104             sysdate, acc, null, amt, 'turn out ', null );
105             commit;
106        else
107           transfer( times );
108     end case;
109     cnt: = cnt+1;
110     exit when cnt> = times;
111   end loop;
112   end;
113
114   procedure operate( txs number default 1 )
115   as
116     x integer;
117     opt integer;
118   begin
119     for i in 1.. txs loop
120        opt : = trunc( dbms_random. value( 0,100 ) );
121        if opt<90 then
122           acc_pkg. transfer( 1 );        --系统内转账( 90% )
123        elsif opt<95 then
124           acc_pkg. updatex( 'I ' );      --系统外转入( 5% )
125        else
126           acc_pkg. updatex( 'O ' );        --转出( 5% )
127        end if;
128     end loop;
129   end;
130
131 begin
132   --包的初始化
133   dbms_random. initialize(
134   to_number( to_char( systimestamp, 'ff3 ' ) ) );
135
136 end acc_pkg;
```

Package body created.

4. 业务表与闪回档案的配置

根据前面关于撤销表空间的配置，参数 undo_retention 被设置为 604800 秒（7 天），这样的配置确保可以闪回查看一周内任意时间点的用户数据。然而在金融信息系统的实践中，对于某些重要的业务数据表，我们往往需要追踪更长时间的历史数据。若存在类似这样的数据审计需求，可以事先通过配置业务表的闪回档案来解决。

根据表 7-4 中的数据管理需求，闪回档案需要确保重点业务数据表可以追踪其最近一个月的数据历史。下面的配置针对测试模型的账户信息表 account，为其配置闪回档案（flashback archive）。

（1）在事先创建的表空间 metadata 上创建闪回档案区。

```
SYS> create flashback archive fa_biz
  2    tablespace metadata retention 30 day;
Flashback archive created.
SYS> select flashback_archive_name name，retention_in_days
  2    from dba_flashback_archive；
NAME            RETENTION_IN_DAYS
---------------------------------------
FA_BIZ          30
```

（2）为表配置闪回档案区。

```
SYS> grant flashback archive administer to biz；
Grant succeeded.
SYS> connect biz/bizbiz
Connected.
BIZ> alter table account flashback archive fa_biz；
Table altered.
BIZ> select table_name，archive_table_name，status
  2    from dba_flashback_archive_tables；
TABLE_NAME       ARCHIVE_TABLE_NAME       STATUS
-----------------------------------------------------------
ACCOUNT          SYS_FBA_HIST_13012       ENABLED
```

四、金融业务的模拟与测试

前文中我们准备了一个精简的金融业务数据模型（包括库表的实现），并提高了基础性的测试数据和部分通用的金融业务处理程序，本部分我们将利用这些程序来实现对金融业务的模拟以及相关的数据测试。

1. 模拟金融业务的程序包

在测试环境下，为了能够模拟真实系统的金融业务处理，我们需要向测试系统中不断注入各种不同的业务处理，以实现背后的金融业务数据的持续更新。在上一节的通用金融业务处理程序中，我们创建了一个 pl/sql 程序包 acc_pkg，该包中包含了金融账户的开户、注销、内部转账、转入和转出等常见业务的模拟处理程序（过程），参见表给出的功能框架和各个存储过程（procedure）的参数结构（见表 7-7）。

表 7-7　通用金融业务处理程序包 **acc_pkg** 的主要功能

过程名称	参数	功能说明
opening	rows	开户
closing	rows	销户
transfer	times	转账 1：系统内转账
updatex	oper times	转账 2：转出系统或转入系统
operate	txs	调度一次随机转账，可系统内、转入、转出

```
BIZ> describe acc_pkg
PROCEDURE CLOSING

Argument Name      Type          In/Out        Default?
------------------------------------------------------------

ROWS               NUMBER        IN            DEFAULT
PROCEDURE OPENING

Argument Name      Type          In/Out        Default?
------------------------------------------------------------

ROWS               NUMBER        IN            DEFAULT
PROCEDURE OPERATE

Argument Name      Type          In/Out        Default?
------------------------------------------------------------

TXS                NUMBER        IN            DEFAULT
PROCEDURE TRANSFER

Argument Name      Type          In/Out        Default?
------------------------------------------------------------

TIMES              NUMBER        IN            DEFAULT
PROCEDURE UPDATEX
```

Argument Name	Type	In/Out	Default?
OPER	CHAR	IN	
TIMES	NUMBER	IN	DEFAULT

2. 数据库内部作业调度

现代数据库系统内部都会提供一种作业调度执行的机制，所谓作业（job）就是一种需要按某种时间节奏调度执行的任务。任务的调度执行是指可以在指定的时间点或按某种预定的规律性的时间点自动执行任务。这种让某种任务按时间调度执行的机制也可以方便地用在数字化审计的过程中，如在被审计系统中实现某种周期性的数据观察或业务监控任务。

Oracle 数据库系统提供两个专门的程序包用户实现作业调度：dbms_job 和 dbms_scheduler，两者使用方法类似，但后者提供更丰富的调度处理功能。结合模拟金融业务处理需求，在此仅介绍 dbms_job 程序包的使用方法。程序包 dbms_scheduler 的灵活运用可以满足数字化审计过程中的各种审计需求，它的使用将放在本章的最后一节。

（1）指定作业执行时间的调度参数 interval。

作业调度执行的时间间隔取决于 interval 参数中设置的日期表达式。interval 是指上一次执行结束到下一次开始执行的时间间隔，当 interval 设置为 null 时，该 job 执行结束后，就会被从作业队列中删除，停止执行。假如我们需要该 job 周期性地执行，则一般需要用 sysdate+/-x 的格式表示，其中 sysdate 是系统函数，返回当前时间（含日期）。

以下给出作业执行的时间调度需求实例和对应的 interval 参数设置值：

每天午夜 12 点:TRUNC(SYSDATE+1)

每天早上 8 点 30 分:TRUNC(SYSDATE+1)+(8*60+30)/24/60

每星期二中午 12 点:NEXT_DAY(TRUNC(SYSDATE),'tuesday')+12/24

每个月第一天的午夜 12 点:TRUNC(LAST_DAY(SYSDATE)+1)

每个季度最后一天的晚上 11 点:TRUNC(ADD_MONTHS(SYSDATE+2/24,3),'Q')-1/24

每星期六和日早上 6 点 10 分:TRUNC(NEXT_DAY(SYSDATE,'saturday'))+(6*60+10)/24/60,

TRUNC(NEXT_DAY(SYSDATE,'sunday'))+(6*60+10)/24/60

每秒钟执行次:Interval => sysdate+1/24/60/60

每分钟执行:Interval =>TRUNC(sysdate,'mi')+1/24/60

每天的凌晨 1 点执行:Interval =>TRUNC(sysdate)+1+1/24

每周一凌晨 1 点执行:Interval =>TRUNC(next_day(sysdate,'monday'))+1/24

每月 1 日凌晨 1 点执行:Interval =>TRUNC(LAST_DAY(SYSDATE))+1+1/24

每季度的第一天凌晨 1 点执行:Interval =>TRUNC(ADD_MONTHS(SYSDATE,3), 'Q ')+1/24

每年 7 月 1 日和 1 月 1 日凌晨 1 点:Interval =>ADD_MONTHS(trunc(sysdate,'yyyy '),6)+1/24

（2）创建作业。

通过程序包 dbms_job 创建一个新的作业，并返回作业的唯一标识：作业号。下面的代码创建一个作业，由作业号 job1 标识，该作业从当前时间开始，每隔一分钟运行一次，每次作业的内容是调用一次 biz. acc_pkg. operate 过程。

```
BIZ> set serveroutput on
BIZ> declare
  2     job1 number;
  3  begin
  4     dbms_ job. submit(
  5     job1,'biz. acc_pkg. operate;',sysdate,'sysdate+1/24/60 ');
  6     dbms_output. put_line('创建成功,作业号:'||job1);
  7  end;
  8  /
创建成功,作业号:3
PL/SQL procedure successfully completed.
```

启动作业，通过作业号指定需要启动的作业。通过查询数据字典视图 user_jobs 查看作业执行的时间和执行状况，字段 broken 标识作业是否暂停，failures 记录作业执行失败的次数（无论何种原因）。

```
BIZ> execute dbms_ job. run(3);
PL/SQL procedure successfully completed.
BIZ> select job,last_sec,next_sec,broken,failures from user_ jobs;
JOB   LAST_SEC   NEXT_SEC   BROKEN   FAILURES
-----------------------------------------------------------
3   21:05:02    21:06:02      N       0
```

（3）查看作业执行的结果。

上面创建并运行的作业，其执行的内容是调用 biz. acc_pkg. operate 过程实施一次金融账户的常规操作，其作业的结果可查看 biz. trans 表中记录。下面的查询给出该表中的最后三条记录，也是最近执行的三次作业的结果。

```
BIZ> select * from (
  2   select * from trans order by tx_seq desc)
  3   where rownum<=3 order by tx_seq;
TX_SEQ    TX_TIME    ACC_OUT    ACC_IN    AMOUNT    TX_TYPE
-----------------------------------------------------------
```

10001208	21:17:04	100537	100975	3061.29	transfer
10001209	21:18:04	100324	100918	26702.8	transfer
10001210	21:19:04	100963	100633	694.85	transfer

（4）作业的维护。

作业的日常维护工作包括查看作业的调度运行状况、作业的暂停（broken）、作业的删除等操作。

查看作业的运行状态，可通过访问数据字典视图 user_jobs 获得该类信息，包括最近一次运行的日期、时间，下一次运行的日期、时间，是否出现执行失败的情形、失败的原因、失败的次数等。通过该视图查看 job 的 broken、last_date 和 next_date，last_date 是指最近一次 job 运行成功的结束时间，next_date 是根据 interval 设置的调度规则计算的下次执行时间，根据这个信息就可以判断 job 上次是否正常，还可以判断下次的时间是否正确。

作业在调度运行期间，根据需要可以暂停调度执行，可调用 dbms_jobs. broken 过程实现；若需要删除某个作业，调用 dbms_jobs. remove 过程即可。注意这两个过程的执行都要通过作业号来指定被操作的作业。

```
BIZ> execute dbms_job. broken(3,true);
PL/SQL procedure successfully completed.
BIZ> select job,last_sec,next_sec,broken,failures from user_jobs;
JOB   LAST_SEC   NEXT_SEC   BROKEN   FAILURES
----------------------------------------------------------------
3     21:33:06   00:00:00      Y          0
BIZ> exec dbms_job. remove(3);
PL/SQL procedure successfully completed.
```

本节最后给出作业程序包中的主要过程及其参数的功能说明，DBMS_JOB 包中的过程及其参数说明如表 7-8 所示。

表 7-8　DBMS_JOB 包中的过程及其参数说明

过程	参数用法
dbms_job. submit	JOB：输出型参数，返回作业号 WHAT：输入参数，指定作业执行的具体内容 NEXT_DATE：指定作业执行从何时开始 INTERVAL：指定调度规则，即作业下次运行的时间间隔
dbms_job. run	JOB：输入型参数，指定要启动的作业号 FORCE：强制启动标志，默认为 true

续表

过程	参数用法
dbms_job. broken	JOB：输入型参数，指定要暂停的作业号 BROKEN：布尔参数，指定 true（暂停）或 false（取消） NEXT_DATE：指定 broken 的开始时间，默认为当前时间
dbms_job. remove	JOB：输入型参数，指定要删除的作业号

Oracle 系统的作业是通过后台进程（background process）执行的，每个作业需要一个对应的后台进程。与 job 作业调度相关的初始化参数 job_queue_processes，它确定能够启动的用于调度作业的最大后台进程数，当系统中启动的 job 数量大于该参数值后，内部执行就会产生队列等候，最小值是 0，表示不能启动运行任何作业。

3. 启动必要的审计监控

前文已经介绍了 Oracle 数据库系统具有审计监控功能，在数字化审计过程中，我们可以根据需要启动必要的审计监控项目，以实现我们的审计目标。

（1）启动标准审计监控。

首先查看当前数据库与审计监控相关的初始化参数：

```
SYS> show parameters audit
NAME                    TYPE            VALUE
--------------------------------------------------------------
audit_file_dest         string          D：\Oracle\DBMS\RDBMS\AUDIT
audit_sys_operations    Boolean         FALSE
audit_trail             string          NONE
```

上述三个参数的配置值是当前模拟测试数据库的默认设置值，其物理意义非常明确：参数 audit_trail 是否启动审计监控功能（none，未启动该项功能）；参数 audit_sys_operations 确定是否对超级用户的操作实施审计（false，不审计超级用户）；参数 audit_file_dest 指定审计监控的跟踪文件存储位置（只有当 audit_trail = os 时才会产生此类文件，否则审计跟踪信息记录在数据字典中）。

```
SYS> alter system set audit_trail = db, extended scope = spfile;
System altered.
SYS> alter system set audit_sys_operations = true scope = spfile;
System altered.
```

上述参数调整后数据库需要重新启动以使参数生效。接下来以审计用户连接数据库设置具体的审计项目：

```
SYS> grant audit system, audit any to aud;
```

Grant succeeded.

SYS> connect aud/＊＊＊＊＊＊

Connected.

AUD> audit select, update, insert, delete on biz. account

　2　by access whenever successful;

Audit succeeded.

上述指令设置了在对金融业务用户 biz 的账户信息表 account 上的对象级审计监控，监控的操作是该表上的 select 和 dml 操作。

接下来可以任意合法用户登录数据库，对 biz. account 执行部分测试操作，然后可以查看数据字典视图 dba_audit_trail 来查看审计监控结果，下面是结果示例：

SYS> select username,timestamp,sql_text from dba_audit_trail;

USERNAME　　TIMESTAMP　　SQL_TEXT

------------------------------- ----------------------

BIZ　2023-02-17 21:22:41

UPDATE ACCOUNT SET BALANCE=BALANCE+:B2 WHERE ACC_ID = :B1

SCOTT　2023-02-17 21:23:41

SELECT COUNT(＊) FROM ACCOUNT WHERE ACC_ID IN (:B2 , :B1)

（2）设置基于细粒度的审计监控。

使用标准的审计监控，可以跟踪掌握哪些用户访问了哪些数据库对象以及执行了什么样的操作（SQL）。细粒度审计监控可以实现更精细的审计跟踪，它不仅可以为需要访问的行指定谓词（即指定访问条件），还指定了表中访问的字段。通过设置有条件的审计跟踪，只在访问某些行和字段时做跟踪记录，实现更精准的审计监控，可以大大减少审计跟踪结果的数据量。细粒度审计监控通过数据字典中预置的程序包 dbms_fga 设置具体的审计监控内容。

SYS> grant execute on dbms_fga to aud;

Grant succeeded.

AUD> begin

　2　sys. dbms_fga. add_policy(

　3　object_schema => 'BIZ ',

　4　object_name => 'ACCOUNT ',

　5　policy_name => 'balance_audit ',

　6　audit_column => 'BALANCE ',

　7　audit_condition => 'balance>=5000 ');

　8　end;

　9　/

PL/SQL procedure successfully completed.

SYS> select db_user,timestamp,policy_name,sql_text

2   from dba_fga_audit_trail;

DB_USER   TIMESTAMP   POLICY_NAME   SQL_TEXT

--   ----------------------------

BIZ   2023-02-17 22:00:46   BALANCE_AUDIT

SELECT BALANCE * DBMS_RANDOM.VALUE(0.1,0.5) FROM ACCOUNT WHERE ACC_ID = :B1

4. 执行物理和逻辑数据备份

根据现代数据库系统备份与恢复的基本原理，投入运行的数据库系统需要立即执行至少一次的数据库全备份（对整个数据库的备份），以防止数据库系统在运行过程中出现介质故障、系统故障等意外而导致数据库崩溃、数据丢失等严重问题。另外，对于一些重要的业务数据表还应该对其执行逻辑备份作为对数据库物理备份的补充。

这里的物理备份和逻辑备份的核心区别在于：

物理备份是从数据库物理存储的角度去实施备份，它的优势在于：与交易档案的联合应用可以实现完全的数据库恢复，即将数据库恢复到故障点时刻，无任何数据丢失。

逻辑备份是从数据库对象的角度去实施备份，如备份某个表、某些表或用户下的所有表，它的优势在于：备份机制易于理解，容易被业务人员和审计人员掌握。但逻辑备份是完全的静态数据备份，不能实现动态数据库恢复。当数据库出现介质故障或损坏时，利用逻辑备份不能实现完全数据恢复，只能将表恢复到备份时刻的状态，这样必然导致数据的丢失。

下面是针对前面创建的模拟测试数据库，分别执行物理数据库备份（利用RMAN）和逻辑数据备份（Export）的演示。

C:\>set Oracle_sid=audit

C:\>rman target sys/******

connected to target database：AUDITDB（DBID=592609066）

RMAN> backup database;

Starting backup at 17-FEB-23

using target database control file instead of recovery catalog

allocated channel：ORA_DISK_1

channel ORA_DISK_1：SID=25 device type=DISK

channel ORA_DISK_1：starting full datafile backup set

channel ORA_DISK_1：specifying datafile(s) in backup set

input datafile file

number=00001 name=D:\DATABASE\AUDITDB\SYSTEM. ORA

number=00002 name=D:\DATABASE\AUDITDB\SYSAUX. ORA

number=00003 name=D:\DATABASE\AUDITDB\UNDODATA. ORA

number=00004 name=D:\DATABASE\AUDITDB\USERDATA. ORA

number=00005 name=D:\DATABASE\AUDITDB\METADATA. ORA

channel ORA_DISK_1: starting piece 1 at 17-FEB-23

channel ORA_DISK_1: finished piece 1 at 17-FEB-23

piece handle=

D:\METADATA\AUDITDB\BACKUPSET\2023_02_17\

O1_MF_NNNDF_TAG20230217T101114_KYXRL3LR_. BKP

tag=TAG20230217T101114 comment=NONE

channel ORA_DISK_1: backup set complete, elapsed time: 00:00:15

channel ORA_DISK_1: starting full datafile backup set

channel ORA_DISK_1: specifying datafile(s) in backup set

including current control file in backup set

including current SPFILE in backup set

channel ORA_DISK_1: starting piece 1 at 17-FEB-23

channel ORA_DISK_1: finished piece 1 at 17-FEB-23

piece handle=

D:\METADATA\AUDITDB\BACKUPSET\2023_02_17\

O1_MF_NCSNF_TAG20230217T101114_KYXRLMS7_. BKP

tag=TAG20230217T101114 comment=NONE

channel ORA_DISK_1: backup set complete, elapsed time: 00:00:01

Finished backup at 17-FEB-23

C:\>exp system/ * * * * * *

Export: Release 11. 2. 0. 1. 0 - Production on Fri Feb 17 10:21:35 2023

Connected to: Oracle Database 11g Enterprise Edition Release 11. 2. 0. 1. 0 - 64bit Production

With the Partitioning, OLAP, Data Mining and Real Application Testing options

Enter array fetch buffer size: 4096 >

Export file: EXPDAT. DMP > d:\metadata\acc_exp_20230217. dmp

(1)E(ntire database), (2)U(sers), or (3)T(ables): (2)U > T

Export table data (yes/no): yes >

Compress extents (yes/no): yes >

Export done in ZHS16GBK character set and NCHAR character set

About to export specified tables via Conventional Path . . .

Table(T) or Partition(T:P) to be exported: (RETURN to quit) > biz. account

Current user changed to BIZ

. . exporting table ACCOUNT   1000 rows exported

Table(T) or Partition(T:P) to be exported: (RETURN to quit) > biz. trans

. . exporting table TRANS   1284 rows exported

Table(T) or Partition(T:P) to be exported: (RETURN to quit) >

Export terminated successfully without warnings.

五、金融业务背后的元数据及其验证

通过前面的一系列步骤，到目前为止，我们在 Oracle 数据平台上创建了一个企业级金融信息系统的模拟数据环境。

1. 构建模拟环境的主要环节回顾

现将本章前面的主要步骤归纳如下：

一是创建一个默认配置下的 Oracle 测试数据库。这个初始状态下的数据库并不能满足企业级金融数据库的要求，因此我们需要在此基础上做出一系列的调整。

二是为测试数据库配置额外的存储空间。至少创建两个专门的表空间（ta-blespace），分别用于存储金融业务数据（business data）和元数据（meta data）。

三是创建金融业务用户和专门的审计用户。将普通的业务用户和专门的审计用户分开，有利于数字化审计过程中的数据观察与数据管理。

四是按照企业级金融数据库的标准调整数据库的配置。主要目标是调整交易档案及其相关元数据的存储与管理，使其满足工程实践中的数字化审计需求。

五是模拟并实现一个典型的金融业务数据模型。作为一个测试用途的数据系统，我们提供了从数据模型、模拟数据、模拟业务、元数据管理等全流程的主要环节及其数据验证。

六是设计并实施了模拟业务的持续运行环节。首先设计了多个存储过程用于模拟金融系统的典型业务，其次通过数据库系统内部的调度机制持续地运行。这样就构建了一个动态运行的模拟金融数据系统，以最大限度地接近真实的企业级金融信息系统的数据环境。

七是执行数据库备份，包括物理备份和逻辑备份。这一步非常重要，无论是在生产环境还是在我们的测试环境，它提供后续各类数据恢复的基础。

2. 系列元数据的查询与验证

到目前为止，我们构建了一个金融信息系统的模拟环境。除了我们生成了基础性的金融测试数据（business data）外，到底有哪些元数据（metadata）呢？传统的审计，我们都把注意力集中在业务数据本身，而忽视元数据的机制。事实上，充分利用元数据让我们在审计过程中可以更好地理解业务数据，扩展对业务数据的认知。现在的问题是，只有我们理解、熟知信息系统中到底有哪些元数据，我们才有可能在数字化审计过程中访问它、利用它，让它发挥应有的审计价值。

在前面的章节里，我们已经介绍了与数字化审计相关的元数据及其主要作用，下面结合本章创建的模拟测试数据库执行部分典型的查询与验证，以进一步从审计的角度理解金融信息系统中的各类数据源。

（1）技术类元数据。

这类元数据为我们提供关于数据库本身的主要信息，如数据库的整体状态、物理构成、存储空间的逻辑划分、用户及其权限、用户业务表及其结构等。

1）查询数据库的整体状态信息。

```
SYS> select name,created,open_mode,log_mode,flashback_on
  2    from v$database;
```

NAME	CREATED	OPEN_MODE	LOG_MODE	FLASHBACK_ON
AUDITDB	2023-02-13	READ WRITE	ARCHIVELOG	YES

2）查询数据库的物理构成及其存储空间信息。

```
SYS> select tablespace_name,contents,retention,status
  2    from dba_tablespaces;
```

TABLESPACE_NAME	CONTENTS	RETENTION	STATUS
SYSTEM	PERMANENT	NOT APPLY	ONLINE
SYSAUX	PERMANENT	NOT APPLY	ONLINE
UNDODATA	UNDO	GUARANTEE	ONLINE
TEMPDATA	TEMPORARY	NOT APPLY	ONLINE
USERDATA	PERMANENT	NOT APPLY	ONLINE
METADATA	PERMANENT	NOT APPLY	ONLINE
EXAMPLE	PERMANENT	NOT APPLY	OFFLINE

```
SYS> select d.file#,t.name TABLESPACE,d.name FILE_NAME
  2    from v$tablespace t,v$datafile d
  3    where t.ts#=d.ts#;
```

FILE#	TABLESPACE	FILE_NAME
1	SYSTEM	D:\DATABASE\AUDITDB\SYSTEM.ORA
2	SYSAUX	D:\DATABASE\AUDITDB\SYSAUX.ORA
3	UNDODATA	D:\DATABASE\AUDITDB\UNDODATA.ORA

4	USERDATA	D:\DATABASE\AUDITDB\USERDATA. ORA
5	METADATA	D:\DATABASE\AUDITDB\METADATA. ORA
6	EXAMPLE	D:\DATABASE\AUDITDB\EXAMPLE. DBF

SYS> select t. name TABLESPACE,

   2   trunc(sum(d. bytes/1024/1024)) as "SIZE(M)"

   3   from v$tablespace t, v$datafile d

   4   where t. ts#=d. ts# group by t. name;

TABLESPACE	SIZE(M)
USERDATA	50
SYSAUX	98
UNDODATA	157
SYSTEM	189
METADATA	50

3) 查询用户及其权限信息。

SYS> select user_id, username, default_tablespace,

   2   created, account_status from dba_users;

USER_ID	USERNAME	DEFAULT_TABLESPACE	CREATED	STATUS
0	SYS	SYSTEM	2023-02-13	OPEN
5	SYSTEM	SYSTEM	2023-02-13	OPEN
32	BIZ	USERDATA	2023-02-13	OPEN
35	SCOTT	USERDATA	2023-02-16	OPEN
34	AUD	METADATA	2023-02-13	OPEN

SYS> select * from dba_role_privs

   2   where grantee in ('BIZ ', 'AUD ') order by grantee;

GRANTEE	GRANTED_ROLE	ADMIN_OPTION	DEFAULT_ROLE
AUD	CONNECT	NO	YES
AUD	RESOURCE	NO	YES
BIZ	CONNECT	NO	YES
BIZ	RESOURCE	NO	YES

SYS> select * from dba_sys_privs

   2   where grantee in ('BIZ ', 'AUD ') order by grantee;

```
GRANTEE        PRIVILEGE                              ADMIN_OPTION
--------------------------------------------------------------------
AUD            AUDIT ANY                              NO
AUD            AUDIT SYSTEM                           NO
AUD            SELECT ANY DICTIONARY                  NO
AUD            SELECT ANY TABLE                       NO
AUD            UNLIMITED TABLESPACE                   NO
BIZ            FLASHBACK ARCHIVE ADMINISTER           NO
BIZ            UNLIMITED TABLESPACE                   NO
```

4）查询用户下的表及其结构。

```
BIZ> select table_name,tablespace_name,num_rows,status
  2   from user_tables;

TABLE_NAME          TABLESPACE_NAME     NUM_ROWS    STATUS
-----------------------------------------------------------------
SYS_FBA_TCRV_13012  METADATA            97          VALID
DEMO                EXAMPLE             50          VALID
TRANS               USERDATA            1558        VALID
ACCOUNT             USERDATA            1000        VALID


BIZ> describe account
Name                Null?               Type
------------------------------------------------------------------
ACC_ID              NOT NULL            NUMBER(6)
TITLE               NOT NULL            VARCHAR2(30)
BALANCE                                 NUMBER(10,2)
TSTAMP                                  DATE
```

（2）交易类元数据。

这类元数据对于数字化审计具有重要价值，因为它提供业务数据的历史信息，这也是作者写作本书的主要目的之一。交易类元数据是指关于信息系统在运行过程中由于用户执行各种交易（transaction）而生成的多种档案资料，包括：交易档案、闪回日志、闪回档案、数据库备份等相关数据。

1）查询交易档案保存的时间范围。

```
SYS> select sequence#,first_time,next_time from v$archived_log;
SEQUENCE#       FIRST_TIME                  NEXT_TIME
------------------------------------------------------------------
14              2023-02-13 11:49:07         2023-02-15 09:00:45
```

| 15 | 2023-02-15 09:00:45 | 2023-02-16 22:01:33 |
| 16 | 2023-02-16 22:01:33 | 2023-02-17 22:05:52 |

SYS> select sequence#,first_time,next_time from v$log

　2　order by sequence#;

SEQUENCE#	FIRST_TIME	NEXT_TIME
16	2023-02-16 22:01:33	2023-02-17 22:05:52
17	2023-02-17 22:05:52	......

2）查询闪回日志支持的数据库闪回的时间范围。

SYS> select oldest_flashback_time oldest_time, retention_target,

　2　flashback_size,estimated_flashback_size estimated_size

　3　from v$flashback_database_log;

OLDEST_TIME	RETENTION_TARGET	FLASHBACK_SIZE	ESTIMATED_SIZE
2023-02-14 11:45:53	129600	151314432	2623242240

3）查询闪回档案支持的表闪回的时间范围。

SYS> select owner_name,flashback_archive_name archive_name,

　2　retention_in_days,status from dba_flashback_archive;

OWNER_NAME	ARCHIVE_NAME	RETENTION_IN_DAYS	STATUS
BIZ	FA_BIZ	30	
SYS	FA_DEFAULT	7	DEFAULT

SYS> select owner_name,table_name,flashback_archive_name

　2　archive_name,status from dba_flashback_archive_tables;

OWNER_NAME	TABLE_NAME	ARCHIVE_NAME	STATUS
BIZ	ACCOUNT	FA_BIZ	ENABLED
SCOTT	EMP	FA_DEFAULT	ENABLED

4）查询数据库备份的备份时间、备份类型。

C:\>set Oracle_sid=audit

C:\>rman target sys/******

Recovery Manager：Release 11.2.0.1.0 - Production on Sun Feb 19 10:27:20 2023

connected to target database：AUDITDB（DBID=592609066）

RMAN> list backupset summary;

using target database control file instead of recovery catalog

List of Backups

==============

Key	TY	LV	S	Device Type	Completion Time			
#Pieces	#Copies	Compressed						
1	B	F	A	DISK	2023-02-17 10:11:28	1	1	NO
2	B	F	A	DISK	2023-02-17 10:11:32	1	1	NO
3	B	F	A	DISK	2023-02-17 10:19:00	1	1	NO
5	B	1	A	DISK	2023-02-19 10:21:52	1	1	NO

RMAN> list backupset 1;

List of Backup Sets

===================

BS Key	Type	LV	Size	Device Type	Elapsed Time	Completion Time
1	Full		243.27M	DISK	00:00:14	

2023-02-17 10:11:28

BP Key: 1   Status: AVAILABLE   Compressed: NO   Tag: TAG20230217T101114

Piece Name: D:\METADATA\...\O1_MF_NNNDF_TAG20230217T101114_KYXRL3LR_.BKP

List of Datafiles in backup set 1

File	LV	Type	Ckp SCN	Ckp Time	Name
1		Full	302473	10:11:15	D:\DATABASE\AUDITDB\SYSTEM.ORA
2		Full	302473	10:11:15	D:\DATABASE\AUDITDB\SYSAUX.ORA
3		Full	302473	10:11:15	D:\DATABASE\AUDITDB\UNDODATA.ORA
4		Full	302473	10:11:15	D:\DATABASE\AUDITDB\USERDATA.ORA
5		Full	302473	10:11:15	D:\DATABASE\AUDITDB\METADATA.ORA

（3）监控类元数据。

这类元数据是一种主动监控数据，根据事先设置的审计监控目标，数据库系统自动记录审计监控范围内的用户操作和业务数据变更信息。这类监控是数字化审计可以充分利用的数据技术手段。

1）查询标准审计的跟踪数据。

在 Oracle 系统中，标准审计划分为对象级审计、语句级审计和权限级审计。这里以最常用的对象级审计为例，说明标准审计的设置及其对应的跟踪记录。

```
SYS> select owner,object_name,object_type,sel,ins,del,upd
  2  from dba_obj_audit_opts;
OWNER  OBJECT_NAME  OBJECT_TYPE  SEL  INS  DEL  UPD
```

```
BIZ  ACCOUNT  TABLE  A/-  A/-  A/-  A/-
AUD> audit select,delete on biz.account by access
  2   whenever not successful;
Audit succeeded.
SYS> select owner,object_name,object_type,sel,ins,del,upd
  2   from dba_obj_audit_opts;
OWNER  OBJECT_NAME  OBJECT_TYPE  SEL  INS  DEL  UPD
------------------------------------------------------------
BIZ  ACCOUNT  TABLE  A/A  A/-  A/A  A/-

SYS> select username,timestamp,returncode,sql_text
  2   from dba_audit_trail
  3   where username='SCOTT 'and timestamp>sysdate-1;
USERNAME  TIMESTAMP  RETURNCODE  SQL_TEXT
------------------------------------------------------------
SCOTT         2023-02-19 15:45:54  0
select * from biz.account
SCOTT         2023-02-19 16:00:32  2004
delete biz.account where tstamp<sysdate-100
```

这里的 returncode 字段给出的代码描述记录被审计操作的状态: 0（Action succeeded）表示操作成功、2004（Security violation）由于权限约束导致操作失败，反映 scott 用户曾经在 2023-02-19 16：00：32 时刻试图删除表中的记录，但操作不成功。

2）查询细粒度审计的跟踪数据。

```
SYS> select policy_owner,policy_name,policy_text,policy_column
  2   from dba_audit_policies;
POLICY_OWNER      POLICY_NAME      POLICY_TEXT      POLICY_COLUMN
------------------------------------------------------------
AUD               BALANCE_AUDIT  balance>=5000     BALANCE
SYS> select db_user,timestamp,policy_name,sql_text
  2   from dba_fga_audit_trail
  3   where db_user='BIZ 'and timestamp>sysdate-3/24/60;
DB_USER   TIMESTAMP           POLICY_NAME      SQL_TEXT
------------------------------------------------------------
BIZ       2023-02-19 16:23:00   BALANCE_AUDIT
SELECT BALANCE * DBMS_RANDOM.VALUE(0.1,0.5) FROM ACCOUNT WHERE ACC_
```

ID = :B1

本节介绍了前面创建的典型金融系统模拟测试数据库中元数据查询结果及其样本数据，从中我们可以清晰地了解金融信息系统的背后有哪些与数字化审计相关的元数据。在实际审计过程中，如何利用这些元数据来提高数字化审计的能力、实现数字化审计的目标，将在后续的章节中进行详细的描述和实证演示。

六、审计监控任务的调度执行

在数字化审计过程中，审计人员和某些特殊用户需要定期或不定期或按照某种规律去完成某些自动化的执行任务，如业务数据的监控、数据库的定期备份、生成周期性的报告、定期不定期地执行业务统计、执行特定的审计程序等，此时我们可以使用现代数据平台提供的作业调度功能。Oracle 的 Scheduler 是一种能够指定在未来的某个时间点执行某种任务的专门机制。

本节我们将介绍如何使用调度程序简化审计人员面临的复杂任务计划的执行需求。企业级数据库系统通常提供一个功能丰富的作业调度程序，据此我们可以制订作业计划，使其在指定日期和时间（例如，每个周六晚上 10：00）或在指定事件发生时（例如，当库存低于某个级别时）运行。还可以定义自定义日历（例如，一个财年），以便制订一个计划（例如，每个财政季度的最后一个工作日）。调度程序还包括程序链，这些程序链称为步骤集合，可以互相配合来完成某项任务。程序链中的步骤可以是一个程序、子程序链或事件，我们可以制定规则来确定每一步的运行时间以及各步骤之间的相关性。

1. 作业调度机制的主要构成

此前我们介绍了 Oracle 程序包 dbms_job 的使用，在此基础上 Oracle 还为作业调度机制提供了一个更全面的 PL/SQL 包接口 dbms_scheduler。在功能方面，它比 dbms_job 提供了更强大的功能和更灵活的机制/管理。它主要由以下几个部分构成：作业（job）；计划（schedule）；程序（program）；链（chain）；作业类（job_class）；窗口（window）；窗口组（window_group）。

（1）作业 JOB 与计划 SCHEDULE。

作业是 Oracle 调度机制中的关键概念。简单地说就是计划（schedule）加上需要执行的任务（程序）。这里提到的"程序"类别（PROGRAM_TYPE）可以是数据库内部的存储过程（STORED_PROCEDURE），匿名的 PL/SQL 块（PLSQL_BLOCK），也可以是操作系统级别的脚本（EXECUTABLE）。

可以有两种方式来定义"计划"：

1）使用 DBMS_SCHDULER. CREATE_SCHEDULE 定义一个计划；

2）调用 DBMS_SCHDULER. CREATE_JOB 过程直接指定。

在创建一个计划时，至少需要指定属性：开始时间（start_time）；重复频率（repeat_interval）；结束时间（end_time），它们是 job 运行所必需的：

（2）程序 PROGRAM 与链 CHAIN。

程序提供了一种抽象。操作在程序而不是作业本身中指定。随后，作业指向该程序。例如，如果 shell 脚本名称或位置更改，则不必更改每个作业，而只需更改一个程序。一个程序链是一组为了一个综合目标而连接在一起的程序。程序链的例子可能是"运行程序 A，然后运行程序 B，只有在程序 A 和程序 B 都成功完成时才运行程序 C，否则运行程序 D"。相互依赖的程序链中的每一个位置称为一个步骤。一般而言，在启动程序链的初始几个步骤后，后续步骤的执行取决于之前一个或多个步骤的完成情况。

2. 作业调度的主要机制

（1）后台进程与初始化参数。

Oracle 通过后台进程 CJQn "作业队列协调器（Job Queue Coordinator）"实现各种调度功能，后台进程 Jnnn 负责具体执行作业人任务，由此可见各种调度功能的实现是通过 Oracle 的后台作业来完成的，因此必须将初始化参数 job_queue_processes 设置为非零值。

```
SYS> select program from v $process where program like '%J%';
PROGRAM
------------------------------------------------------------
Oracle. EXE（CJQ0）
Oracle. EXE（J000）
2 rows selected.
SYS> show parameters queue
NAME                    TYPE        VALUE
----------------------------------- ----------- -----------
job_queue_processes     integer     100
```

（2）DBMS_SCHEDULER 程序包的使用。

Oracle 给数据库用户提供的调度接口以 DBMS_SCHEDULER 包的形式出现。从上面的介绍我们知道，调度中的作业（JOB）应该等于特定的程序（PROGRAM）与特定的计划（SCHEDULE）两者的集合。下面我们来了解利用 DBMS_SCHEDULER 包创建这些调度中的关键对象。通过 DBMS_SCHEDULER 包中的 CREATE_PROGRAM 过程、CREATE_SCHEDULE 过程、CREATE_JOB 过程可以分别创建我们需要的"程序""计划"和"作业"。下面我们给出的是这三个过程典型的调用规范。图 7-2 给出了在 Oracle 调度中作业（Job）、程序（Program）和计划（Schedule）三者之间的关系。表 7-9 给出了这三个过程的参数示例。

作业可以是自包含的（表7-9CREATE_JOB的第一种形式），即在创建作业时可以直接定义要执行的动作和执行动作的时间，此时作业的类型（JOB_TYPE）可以是STORED_PROCEDURE、PLSQL_BLOCK、EXECUTABLE三者之一。当JOB_TYPE为PLSQL_BLOCK时，在JOB_ACTION中可以直接指定需要执行的SQL语句。当然在规范完整SCHEDULER的应用中，作业只是各种调度元素的一部分。

PROCEDURE CREATE_JOB

Argument Name	Type	In/Out	Default?
JOB_NAME	VARCHAR2	IN	
JOB_TYPE	VARCHAR2	IN	
JOB_ACTION	VARCHAR2	IN	
NUMBER_OF_ARGUMENTS	BINARY_INTEGER	IN	DEFAULT
START_DATE	TIMESTAMP	IN	DEFAULT
REPEAT_INTERVAL	VARCHAR2	IN	DEFAULT
END_DATE	TIMESTAMP	IN	DEFAULT
JOB_CLASS	VARCHAR2	IN	DEFAULT
ENABLED	BOOLEAN	IN	DEFAULT
AUTO_DROP	BOOLEAN	IN	DEFAULT
COMMENTS	VARCHAR2	IN	DEFAULT

PROCEDURE CREATE_JOB

Argument Name	Type	In/Out	Default?
JOB_NAME	VARCHAR2	IN	
PROGRAM_NAME	VARCHAR2	IN	
SCHEDULE_NAME	VARCHAR2	IN	
JOB_CLASS	VARCHAR2	IN	DEFAULT
ENABLED	BOOLEAN	IN	DEFAULT
AUTO_DROP	BOOLEAN	IN	DEFAULT
COMMENTS	VARCHAR2	IN	DEFAULT

PROCEDURE CREATE_PROGRAM

Argument Name	Type	In/Out	Default?
PROGRAM_NAME	VARCHAR2	IN	

PROGRAM_TYPE	VARCHAR2	IN	
PROGRAM_ACTION	VARCHAR2	IN	
NUMBER_OF_ARGUMENTS	BINARY_INTEGER	IN	DEFAULT
ENABLED	BOOLEAN	IN	DEFAULT
COMMENTS	VARCHAR2	IN	DEFAULT

PROCEDURE CREATE_SCHEDULE

Argument Name	Type	In/Out	Default?
SCHEDULE_NAME	VARCHAR2	IN	
START_DATE	TIMESTAMP	IN	DEFAULT
REPEAT_INTERVAL	VARCHAR2	IN	
END_DATE	TIMESTAMP	IN	DEFAULT
COMMENTS	VARCHAR2	IN	DEFAULT

图 7-2 作业、程序和计划之间的关系

表 7-9 DBMS_SCHEDULER 包中的过程调用示例

过程	参数用法
CREATE_PROGRAM	program_name => 'CALC_STATS ', program_action => 'HR. UPDATE_SCHEMA_STATS ', program_type => 'STORED_PROCEDURE ', enabled => TRUE
CREATE_SCHEDULE	schedule_name => 'stats_schedule ', start_date => SYSTIMESTAMP , end_date => SYSTIMESTAMP + 30, repeat_interval => 'FREQ=HOURLY; INTERVAL=4 ', comments => 'Every 4 hours '

续表

过程	参数用法
CREATE_JOB	job_name => 'HR. GET_STATS ', program_name => 'HR. CALC_STATS ', schedule_name => 'STATS_SCHEDULE '

3. 调度中的计划 schedule

Oracle 的调度通过"计划"指定一个作业在什么时间执行以及执行的次数。作业被调度为立即或之后某个时间段、时间点执行。作业也可被调度为间隔某一时间段重复地执行，并且可指定启动的时间和终止的时间。

下面是一些作业被调度的"计划"示例：

作业被安排在 2023 年 1 月 31 日下午 2 点执行。

从 2023 年 2 月 1 日开始至 2023 年 6 月 30 日止，每逢周六的下午 5 点执行。

每个工作日的早上 8 点执行。

下面是通过调度具体创建一个"计划"的示例，该计划从创建作业的时刻 30 天的时间段内，每四小时执行一次。

```
SYS> BEGIN
2   DBMS_SCHEDULER. CREATE_SCHEDULE (
3     schedule_name        => 'my_stats_schedule ',
4     start_date           => SYSTIMESTAMP,
5     end_date             => SYSTIMESTAMP + INTERVAL '30 'day,
6     repeat_interval      => 'FREQ = HOURLY; INTERVAL = 4 ',
7     comments             => 'Every 4 hours ');
8   END;
9   /
PL/SQL procedure successfully completed.
```

由上例可知，创建 Schedule 通过指定 repeat_interval 属性来决定关联的作业何时，或者按照怎样的时间规律被执行。repeat_interval 属性通过一系列的关键字来指定时间或者时间间隔。表 7-10 给出了 repeat_interval 属性表达式中所能够使用的关键字及其时间含义。

表 7-10　Schedule 中 repeat_interval 属性

关键字	时间含义
FREQ	指定执行的频率，可选的值有：YEARLY, MONTHLY, WEEKLY, DAILY, HOURLY, MINUTELY, and SECONDLY

关键字	时间含义
INTERVAL	指定执行的间隔，设置一个正整数表示间隔，默认值为 1，其时间单位与 FREQ 有关，HOURLY 表示 1 小时，DAILY 表示 1 天
BYMONTH	数值（1~12），表示执行的月份，也可用三个字母的英文月份缩写
BYWEEKNO	通过数值指定一年当中的周（byweekno is only valid for YEARLY）
BYYEARDAY	通过数值指定一年当中的天（Valid values are 1 to 366）
BYDATE	通过 [YYYY] MMDD 形式指定具体的日期，如：
BYMONTHDAY	BYDATE = 0115，0315，0615，0915，1215，20060115
BYDAY	数值指定月中的天（Valid values are 1 to 31），也可用负数表示月份中的倒数天，如 BYMONTHDAY = -1 表示月份中最后一天
BYHOUR	通过 MON，TUE，WED，THU，FRI，SAT，SUN 指定一周当中的天
BYMINUTE	数值表示一天当中的几点（Valid values are 0 to 23）
BYSECOND	指定小时中的分（Valid values are 0 to 59）
BYSETPOS	指定分中的秒（Valid values are 0 to 59）
INCLUDE	结合其他设置，通过数值指定具体的时间位置，如 FREQ = MONTHLY；BYDAY = MON，TUE，WED，THU，FRI；BYSETPOS = -1 表示每月的最后一周的周一至周五
EXCLUDE	指定已定义的 Schedule，包含其他 Schedule 所设定的时间点
INTERSECT	指定已定义的 Schedule，其含义正好和 INCLUDE 相反
PERIODS	通过指定其他已定义的 Schedule 设定交叉的时间点
BYPERIOD	指定数值，结合 FREQ 人为地指定执行的时间频率间隔，如：FREQ = YEARLY；PERIODS = 4 表示每隔四年

一般来说，repeat_interval 属性表达式基本分为三个部分：第一部分是频率，也就是"FREQ"这个关键字，它是必须指定的；第二部分是时间间隔，也就是"INTERVAL"这个关键字，取值范围是 1~999，它是可选的参数；第三部分是附加的参数，可用于精确地指定日期和时间，它也是可选的参数，合法的关键字有：BYYEAR，BYMONTH，BYWEEKNO，BYYEARDAY，BYMONTHDAY，BYDAY，BYHOUR，BYMINUTE，BYSECOND

下面我们给出一些具体的 repeat_interval 属性表达式的应用，以方便理解表 7-10 中的常用关键字的详细含义。

每个周五（三种形式完全一样）：

FREQ = DAILY；BYDAY = FRI；

FREQ = WEEKLY；BYDAY = FRI；

FREQ＝YEARLY；BYDAY＝FRI；

每隔周的周五：

FREQ＝WEEKLY；INTERVAL＝2；BYDAY＝FRI；

每个月的最后一天、每个月的倒数第二天：

FREQ＝MONTHLY；BYMONTHDAY＝-1；

FREQ＝MONTHLY；BYMONTHDAY＝-2；

每年的3月10日（两者一样）：

FREQ＝YEARLY；BYMONTH＝MAR；BYMONTHDAY＝10；

FREQ＝YEARLY；BYDATE＝0310；

每10天运行一次：

FREQ＝DAILY；INTERVAL＝10；

每天下午的4点、5点、6点：

FREQ＝DAILY；BYHOUR＝16，17，18；

每个月的15号：

FREQ＝MONTHLY；INTERVAL＝2；BYMONTHDAY＝15；

每个月的29号：

FREQ＝MONTHLY；BYMONTHDAY＝29；

每个月的第二个周三：

FREQ＝MONTHLY；BYDAY＝2WED；

每年的最后一个周五：

FREQ＝YEARLY；BYDAY＝-1FRI；

每50个小时：

FREQ＝HOURLY；INTERVAL＝50；

每个月的最后一天

FREQ＝MONTHLY；INTERVAL＝2；BYMONTHDAY＝-1；

每个月前三天的每个小时：

FREQ＝HOURLY；BYMONTHDAY＝1，2，3；

每个月最后的周一至周五：

FREQ＝MONTHLY；BYDAY＝MON，TUE，WED，THU，FRI；BYSETPOS＝-1

每个月最后的周一至周五，排除Company_Holidays所定义的时间：

FREQ＝MONTHLY；BYDAY＝MON，TUE，WED，THU，FRI；EXCLUDE＝Company_Holidays；BYSETPOS＝-1

每个周五的中午12点，加Company_Holidays所定义的时间：

FREQ＝YEARLY；BYDAY＝FRI；BYHOUR＝12；INCLUDE＝Company_Holidays

4. 创建与使用作业调度

通过前面所述的 DBMS_SCHEDULER 包中的过程（特别是 CREATE_PRO-GRAM、CREATE_SCHEDULE、CREATE_JOB）可以很方便地建立我们自己的调度作业。

（1）测试作业调度的执行时间。

PROCEDURE EVALUATECALENDARSTRING

Argument Name	Type	In/Out	Default?
CALENDAR_STRING	VARCHAR2	IN	
START_DATE	TIMESTAMP	IN	
RETURN_DATE_AFTER	TIMESTAMP	IN	
NEXT_RUN_DATE	TIMESTAMP	OUT	

下面是利用该过程测试一个日历表达式的 PL/SQL 匿名块，测试的日历表达式的作业时间是每周日的 23 点整：

```
SYS> declare
2      start_time TIMESTAMP;
3      next_time TIMESTAMP;
4      return_time TIMESTAMP;
5   begin
6      start_time := trunc(SYSTIMESTAMP);
7      return_time := start_time;
8      for times in 1..9 loop
9        dbms_scheduler. evaluate_calendar_string(
10       'FREQ=WEEKLY; BYDAY=SUN; BYHOUR=23 ',
11       start_time, return_time, next_time);
12       dbms_output. put_line(times||': '||
13       to_char(next_time,'YYYY-MM-DD HH24:MI:SS '));
14       return_time := next_time;
15     end loop;
16   end;
17   /
1: 2023-02-19 23:00:00
2: 2023-02-26 23:00:00
3: 2023-03-05 23:00:00
4: 2023-03-12 23:00:00
```

5：2023-03-19 23：00：00

6：2023-03-26 23：00：00

7：2023-04-02 23：00：00

8：2023-04-09 23：00：00

9：2023-04-16 23：00：00

PL/SQL procedure successfully completed.

（2）创建作业调度实例。

调度作业中程序的类型有三种：PLSQL_BLOCK、STORED_PROCEDURE、EXECUTABLE，下面分别举例说明。

```
SYS> BEGIN
 2    DBMS_SCHEDULER. CREATE_PROGRAM(
 3      program_name => 'STATS_TASK1 ',
 4      program_type => 'PLSQL_BLOCK ',
 5      program_action =>
 6      'DECLARE
 7        st_user varchar2(30);
 8        cursor cur is select username from dba_users
 9        where username
10        not in ("SYS","SYSTEM","SYSMAN","DBSNMP")
11        and account_status="OPEN";
12      BEGIN
13        open cur;
14        loop
15          fetch cur into st_user;
16          exit when cur%notFound;
17          DBMS_STATS. GATHER_SCHEMA_STATS (st_user);
18        end loop;
19        close cur;
20      END;');
21    END;
22    /
```

PL/SQL procedure successfully completed.

上面的代码创建了一个名为 GATHER_STATS 的程序，该程序的作用是收集模式对象的统计信息，程序的动作是由一匿名 PL/SQL 块实现的。

```
SYS> select program_name,program_type
 2    from dba_scheduler_programs
```

```
3   where program_name like '%STATS%';
```

PROGRAM_NAME	PROGRAM_TYPE
BSLN_MAINTAIN_STATS_PROG	PLSQL_BLOCK
GATHER_STATS_PROG	STORED_PROCEDURE
STATS_TASK1	PLSQL_BLOCK

如果程序的类型是 STORED_PROCEDURE、EXECUTABLE，并且有参数，则需要使用过程 DEFINE_PROGRAM_ARGUMENT 为参数提供定义与赋值。

下面的代码创建一项作业，该作业的动作是 Unix 下的脚本程序，执行移动交易档案文件的任务。

```
SYS> begin
2     dbms_scheduler. create_ job(
3         job_name => 'ARC_MOVE ',
4         schedule_name => 'sunday_2300 ',
5         job_type => 'EXECUTABLE ',
6         job_action => '/home/dbtools/move_arcs. sh ',
7         enabled => true,
8         comments =>
9         'Move archived files to a different place '
10     );
11   end;
12   /
PL/SQL procedure successfully completed.
```

备注：在 Windows 环境下，如果要调度执行操作系统下的可执行程序，需要启动 OracleJobScheduler 操作系统服务，如 OracleJobSchedulerORCL 服务。

下面我们通过一个相对完整的例子来综合应用前面介绍的关于 Scheduler 的主要内容。该调度作业的结果是每分钟向测试表中插入一条记录，内容为当前时间。

```
SCOTT> create table demo_table( name varchar2( 30) );
Table created.
SCOTT> create or replace procedure demo_procedure
2     as
3     begin
4         insert into demo_table values(
5         to_char( sysdate,'YYYY-MM-DD HH24:MI:SS '));
6         commit;
```

```
7   end demo_procedure;
8   /
```

Procedure created.

```
SYS> BEGIN
2     DBMS_SCHEDULER. CREATE_PROGRAM (
3       program_name => 'demo_program ',
4       program_action => 'scott. demo_procedure ',
5       program_type => 'STORED_PROCEDURE ',
6       comments => 'scheduler test ') ;
7   END;
8   /
```

PL/SQL procedure successfully completed.

```
SYS> BEGIN
2     DBMS_SCHEDULER. CREATE_SCHEDULE (
3       schedule_name => 'demo_schedule ',
4       start_date => SYSTIMESTAMP,
5       end_date =>
6       SYSTIMESTAMP + INTERVAL '30 'day,
7       repeat_interval =>
8       'FREQ=MINUTELY; INTERVAL=1 ',
9       comments => 'Every one minute ') ;
10  END;
11  /
```

PL/SQL procedure successfully completed.

```
SYS> BEGIN
2     DBMS_SCHEDULER. CREATE_JOB(
3       JOB_NAME => 'demo_ job ',
4       PROGRAM_NAME => 'demo_program ',
5       SCHEDULE_NAME => 'demo_schedule ') ;
6   END;
7   /
```

PL/SQL procedure successfully completed.


```
SYS> execute DBMS_SCHEDULER. enable( 'demo_program ') ;
```
PL/SQL procedure successfully completed.
```
SYS> execute DBMS_SCHEDULER. enable( 'demo_ job ') ;
```
PL/SQL procedure successfully completed.

SYS> execute DBMS_SCHEDULER. run_ job('demo_ job ') ;
PL/SQL procedure successfully completed.

SYS> select job_name , enabled ,
  2   to_char(next_run_date , 'YYYY-MM-DD HH24 : MI : SS ')
  3   next ,
  4   run_count from dba_scheduler_ jobs
  5   where job_name = 'DEMO_JOB ';
JOB_NAME   ENABL   NEXT   RUN_COUNT

DEMO_JOB   TRUE   2023-02-16 11 : 58 : 18   3
SCOTT> select * from demo_table;
NAME

2023-02-16 11 : 57 : 18
2023-02-16 11 : 58 : 18
2023-02-16 11 : 55 : 12

SYS> execute DBMS_SCHEDULER. disable('demo_ job ') ;
PL/SQL procedure successfully completed.
SYS> execute DBMS_SCHEDULER. drop_ job('demo_ job ') ;
PL/SQL procedure successfully completed.

第八章 审计中的业务数据备份与转储

在数字化审计过程中，为了避免对金融信息系统的日常运行产生额外访问负荷，审计人员常常需要将待审计的业务与数据从用户系统转移至专门的审计系统，这就涉及如何对用户联机系统的业务数据实施转出与转入操作，转出的目的是抽取待审计数据使其脱离用户的在线访问和业务处理，转入的目的是将抽取的数据注入另一套审计人员可以完全控制的系统，以方便审计作业和审计工具的使用。本章将结合 Oracle 数据平台介绍金融信息系统审计过程中需要用到的数据的备份与恢复、数据的转出与转入等相关的数字化手段。

一、数据备份与转移手段概述

信息系统中的数据备份与转移，主要有两类基本手段：一是数据的逻辑备份与恢复，二是数据的物理备份与恢复。前者将数据库看作数据的容器，将容器里的某部分数据或全部数据抽取出来存储至一个或多个操作系统文件，这就是数据的逻辑备份；数据的逻辑恢复则相反，将备份文件中存储的数据注入一个独立的数据库。后者则是针对数据库的物理存储实施数据备份与转移，是一种基于物理文件的整体数据搬迁，它可以实现数据库层面的整体克隆，并且还可以实现数据库层面的动态数据推演（注意：此处需要借助于交易档案）。

数据的逻辑备份与恢复，在 Oracle 系统中又称为数据的"导出（Export）"与"导入（Import）"，即将数据库中的部分内容或全部内容从数据库中抽取出来以二进制文件的方式脱机存储，在必要的时候再将导出文件中的内容"导入"进某个数据库中，这是 Oracle 为所有的数据库用户提供的一类通用的备份或转移数据库中特定数据的手段，易于理解，使用方便。

数据的"导出"与"导入"功能，Oracle 提供了专门的工具 Export 和 Import，它们是数据库客户端的独立应用程序；在最新的几个版本中，Oracle 对原有的 Export/Import 进行了结构性的升级，被重新设计为数据泵（Data Pump），它是 Oracle 在大批量数据的导出、导入、不同数据库之间数据复制等方面的重大改进。Data Pump 是运行在数据库内部的，而不是像一个独立的客户端应用程序一样存在，这就意味着这部分的工作在一定程度上独立于发起执行导入或者导出作业的进程。本章对 Export/Import 和 Data Pump 分别给予介绍，值得注意的是，两者的导出内容并不兼容，这意味着：在实施导入操作时，必须使用与导出操作配套的导入工具。

数据的物理备份与恢复，即通过复制数据库的物理存储，包括拷贝数据库文件、建立文件的映象拷贝、备份集等，从而达到备份数据的目的，这是一种比逻辑备份更专业的数据转移手段，为此 Oracle 提供了专门的实施工具 Recovery Manager（简称 RMAN），在本书后续的数字化审计实践中我们将频繁地使用它。

二、数据泵（Data Pump）体系结构

传统数据导入和导出工具是独立于数据库系统之外的独立程序，而 Oracle 数据库系统的数据泵（Data Pump）则不同，它给传统数据导入和导出手段赋予了新特性，彻底改变了数据库用户已经习惯的过去几代 Oracle 数据库的客户/服务器工作方式。现在数据服务平台可以运行导出和导入任务。数据管理人员和数字化审计人员可以通过并行方式快速装入或卸载大量数据，而且还可以在运行过程中调整其并行度。数据库内部的导出和导入任务可以被中断、可以重新启动，因此即使导入导出期间发生故障也并不意味着要从头开始。数据泵的对外接口（API）专业程度高但易于使用；用户可以根据需要使用 PL/SQL 建立一个导入和导出作业，调度执行。一旦启动，这些任务就在后台运行，用户可以通过客户端实用程序从网络的任何节点上检查作业的执行状态或进行作业任务的修改。由此，数字化审计人员可以远程控制该工具对被审计的业务数据执行备份转移操作。

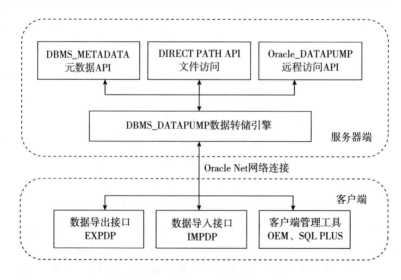

图 8-1　数据泵 Data Pump 体系结构

在大多数的数据库系统平台上，导入和导出实用程序都作为客户端程序运行，并且都是在客户端完成大量工作。导出的数据由数据库服务端读出，通过连接传输到导出客户程序，然后写到磁盘上。所有数据在整个导出进程下通过单线程操作。今天的数据量比这个体系结构最初采用的时候要大得多，使单一导出进程成了一个瓶颈，因为导出作业的性能受限于导出实用程序所能支持的吞吐量。

　　在 Oracle 全新数据泵（Data Pump）体系结构下，如今所有的工作都由数据服务端的后台进程来完成。数据库系统可以用两种方法并行处理这些工作：通过建立多个数据泵工作进程来读/写正在被导出/导入的数据，以及建立并行 I/O 服务器进程以更快地选取（SELECT）或插入（INSERT）这些数据。

　　数据泵任务使用服务端的程序包 DBMS_DATAPUMP PL/SQL API 来建立、监测和调整。新的导入和导出实用程序（分别为 impdp 和 expdp）对于这个 API 来说只是命令行接口。数字化审计人员可以使用数据泵导出实用程序初始化一个任务，如建立一个导出作业。然后就可以关闭客户端程序，而启动的导出作业会在服务器中一直运行。在整个导出过程中，审计人员可以重新连接到那个任务，检查其状态，甚至可以提高并行程度，以便在访问负荷较小的情况下多完成一些工作。同时，审计人员还可以根据需要在业务处理繁忙的时候降低并行度甚至挂起该任务，为正常的用户访问释放资源。

　　重新启动任务的功能是数据泵体系结构的一个重要特性。审计人员可以随时停止和重新启动一个数据泵任务，比如为在线用户释放资源。如果一个 8 小时的导出作业在进行了 7 小时后因磁盘存储空间不够而失败，那么审计人员也不用从头开始重新启动该任务去重复前面 7 小时的工作。此时审计人员可以连接到这个被挂起的任务，增加一个或多个新的转储（dump）文件，从失败的地方重新启动，这样只需一个小时审计人员就可以完成数据导出任务了。这一特性在处理大量业务数据时非常有价值。

三、业务数据导出导入实践

1. 建立目录（Directory）对象

　　由数据平台的服务端处理所有的文件 I/O 对于远程执行导出和导入任务的审计人员来说非常实用。如今，用户可以很轻松地在类似 UNIX 的系统（如 Linux）上 telnet 或 ssh 到一个服务器，在命令行方式下初始化一个运行在服务器上的导出或导入任务。通过 TCP/IP 连接导出数据只对小数据量是可行的。在推出数据泵之前，要从一个 Windows 系统下的 Oracle 数据库中导出大量数据，数字化审计人员需要坐在服务器控制台前发出操作指令，数据泵改变了这种操作模式，审计人员可以在任意的数据系统客户端上运行该导出和导入实用程序来创建一个导出或导入作业任务，该作业事实上是运行在数据系统的服务端，所有的 I/O 也都发生在那里，启动作业任务的客户端只是个人机接口。

出于安全性考虑，数据泵要求审计人员通过 Oracle 的目录对象来指定数据导出结果的存储位置，目录对象本质上就是导出文件的目标目录。这里目录对象的创建、目录对象的使用都涉及访问权限的问题，注意下面演示操作过程中的授权问题。

SYS> grant create any directory to aud;

Grant succeeded.

AUD> create directory exp_dir AS 'd:\metadata\dump ';

Directory created.

AUD> grant read, write on directory exp_dir to biz;

Grant succeeded.

这里目录对象 exp_dir 的主人（owner）是审计账户 aud，它具有完全的目录对象使用权限，使用时无须额外授权。如果其他用户需要使用该目录对象，则需要显式的授权，如上面的 grant 指令将目录对象的使用权限授予 biz 用户。

2. 启动一个数据导出作业

Oracle 数据系统提供了一个名为 expdp 的应用程序作为 Data Pump 的接口，一旦建立了目录对象并授权后，就可以通过以下的命令参数导出指定范围内的数据。下面的测试代码导出业务用户 biz 下所有的业务数据：

C:\>expdp biz/bizbiz dumpfile=dp_test%u. dmp directory=exp_dir content=data_only logfile=dp_test. log job_name=export_test1

Export：Release 11. 2. 0. 1. 0 - Production on Fri Feb 24 16:20:49 2023

Connected to：Oracle Database 11g Enterprise Edition Release 11. 2. 0. 1. 0 - 64bit Production

With the Partitioning, OLAP, Data Mining and Real Application Testing options

Starting "BIZ". "EXPORT_TEST1"： biz/ * * * * * * * *

dumpfile=dp_test%u. dmp directory=exp_dir logfile=dp_test. log job_name=export_test1

Estimate in progress using BLOCKS method...

Processing object type SCHEMA_EXPORT/TABLE/TABLE_DATA

Total estimation using BLOCKS method：512 KB

.. exported "BIZ". "TRANS"   229. 9 KB   5488 rows

.. exported "BIZ". "ACCOUNT"   49. 06 KB   1001 rows

.. exported "BIZ". "DEMO"   11. 57 KB   129 rows

Master table "BIZ". "EXPORT_TEST1" successfully loaded/unloaded

****

Dump file set for BIZ. EXPORT_TEST1 is：

  D:\METADATA\DUMP\DP_TEST01. DMP

Job "BIZ". "EXPORT_TEST1" successfully completed at 16:21:57

上述的导出业务数据的操作，也可以将系列导出参数的设置事先写在一个参数文件中，然后通过参数 PARFILE 指定：

exp biz/＊＊＊＊＊＊@db_alias

parfile＝…\ database \ dp_dump \ expdp_param1. ora

参数文件 expdp_param1. ora 的内容如下：

DUMPFILE＝dp_test%u. dmp

DIRECTORY＝exp_dir

LOGFILE＝test_export. log

JOB_NAME＝export_test1

其中，DUMPFILE 参数指定存储导出数据的文件，通配符%U 语法给出了一个增量计数器，得到文件名 dp_test 01. dmp、dp_test 02. dmp 等（在指定"parallel"选项后导出作业会同时生成多个导出文件）。DIRECTORY 参数通过目录对象指定导出文件的存储位置。LOGFILE 参数指定了日志文件的名字，这个文件是为每个导出作业默认创建的，以例行记录导出数据的过程。JOB_NAME 参数指定导出作业的标识。

当导出工作开始执行，可以通过按下 Ctrl+C（或者是客户端中具有相同功能的按键）来"退出"导出作业的客户端显示，这样就不会再有数据发送到客户端了，但是该任务在数据库中仍然还在运行。此时客户端会进入交互模式（出现Export>提示符）。在提示符后输入 status 就可以查看到当前有哪些任务正在运行。如果在客户端输入 attach＝<任务名>，我们就可以连接到一个正在运行的任务上。

Export>

Export> status

Job：EXPORT_TEST1

  Operation：EXPORT

  Mode：SCHEMA

  State：EXECUTING

  Bytes Processed：23

  Current Parallelism：1

  Job Error Count：0

  Dump File：D:\METADATA\DUMP\DP_TEST01. DMP　bytes written：4,096

Worker 1 Status：

  State：EXECUTING

数据泵的导出工具 expdp 有一系列参数设置控制导出操作，常见的参数有PARFILE、DIRECTORY、DUMPFILE、FILESIZE、LOGFILE、JOB _ NAME、SCHE-

MAS、TABLES、TABLESPACES、TRANSPORT_TABLESPACES、QUERY、FULL、INCLUDE、EXCLUDE、ESTIMATE_ONLY 等。下面通过一些典型导出实例说明其用法。

> expdp scott/ ＊＊＊＊＊＊@ audit DIRECTORY＝dpump_dir1 DUMPFILE＝hr. dmp TABLES＝employees

> expdp scott/ ＊＊＊＊＊＊@ audit ATTACH＝hr. export_ job

> expdp scott/ ＊＊＊＊＊＊@ audit DIRECTORY＝dpump_dir1 DUMPFILE＝hr. dmp CONTENT＝METADATA_ONLY

> expdp scott/ ＊＊＊＊＊＊@ audit DIRECTORY＝dpump_dir1 DUMPFILE＝employees. dmp CONTENT＝METADATA_ONLY

> expdp scott/ ＊＊＊＊＊＊@ audit SCHEMAS＝hr DIRECTORY＝dpump_dir1 DUMPFILE＝dpump_dir2:exp1. dmp, exp2%U. dmp PARALLEL＝3

> expdp scott/ ＊＊＊＊＊＊ TABLES＝employee DIRECTORY＝dpump_dir DUMPFILE＝dpcd2be 1. dmp ENCRYPTION_PASSWORD＝123456

> expdp scott/ ＊＊＊＊＊＊@ audit TABLES＝employees ESTIMATE＝STATISTICS DIRECTORY＝dpump_dir1 DUMPFILE＝estimate_stat. dmp

> expdp scott/ ＊＊＊＊＊＊@ audit ESTIMATE_ONLY＝y NOLOGFILE＝y

> expdp scott/ ＊＊＊＊＊＊@ audit parfile＝emp_query. par

参数文件 emp_query. par 的内容如下：

DIRECTORY＝dpump_dir1

DUMPFILE＝dataonly. dmp

CONTENT＝DATA_ONLY

EXCLUDE＝TABLE:"IN ('COUNTRIES', 'REGIONS')"

QUERY＝employees:"WHERE department_id>10 AND salary>10000"

3. 数据泵的五种导出模式

Data Dump Export 提供五种导出模式，分别是：

（1）FULL 模式：导出数据库中的所有数据和元数据（metadata），例如：

expdp scott/ ＊＊＊＊＊＊ DIRECTORY＝dpump_dir2 DUMPFILE＝expfull. dmp FULL＝y NOLOG-

FILE=y

（2）SCHEMAS 模式：用于提取某些特定用户模式下的数据和元数据，例如：

expdp scott/＊＊＊＊＊ DIRECTORY＝dpump_dir1 DUMPFILE＝expdat. dmp SCHEMAS＝hr,sh,oe

（3）TABLES 模式：导出指定的某些表及其分区表的数据和元数据，例如：

expdp scott/＊＊＊＊＊ DIRECTORY＝dpump_dir1 DUMPFILE＝tables. dmp TABLES＝employ-ees,jobs,departments

下面的例子演示可以指定导出分区表的某些分区：

expdp scott/＊＊＊＊＊ DIRECTORY＝dpump_dir1 DUMPFILE＝tables_part. dmp TABLES＝sh. sales:sales_Q1_2000,sh. sales:sales_Q2_2000

（4）TABLESPACES 模式：导出某些表空间的数据和元数据，例如：

expdp scott/＊＊＊＊＊ DIRECTORY＝dpump_dir1 DUMPFILE＝tbs. dmp
TABLESPACES＝tbs_4, tbs_5, tbs_6

（5）TRANSPORT_TABLESPACES 模式：为自包含的表空间（self-contained）导出元数据，实现不同数据库之间的表空间移动，例如：

expdp scott/＊＊＊＊＊ DIRECTORY＝dpump_dir1 DUMPFILE＝tts. dmp
TRANSPORT_TABLESPACES＝tbs_1 TRANSPORT_FULL_CHECK＝y
LOGFILE＝tts. log

参数 TRANSPORT_FULL_CHECK＝y 要求导出作业前检查表空间的自包含性，如果不符合条件，导出终止。

4. 数据泵的导入作业

与导入作业类似，Oracle 数据泵提供了用于导入（Import）操作的客户端程序 impdp 用来启动一项 Data Pump Import 作业，其使用方式与 Data Pump Export 一致，只是使用的参数有所不同。

Data Pump Import 作业同样有五种导入模式，分别是：FULL 模式、SCHE-MAS 模式、TABLES 模式、TABLESPACES 模式、TRANSPORT_TABLESPACES 模式。

类似地，在已经启动了一项 Data Pump Import 作业后，DBA 可以关闭该作业的客户端窗口，并不影响导入作业，因为作业是在服务器中运行。之后，审计人员可以连接到该作业，检查它的作业状态，如果有必要，还可以修改它。

> impdp scott/＊＊＊＊＊@ audit parfile＝dp_test1. par

启动导入作业后，可以按下 CTL+C 离开导入作业控制台窗口（此时窗口输出的是导入作业的例行日志），Data Pump 回到导入提示符状态：

Import>

此时可以在 Import>提示符下输入 exit_client 退出 Data Pump 客户端，此后还可以根据需要在此连接上该作业：

> impdp scott/ * * * * * * @ audit attach = job_name

Import>

在该命令行提示符下输入 continue_client 命令重回作业日志显示模式。

特别有用的是，Data Pump Import 提供了 remap 参数用来在导入时转换对象的属主信息、存储属性等。下面的示例演示了这一类型的应用。

> expdp scott/ * * * * * * @ audit SCHEMAS = biz DIRECTORY = dpump_dir1 DUMPFILE = biz_202301. dmp

> impdp scott/ * * * * * * @ audit DIRECTORY = dpump_dir1 DUMPFILE = biz. dmp REMAP_SCHEMA = biz:scott

> impdp scott/ * * * * * * @ audit REMAP_TABLESPACE = tbs_1:tbs_6 DIRECTORY = dpump_dir1 DUMPFILE = employees. dmp

5. 导出作业任务的维护

如果一个审计导出作业任务正在执行，审计人员可以随时连接到一个运行中的任务来检查其状态。要连接到一个导出作业，必须执行一条 expdp 命令，使用 attach 参数来指定作业任务名称。当连接到一个任务，expdp 显示该任务的相关信息和当前状态，并为此时的人机接口提供一个命令行提示符 EXPORT>，在此状态下审计人员可以随时执行 status 命令查看当前状态，也可以执行 continue_clent 命令返回到显示任务进度的日志输出状态，该命令可以被缩写成 continue。

这里的导出作业任务还可以通过查询数据字典视图 dba_datapump_jobs 快速查看所有数据泵作业任务的状态，可以快速查看到哪些任务在执行、哪些处于空闲状态等。另一个需要了解的数据字典视图是 dba_datapump_sessions，它列出了所有活跃的数据泵作业进程。

数据泵支持作业任务的重启能力使我们的数据管理可以从某些类型的故障中恢复过来。数据管理人员或审计人员可以连接到某个任务并查看状态，如连接到因转储文件空间不够用了而停止的任务后，可以在两个操作中选择其一：使用 kill_job 命令终止该任务，或者增加一个和多个转储文件来继续该任务的运行。

如果空间不够的问题是因为磁盘空间不足，则需要将增加的文件指向另一个有可用空间的磁盘上，也许需要创建一个新的 Oracle 目录对象来指向这一新位置。如使用 add_files 命令为挂起的任务增加两个文件，这两个文件位于不同的目录中，它们都不同于为该任务的第一个转储文件所指定的目录。之后，使用 start_job 命令来重新启动该任务，使用 continue 查看实时输出的日志信息。

导入任务不会受到卸载（dump）文件空间不足的影响。但是，它们可能会受到数据表空间不足或无法扩展表空间的影响。导入的恢复过程和导出作业的基本上相同。首先，通过向表空间增加一个数据文件、扩展一个数据文件或其他方法来提供可用空间。然后连接到该任务，执行 start_job 命令。导入作业任务如果由于某种原因被迫中断，执行该命令后将从它上次中断的地方继续执行。

数据泵提供的两个客户端程序（即导出 expdp 和导入 impdp），其操作方式高度相似，区别在于指令参数不同。至于这些参数的名称及其用途可以通过下面的指令获得其基本使用方法及其详细的帮助信息，在此不再赘述。

> expdp help=y

> impdp help=y

与传统的命令行工具或客户端程序不同的是，导出导入程序只是客户端接口，其实际的数据导出导入操作是在数据平台的服务端通过作业（job）任务完成的，因此这两个程序在使用过程中提供了特别的交互模式，表 8-1 给出了两个程序在交互模式下可以使用的交互指令，这在用户业务数据量特别大的情形下非常有价值。

表 8-1　数据泵在交互模式下的指令

指令	用途说明
status	显示导出/导入作业的状态
exit_client	退出导出/导入作业客户端程序，但作业会在服务器中继续运行
continue_client	退出交互模式，返回到日志输出模式
parallel	修改导出/导入作业的并行度（进程数量）
stop_job	暂时停止指定的作业，之后可以重启
start_job	启动指定的作业
kill_job	删除指定的作业，释放服务器端和客户端占用的资源
add_file	为作业添加转储文件，仅用于导出作业
help	显示用于导出/导入作业的联机帮助

四、用于数据转储的可传输表空间

表空间（Tablespace）是数据库系统的逻辑存储单元，用户的业务数据总是存储在一个或多个表空间中，如果我们能够以表空间为单位进行数据搬家，那这一定是在不同数据库之间移动数据最快的方式，如将存储业务数据的表空间由用户数据库复制、转接至用于审计的数据库中。

幸运的是，Oracle 数据系统为我们提供了这样的技术手段，可传输表空间特性（Transportable Tablespace）可以让审计人员能够将表空间在不同数据库之间、不同平台之间进行转移和挂接，从而实现大批量数据的快捷复制。可传输表空间是一种自包含、相对独立的表空间，我们也可以将一个普通的、非独立的表空间设法转换为一个可传输表空间。如何以表空间为单位将被审计的业务数据从用户数据库转移到我们的审计数据库？其基本的方法可以概括为：导出表空间对应的元数据（Metadata），在操作系统层将这些表空间对应的数据文件拷贝至目标平台，并将导出的元数据导入目标数据库的数据字典。操作系统层面的文件拷贝要比其他传统的数据转移方法（如导出/导入或 SQL * Loader）快得多，同时也避免了各种由于数据约束而产生的冲突。目前，利用可传输表空间，Oracle 支持在不同硬件、操作系统平台之间传输数据。

1. 数据传输前的系统检查

这里的系统检查包括操作系统平台检查、数据库特性参数检查和表空间自包含性检查三个方面。

（1）操作系统平台检查。

SYS> select * from v $transportable_platform order by platform_id;

PLATFORM_ID	PLATFORM_NAME	ENDIAN_FORMAT
1	Solaris[tm] OE (32-bit)	Big
2	Solaris[tm] OE (64-bit)	Big
3	HP-UX (64-bit)	Big
4	HP-UX IA (64-bit)	Big
5	HP Tru64 UNIX	Little
6	AIX-Based Systems (64-bit)	Big
7	Microsoft Windows IA (32-bit)	Little
8	Microsoft Windows IA (64-bit)	Little
9	IBM zSeries Based Linux	Big
10	Linux IA (32-bit)	Little
11	Linux IA (64-bit)	Little
12	Microsoft Windows x86 64-bit	Little
13	Linux x86 64-bit	Little
15	HP Open VMS	Little
16	Apple Mac OS	Big
17	Solaris Operating System (x86)	Little
18	IBM Power Based Linux	Big
19	HP IA Open VMS	Little
20	Solaris Operating System (x86-64)	Little

| 21 Apple Mac OS (x86-64) | Little |

注意上面查询的 ENDIAN_FORMAT 字段,它反映的是操作系统在组织多字节数据时高低字节的顺序。如在一个 32 位系统中,一个整数由 4 个字节组成,这样高低字节的顺序就有两种,Big Edian 将高位字节放在前面,低位字节放在后面,Little Edian 则正好相反。ENDIAN_FORMAT 影响到数据文件在不同操作系统环境下的识别问题。根据上面的查询,如果 ENDIAN_FORMAT 取值相同,则不同操作系统环境下的数据文件可以直接拷贝,不用做任何额外处理,目标系统即可识别。如果 ENDIAN_FORMAT 取值不同,则需要针对目标系统对文件做 Edian 格式上的转换。在作者写作的测试平台,Oracle 支持上述 21 种平台之间的任意转换。

(2)检查目标数据库和源数据库的兼容性参数。

通过查询数据字典视图 nls_database_parameters 主要检查源系统、目标系统与语言支持(NLS--National Language Support)、字符集(Character Set)等相关的参数,如 NLS_LANGUAGE、NLS_TERRITORY、NLS_characterset、NLS_NCHAR_CHARACTERSET、NLS_RDBMS_VERSION 等兼容性参数是否一致。这些参数取决于安装 dbms 软件和创建数据库时的选择。

```
SYS> select parameter, value from nls_database_parameters;
PARAMETER                    VALUE
-----------------------------------------------------------------
NLS_LANGUAGE                 AMERICAN
NLS_TERRITORY                AMERICA
NLS_CURRENCY                 $
NLS_ISO_CURRENCY             AMERICA
NLS_NUMERIC_CHARACTERS       .,
NLS_CHARACTERSET             ZHS16GBK
NLS_CALENDAR                 GREGORIAN
NLS_DATE_FORMAT              DD-MON-RR
NLS_DATE_LANGUAGE            AMERICAN
NLS_SORT                     BINARY
NLS_TIME_FORMAT              HH. MI. SSXFF AM
NLS_TIMESTAMP_FORMAT         DD-MON-RR HH. MI. SSXFF AM
NLS_TIME_TZ_FORMAT           HH. MI. SSXFF AM TZR
NLS_TIMESTAMP_TZ_FORMAT      DD-MON-RR HH. MI. SSXFF AM TZR
NLS_DUAL_CURRENCY            $
NLS_COMP                     BINARY
```

NLS_LENGTH_SEMANTICS	BYTE
NLS_NCHAR_CONV_EXCP	FALSE
NLS_NCHAR_CHARACTERSET	AL16UTF16
NLS_RDBMS_VERSION	11. 2. 0. 1. 0

（3）待移植表空间的自包含性检查。

自包含（Self-contained）表示用于传输的内部表空间集没有任何对象引用指向外部表空间集。下面是一些典型的违反自包含的例子：

索引在待传输表空间集中而表却不在（注意，如果表在待传输表空间集中，而索引不在并不违反自包含原则，当然如果你坚持这样传输的话，会造成目标库中该表索引丢失）；分区表中只有部分分区在待传输表空间集（对于分区表，要么全部包含在待传输表空间集中，要么全不包含）；待传输表空间中，对于引用完整性约束，如果约束指向的表不在待传输表空间集，则违反自包含约束；但如果不传输该约束，则与约束指向无关；对于包含 LOB 列的表，如果表在待传输表空间集中，而 LOB 列不在，也是违反自包含原则。

一个表空间是否具有自包含特性，DBA 往往不便直观判断，Oracle 提供了一个专门用于传输表空间的 DBMS_TTS 程序包。Oracle 系统为我们专门提供了一个用来检查表空间自包含性的程序包 DBMS_TTS。如果这个程序包没有安装，可以通过运行 Oracle 提供的两个 PL/SQL 脚本 dbmssql. sql 和 dbmsplts. sql 来创建它，以 SYS 身份运行。检查是否自包含的任务，使用该程序包中的过程 TRANSPORT_SET_CHECK 可方便完成。

如果源数据库和目标数据库运行在上述查询结果的操作系统平台之中，则可以在它们之间实现表空间传输。接下来要检查表空间的自包含性，目的是查看待传输的表空间与其他表空间之间是否存在约束关系，如果存在，则默认情形不能实现表空间传输，需要人工地将约束关系接触。DBMS_TTS 有一个过程 TRANSPORT_SET_CHECK 用来检查待传输表空间的自包含性，其检查结果存储于 SYS 模式下的 TRANSPORT_SET_VIOLATIONS 表中。

在下面的演示中，审计人员要检查的待传输的表空间是用户用来存储金融业务数据的表空间 USERDATA，在源数据库中执行检查。

SYS> execute dbms_tts. transport_set_check（'USERDATA ',TRUE）；
PL/SQL procedure successfully completed.

SYS> select ＊ from transport_set_violations；
VIOLATIONS

Partitioned table SCOTT. SALES_REC is partially contained in the transportable set：check table partitions by querying sys. dba_tab_partitions

Default Partition（Table）Tablespace EXAMPLE for SALES_REC not contained in transportable set

```
SYS> select table_owner,table_name,partition_name,
  2   tablespace_name from dba_tab_partitions
  3   where tablespace_name not in ('SYSTEM ','SYSAUX ');
```

TABLE_OWNER	TABLE_NAME	PARTITION_NAME	TABLESPACE_NAME
SCOTT	SALES_REC	PART02	EXAMPLE
SCOTT	SALES_REC	PART01	USERDATA

从上述检查结果我们可以看出，当前测试数据库中的 USERDATA 表空间并不符合自包含性，其原因是 SCOTT 模式下的一个销售记录表 SALES_REC 的一个分区位于另外一个 EXAMPLE 表空间。如果我们将该表的 PART02 分区也转移至 USERDATA 表空间，则可以满足自包含的条件。然后再次执行检查并查询 TRANSPORT_SET_VIOLATIONS，验证其自包含性。每一次的 TRANSPORT_SET_CHECK 检查会自动清空 TRANSPORT_SET_VIOLATIONS，存储新的检查结果。

```
SYS> alter table scott. sales_rec move partition part02
  2   tablespace userdata;
Table altered.


SYS> execute dbms_tts. transport_set_check('USERDATA ',TRUE);
PL/SQL procedure successfully completed.
SYS> select * from transport_set_violations;
no rows selected.
```

这样，根据上述对 USERDATA 表空间的自包含检查的冲突项，我们调整了 scott 用户下销售记录表 sales_rec 的存储后，再次检查，冲突项消失，说明 USERDATA 表空间已经是一个自包含的表空间。

2. 同平台下的表空间移植

审计过程中，如何将被审计的业务数据从用户数据库转移到审计数据库中？如果目标数据库的运行平台和源数据库的相同，两者进行表空间传输相对要简单得多。在这种工作环境中，对于需要移植的自包含、相对独立的表空间，只需导出待移植表空间的相关元数据，在操作系统层面将这些表空间对应的数据文件拷贝至目标平台，并将导出的元数据导入目标数据库的数据字典中。需要注意的是，系统表空间 SYSTEM、SYSAUX 和临时表空间 TEMPORARY、回滚表空间

UNDO 是不能被传输和移植的，这在数字化审计工作环境下也根本不需要，因为它们并不包含用户的业务数据。

在下面的示范中我们将在同平台下的两个数据库 catdb 和 auditdb 之间进行表空间传输，前者是用户的业务数据库，后者是我们的审计专用数据库，我们的目标是将源数据库 catdb 中的 example 表空间传输移植到目标数据库 auditdb 上，实现待审计业务数据的快捷传输与转移。

（1）在源数据库中检查表空间 EXAMPLE 的可移植性。

```
SYS> execute dbms_tts. transport_set_check('EXAMPLE ', true);
PL/SQL procedure successfully completed.
SYS> select * from transport_set_violations;
no rows selected
```

（2）在源数据库中获得待传输表空间 EXAMPLE 的数据文件清单，并将待传输表空间设置为只读状态。

```
SYS> select file_name from dba_data_files
  2   where tablespace_name = 'EXAMPLE ';

FILE_NAME
------------------------------------------
D:\DATABASE\CATDB\EXAMPLE01. DBF
D:\DATABASE\CATDB\EXAMPLE02. DBF
SYS> alter tablespace example read only;
Tablespace altered.
```

（3）将待传输表空间 EXAMPLE 的数据文件拷贝至目标数据库可访问的位置。

（4）使用逻辑导出工具 expdp（或 exp）导出与待传输表空间 EXAMPLE 有关的数据字典信息，以便在目标数据库中加载表空间使用。为此，编辑如下 expdp 的参数文件，并命名为 exp_args. ora。

```
userid = 'sys/ ****** as sysdba '
directory = exp_dir
dumpfile = example_metadata. dmp
transport_tablespaces = EXAMPLE

C:\> expdp parfile = c:\exp_args. ora
Export: Release 11. 2. 0. 1. 0 - Production on Sat Feb 25 21:56:53 2023
Connected to: Oracle Database 11g Enterprise Edition Release 11. 2. 0. 1. 0 - 64bit Production
With the Partitioning, OLAP, Data Mining and Real Application Testing options
Starting "SYS". "SYS_EXPORT_TRANSPORTABLE_01":
```

sys/******** AS SYSDBA parfile=c:\exp_args. ora

Processing object type TRANSPORTABLE_EXPORT/PLUGTS_BLK

Processing object type TRANSPORTABLE_EXPORT/TABLE

Processing object type TRANSPORTABLE_EXPORT/INDEX

Processing object type TRANSPORTABLE_EXPORT/CONSTRAINT

Processing object type TRANSPORTABLE_EXPORT/INDEX_STATISTICS

Processing object type TRANSPORTABLE_EXPORT/TABLE_STATISTICS

Master table "SYS". "SYS_EXPORT_TRANSPORTABLE_01" successfully loaded/unloaded

****

Dump file set for SYS. SYS_EXPORT_TRANSPORTABLE_01 is:

  D:\METADATA\DUMP\EXAMPLE_METADATA. DMP

****

Datafiles required for transportable tablespace EXAMPLE:

  D:\DATABASE\CATDB\EXAMPLE01. DBF

  D:\DATABASE\CATDB\EXAMPLE02. DBF

Job "SYS". "SYS_EXPORT_TRANSPORTABLE_01" successfully completed

at 21:57:26.

（5）使用逻辑导入工具 impdp 将表空间 EXAMPLE 的元数据导入目标数据库
中。编辑 impdp 的参数文件 imp_args. ora。

userid='sys/123456 as sysdba '

directory=exp_dir

dumpfile=example_metadata. dmp

transport_datafiles='d:\database\audit\example01. dbf ',

             'd:\database\audit\example02. dbf '

remap_schema=scott:abc

C:\> impdp parfile=c:\imp_args. ora

Import: Release 11. 2. 0. 1. 0 - Production on Sat Feb 25 22:40:57 2023

Connected to: Oracle Database 11g Enterprise Edition Release 11. 2. 0. 1. 0 - 64bit Production

With the Partitioning, OLAP, Data Mining and Real Application Testing options

Master table "SYS". "SYS_IMPORT_TRANSPORTABLE_01" successfully loaded/unloaded

Starting "SYS". "SYS_IMPORT_TRANSPORTABLE_01" :

  sys/******** AS SYSDBA parfile=c:\imp_args. ora

Processing object type TRANSPORTABLE_EXPORT/PLUGTS_BLK

Processing object type TRANSPORTABLE_EXPORT/TABLE

Processing object type TRANSPORTABLE_EXPORT/INDEX

Processing object type TRANSPORTABLE_EXPORT/CONSTRAINT

Processing object type TRANSPORTABLE_EXPORT/INDEX_STATISTICS

Processing object type TRANSPORTABLE_EXPORT/TABLE_STATISTICS

Job "SYS"."SYS_IMPORT_TRANSPORTABLE_01" successfully completed

at 22:41:09

（6）在目标数据库中将表空间 EXAMPLE 置于读写状态，并做进一步的检查确认。

SYS> select tablespace_name,status from dba_tablespaces;

TABLESPACE_NAME	STATUS
SYSTEM	ONLINE
SYSAUX	ONLINE
UNDOTBS	ONLINE
TEMPTBS	ONLINE
USERDATA	ONLINE
METADATA	ONLINE
EXAMPLE	READ ONLY

7 rows selected.

SYS> alter tablespace example read write;

Tablespace altered.

SYS> select file_name from dba_data_files

2　where tablespace_name='EXAMPLE ';

FILE_NAME

D:\DATABASE\AUDIT\EXAMPLE02.DBF

D:\DATABASE\AUDIT\EXAMPLE01.DBF

至此，在同平台下将表空间 EXAMPLE 由源数据库 CATDB 传输移植至目标数据库 AUDIT 的任务执行完毕。在上述表空间移植过程中，我们将源数据库中 scott 用户下的数据重新定向至目标数据库 abc 用户下，这是为了避免和目标数据库原有的用户数据发生冲突。

需要注意的是，在上述移植过程中，如果目标数据库和源数据库的默认数据块参数设定的大小（DB_BLOCK_SIZE）不一致，或者待传输表空间的存储参数（BLOCK_SIZE）与目标数据库的默认数据块参数不一致，则在移植之前需要在目标数据库的初始化参数中增设非默认数据块缓冲区参数 DB_nK_CACHE_SIZE 的设置，此处的 n 应等于源数据库的默认块大小或待传输表空间的 BLOCK_SIZE 存储参数，该参数可通过 DBA_TABLESPACES 获得。

3. 跨平台移植的数据文件转换

在数字化审计工作中，数据的跨平台移植是经常遭遇的一件棘手的问题。在金融信息系统中，超过九成的平台是非 Windows 平台（典型的是各类 Unix 和 Linux 系统），而我们的审计人员习惯的工作环境是 Windows，因此在审计实践中面对非 Windows 平台的数据系统，往往有一种天然的陌生感。如果我们能够将用户的非 Windows 数据平台转换为 Windows 数据平台，将为审计工作带来极大的方便。

目前对于金融用户使用的主流 Oracle 系统，可传输表空间特性都支持在跨平台的数据移植，如 Solaris 和 HP-UX 平台之间传输表空间。当然在数字化审计实践中，更多的是将诸如 Solaris 和 HP-UX 的数据平台移植转换为 Windows 下的数据平台。

数据的跨平台移植还有另外一个问题：不同操作系统的字节顺序可能不同，该问题被称为 Endian Format，本节的前面已经对其进行了介绍，字节顺序问题只有两种情形：Little Endian 和 Big Endian。当一个低地址高字节序的系统（Big）试图从一个低地址低字节序的系统（Little）中读取数据时，需要一个转换的过程，即如果平台间的 ENDIAN 不同，那么在执行导入操作之前必须首先转换源平台的表空间到目标格式，如果平台间 ENDIAN FORMAT 相同，则可以跳过转换的步骤，即使是不同平台。

假设在 Intel 体系结构上运行 RedHat Linux Enterprise AS 操作系统的源数据系统中，将一个表空间 EXAMPLE 传输到运行 Microsoft Windows 操作系统的目标数据系统上。源平台和目标平台都是低地址低字节序的，此时移植表空间将不需要文件的转换过程。

如果目标数据系统的字节顺序与源数据系统的字节顺序不同，两者的数据文件其内部格式是不兼容的，因此在传输数据文件时就不能简单地拷贝文件。不过 Oracle 为我们提供了转换机制和对应的工具，它支持将数据文件从一种字节顺序转换为另一种字节顺序。在上面的例子中，如果源数据系统运行在 Linux 上（低地址低字节顺序），而目标数据系统运行在 HP-UX 上（低地址高字节顺序），那么需要引入另一个步骤，以进行数据文件的转换。

利用 Oracle 提供的工具程序 RMAN，我们可以在源数据系统上将数据文件的格式由当前顺序格式（Linux）转换为目标数据系统（HP-UX）的顺序格式（假定已经使表空间变为只读）：

```
RMAN> convert tablespace userdata
2> to platform 'HP-UX (64-bit)'
3> format = '/home/Oracle/userdata/%U ';
```

```
Starting backup at 18-JAN-2023
using channel ORA_DISK_1
channel ORA_DISK_1：starting datafile conversion
input datafile fno＝00004 name＝/usr/oradata/userdata_01. dbf
converted datafile＝/home/Oracle/userdata/userdata_013
channel ORA_DISK_1：datafile conversion complete，
elapsed time：00：00：07
Finished backup at 18-JAN-2023
```

这个步骤在目录/home/Oracle/userdata 中创建了目标数据系统格式的数据文件。一旦转换成功，接下来的步骤与前面的同平台移植的情形一致。这个 RMAN 转换命令非常强大。按照上面给定的形式，它可以按指定平台的字节顺序创建数据文件。对于包含多个数据文件的表空间，可以命令同时转换并运行多个数据文件。要实现这一目的，只需要在上述命令中添加一个子句 parallelism＝n 即可。该子句创建 n 个 RMAN 通道（Channel），每一个通道处理一个数据文件。另外，该指令还可以一次处理多个表空间。下面的示例将两个表空间 USERDATA 和 EX-AMPLE 转换至 HP-UX 平台：

```
RMAN> convert tablespace userdata，example
2> to platform 'HP-UX（64-bit）'
3> format＝'/home/Oracle/datafiles/%U '
4> parallelism ＝ 5；
```

五、数据备份还原与恢复工具 RMAN

RMAN 是 Recovery Manager 的简称，它是 Oracle 提供的一种主要用于数据备份（backup）、数据还原（restore）和数据恢复（recover）等功能的数据库工具。虽然 RMAN 的核心功能是这三个方面，但事实上目前 RMAN 已经发展成 Oracle 系统的一个综合性数据管理工具，如前面用于数据文件的格式转换、数据库克隆等。

与前面介绍的数据泵不同，RMAN 执行的数据备份是一种物理备份，它从数据库物理存储的角度（微观层面是数据块、宏观层面是各类数据库文件）执行备份、还原与恢复操作。本节将结合数字化审计工作的需要介绍 RMAN 的核心功能及其应用。

1. RMAN 运行的主要环节

从用户使用的角度，RMAN 是一个独立的数据管理工具，但在 RMAN 的运行过程中涉及一系列的环节，主要构成如下（此处仅介绍与数字化审计工作相关的部分）：

（1）RMAN 客户端程序（RMAN Client）。

（2）目标数据库（Target Database）。

（3）RMAN 服务器进程（RMAN Server Process）。

（4）通道（Channel）。

（5）RMAN 资料库（RMAN Repository）。

（6）恢复目录（Catalog）及恢复目录数据库（Catalog Database）。

（7）档案存储区（Flash/Fast Recovery Area）。

RMAN 客户端程序（RMAN Client）就是 Oracle 提供的 RMAN 可执行程序，该程序作为 Oracle 执行物理备份、还原、恢复等操作的客户端接口，用户可以在本地或远程启用该接口。

目标数据库（Target Database）就是 RMAN 需要对其进行某种数据操作（如备份、还原、恢复等）的数据库。

RMAN 服务器进程（RMAN Server Process）是 RMAN 连接到目标数据库时在服务器上生成的进程，它具体地执行 RMAN 的操作指令。RMAN 在目标数据库中使用两个 PL/SQL 程序包（DBMS_RCVMAN 和 DBMS_BACKUP_RESTORE）来实现 RMAN 的所有功能。当 RMAN 执行备份时，需要建立与目标数据库的连接，该连接会在目标数据库中创建两个会话（两个会话可在数据字典视图 v $session 中可见），对应两个服务器进程，一个主进程用于执行对程序包的调用，从而实现 RMAN 的备份、恢复等操作，另一个次进程用于轮询前一个进程的各种内部操作（Long-running Operations 或 Long-running Transaction）并及时将各种操作结果记录至 RMAN 资料库（Repository）中。在 RMAN 执行操作期间，可以在视图 v $session_longops 中看到这两个进程会话及其轮询的结果、进度等。

通道（channel）事实上是 RMAN 在目标数据库中建立的用于操作备份目的地（备份设备）的特定会话，利用该会话，Oracle 将 RMAN 备份结果以特定格式写入备份目的地。根据备份目的地的不同，RMAN 的通道分为磁盘通道（备份设备类型为磁盘）和磁带通道（备份设备类型为磁带），且在某一时间，RMAN 只能使用一种通道执行备份操作，即 RMAN 不能同时分配两种不同类型的通道。

RMAN 在执行备份的过程中，除产生备份结果本身外，还会产生关于备份的各种元数据（Metadata），如备份的时间、备份的类型与备份的内容、备份的状态与保留策略、是否过期（obsolete，expired）等。RMAN 关于备份与恢复的元数据的集合叫作恢复资料库（Recovery Repository）。这个资料库在 RMAN 备份与恢复的环境中有两个存储位置，一个是目标数据库的控制文件，另一个是恢复目录（Recovery Catalog）。事实上，恢复目录是独立数据库下的一个特定用户模式，RMAN 通过该模式下的一套库表和视图（表现为 RC_ ＊ 形式）专门用来存储和管理 Repository 中的各类元数据。存储恢复目录的数据库叫作恢复目录数据库，在数字化审计工作中它是可选项。恢复目录数据库通常存在于复杂的数据服务环境，RMAN 利用它可以方便地管理多个数据库系统与数据备份相关的任务。

当 RMAN 执行各种类型的数据备份时，它将创建一个备份，包含一个到多个备份集（Backup Set），备份集是一个逻辑结构，包含一组存储备份结果的物理文件。这些物理文件就是对应的备份片（Backup Piece）。备份片是最基本的文件结构，可以产生在磁盘或者磁带上。物理数据文件的备份不能跨越备份集，但是能跨越备份片。

档案存储区又被称为快速恢复区（Flash/Fast Recovery Area，FRA），它是一个专门的存储区域，用来存储、管理与数据库备份与恢复有关的各类档案、日志与历史数据，最典型的两类数据是交易档案和各种类型的数据备份。当目标数据库配置了档案存储区后，数据库的交易档案默认地存储在此处，前面介绍的数据库闪回档案必须存储在此地，RMAN 默认的备份目的地也是这里。档案存储区中的各类文件采用 OMF（Oracle Managed File）方式管理，即各类文件由 Oracle 自动命名，无须人工干预。启用档案存储区后，在目标数据库和 RMAN 中可以配置 FRA 文件和备份的保留策略，用于实现各类档案、备份的自动化管理。

2. 物理数据备份的主要优点

RMAN 对数据库执行物理备份。使用 RMAN 备份数据库要优于用户手工对数据库的备份，这主要体现在以下几个方面：

（1）RMAN 自动生成关于备份的元数据（Metadata），便于对备份结果的管理。

（2）根据目标数据库的控制文件，RMAN 可以自动跟踪数据库的物理存储。

（3）虽然是物理备份，但 RMAN 只会备份数据库使用过的数据块，对于空数据块，则不会对其备份，即使是映像拷贝。

（4）备份过程中 RMAN 会执行对数据块的检测，也可单独对要备份的内容执行物理的和逻辑的数据块检测。

（5）RMAN 可以执行联机数据库备份（数据库需要在归档模式下运行），当然也可以执行脱机（mount 状态）的数据库备份。

（6）RMAN 可以执行增量备份，也可以执行压缩备份，还可以执行加密备份。

（7）对于大数据量的物理备份，会消耗大量服务资源并持续较长时间，数据管理人员或审计人员可以监控这个过程，如 RMAN 备份的会话（通道）及其备份进度可以通过数据字典视图 v $session_longops 查看，RMAN 备份过程的例行输出可以通过数据字典视图 v $rman_output 查看，等等。

另外，在数据备份的用途上，前文介绍的逻辑备份工具数据泵的备份结果只能用于数据还原（静态恢复），即将数据还原到备份时刻的状态。物理数据备份不仅可以实现数据还原，更重要的是利用它和交易档案的联合，可以实现业务数据的动态推演，即将业务数据由备份时刻向正向的时间方向推演。

3. 通道（Channel）和数据备份结果

RMAN 对数据库的备份结果有如下四种形式存在：备份集（Backup Set）、备份片（Backup Piece）、映像拷贝（Image Copy）、压缩备份集（Compressed Backup Set）。

备份集：为 RMAN 默认备份结果形式。备份集是 RMAN 创建的具有特定格式的备份结果，备份集在逻辑上由一个或多个备份片段组成，每个备份片段在物理上对应一个操作系统文件，一个备份片段中可能包含多个数据文件、控制文件或交易档案文件。通过 RMAN 创建备份集的优势在于，备份时只读取数据库中已经使用的数据块，因此不管是从备份效率，或是节省存储空间的角度，创建备份集的方式都是首选格式。利用备份集恢复数据时首先需要由备份集执行 restore 操作，即由备份集还原出原始的数据库物理文件。

映像拷贝：映像拷贝实际上就是创建数据文件、控制文件或交易档案文件的物理备份文件（基于数据块的复制，文件内部二进制格式完全相同），与用户通过操作系统命令创建的备份一样（甚至连执行的命令都相同，RMAN 镜像复制使用 Copy 命令，Windows 下复制文件也用 Copy 命令，Unix/Linux 下则是用 cp 命令），只不过 RMAN 是利用目标数据库中的服务进程来完成文件复制，而用户则是用操作系统命令实现拷贝。但 RMAN 执行映像拷贝的优势在于自动生成关于备份的元数据，便于对备份结果的管理与利用。

在执行数据备份操作过程中，RMAN 是通过分配通道（Channel）来形成物理备份结果的，因此要控制 RMAN 备份结果与存在形式，执行备份前需要配置通道。两种通道分配方式：自动分配和手动分配。

自动分配方式是在配置 RMAN 运行环境时指定通道的分配方式，指定两个方面的内容：存储设备的类型（磁盘或磁带）和备份结果的文件命名规则。目标数据库在配置了档案存储区后，RMAN 启动的默认通道指向该目的地。手工分配通道是在执行备份操作指令之前使用 allocate 指令单独为本次的备份分配通道。

RMAN> show channel；

using target database control file instead of recovery catalog

RMAN configuration parameters for database with db_unique_name AUDIT are：

RMAN configuration has no stored or default parameters

RMAN> configure channel device type disk format 'd：\metadata\backup\%U '；

new RMAN configuration parameters：

CONFIGURE CHANNEL DEVICE TYPE DISK FORMAT 'd：\metadata\backup\%U ';

new RMAN configuration parameters are successfully stored

RMAN> show channel；

RMAN configuration parameters for database with db_unique_name AUDIT are：

CONFIGURE CHANNEL DEVICE TYPE DISK FORMAT 'd：\metadata\backup\%U ';

在上面的通道配置中，我们使用了通配符%U 来指定备份结果文件的命名格式，RMAN 提供多种通配符来满足用户对备份结果文件的命名需求，列表如下：

%c 备份片的拷贝数

%d 数据库名称

%D 位于该月中的第几天（DD）

%M 位于该年中的第几月（MM）

%F 一个基于 DBID 唯一的名称，这个格式的形式为 c-DBID-YYYYMM-DD-QQ，YYYYMMDD 为日期，QQ 是一个 1~256 的序列

%n 数据库名称，向右填补到最大八个字符

%u 一个八个字符的名称代表备份集与创建时间

%p 该备份集中的备份片号，从 1 开始到创建的文件数

%U 一个唯一的文件名，代表%u_%p_%c

%s 备份集的编号

%t 备份集时间戳（Timestamp）

%T 年月日格式（YYYYMMDD）

4. 数据备份 Backup 基本用法

RMAN 的备份操作通过 Backup 指令实现，该类指令有一系列的选项可以控制备份目标、备份结果、备份过程等。RMAN 指令可以有两种使用模式：一是交互模式（Interactive Mode），直接使用 RMAN 的单个命令（Stand-alone）；二是批处理模式（Batch Mode），将一组相关的 RMAN 指令包含在 RUN ｛…｝ 块中执行。

RMAN 交互模式（自动分配通道）：

RMAN> backup database plus archivelog；

RMAN 批处理模式（手工分配通道）：

RMAN> run ｛

2> allocate channel ch1 device type disk format '/audit/db_%U ';

3> backup database plus archivelog；

4> ｝

下面列出常用的、基本的 RMAN 备份指令的使用形式，通过 backup 指令指定 RMAN 需要执行备份的内容。如下指令演示默认产生备份集：

```
RMAN> backup database;              //备份整个数据库
RMAN> backup tablespace . . . ;    //备份指定表空间
RMAN> backup datafile . . . ;      //备份指定数据文件
RMAN> backup current controlfile;  //备份当前控制文件
RMAN> backup spfile;               //备份初始化参数文件
RMAN> backup archivelog . . . ;    //备份指定交易档案
```

如下备份指令演示产生备份对象的映像拷贝：

```
RMAN> backup as copy database;
RMAN> backup as copy tablespace . . . ;
RMAN> backup as copy datafile . . . ;
```

通过 backup 指令的 skip 选项手工筛选掉部分的备份内容。

```
RMAN> backup . . . skip readonly;
RMAN> backup . . . skip offline;
RMAN> backup . . . skip inaccessible;
```

通过 backup 指令的 not backed up 选项让 RMAN 在指定备份内容的基础上自动筛选出需要备份的内容。

```
RMAN> backup not backed up . . . ;
RMAN> backup not backed up x times . . . ;
RMAN> backup not backed up since time 'sysdate - n '. . . ;
```

通过 backup 指令的 as . . . 选项控制备份结果的输出形态、设备类型及其文件的命名格式。此处的指定将覆盖 RMAN 的默认配置。

```
RMAN> backup as backupset . . . ;
RMAN> backup as compressed backupset . . . ;
RMAN> backup as copy . . . ;
RMAN> backup device type disk|sbt . . . ;
RMAN> backup format '. . . '. . . ;
```

通过 backup 指令的 keep 选项覆盖 RMAN 默认的备份保留策略。

```
RMAN> backup . . . keep forever;
RMAN> backup . . . keep until time 'sysdate + n ';
```

下面给出几个典型的备份实例：

```
RMAN> backup database;
Starting backup at 26-FEB-23
using channel ORA_DISK_1
channel ORA_DISK_1：starting full datafile backup set
```

channel ORA_DISK_1: specifying datafile(s) in backup set

input datafile file number=00001 name=...\AUDIT\SYSTEM01. DBF

input datafile file number=00003 name=...\AUDIT\UNDODATA. DBF

input datafile file number=00002 name=...\AUDIT\SYSAUX01. DBF

input datafile file number=00004 name=...\AUDIT\USERDATA. DBF

input datafile file number=00005 name=...\AUDIT\METADATA. DBF

channel ORA_DISK_1: starting piece 1 at 26-FEB-23

channel ORA_DISK_1: finished piece 1 at 26-FEB-23

piece handle=...\2023_02_26\O1_MF_NNNDF_TAG20230226T164537. BKP

channel ORA_DISK_1: backup set complete, elapsed time: 00:00:25

channel ORA_DISK_1: starting full datafile backup set

channel ORA_DISK_1: specifying datafile(s) in backup set

including current control file in backup set

including current SPFILE in backup set

channel ORA_DISK_1: starting piece 1 at 26-FEB-23

channel ORA_DISK_1: finished piece 1 at 26-FEB-23

piece handle=...\2023_02_26\O1_MF_NCSNF_TAG20230226T164537. BKP

channel ORA_DISK_1: backup set complete, elapsed time: 00:00:01

Finished backup at 26-FEB-23

RMAN> backup tablespace example;

Starting backup at 26-FEB-23

using channel ORA_DISK_1

channel ORA_DISK_1: starting full datafile backup set

channel ORA_DISK_1: specifying datafile(s) in backup set

input datafile file number=00007

name=D:\DATABASE\AUDIT\EXAMPLE01. DBF

input datafile file number=00006

name=D:\DATABASE\AUDIT\EXAMPLE02. DBF

channel ORA_DISK_1: starting piece 1 at 26-FEB-23

channel ORA_DISK_1: finished piece 1 at 26-FEB-23

piece handle=...\2023_02_26\O1_MF_NNNDF_TAG20230226T165126. BKP

channel ORA_DISK_1: backup set complete, elapsed time: 00:00:01

Finished backup at 26-FEB-23

RMAN> backup as copy tablespace example;

Starting backup at 26-FEB-23

```
using channel ORA_DISK_1
channel ORA_DISK_1：starting datafile copy
input datafile file number=00007
name=D：\DATABASE\AUDIT\EXAMPLE01. DBF
output file name=...\DATAFILE\O1_MF_EXAMPLE_KZP7GHPQ_. DBF
channel ORA_DISK_1：datafile copy complete，elapsed time：00：00：07
channel ORA_DISK_1：starting datafile copy
input datafile file number=00006
name=D：\DATABASE\AUDIT\EXAMPLE02. DBF
output file name=...\DATAFILE\O1_MF_EXAMPLE_KZP7GQ0H_. DBF
channel ORA_DISK_1：datafile copy complete，elapsed time：00：00：02
Finished backup at 26-FEB-23
```

5. 执行数据的增量备份

能够执行增量备份是 RMAN 区别于其他备份工具的一个显著优点。RMAN 的增量备份仅备份那些经历改变的数据块。使用增量备份带来的好处有：显著减少备份集的大小、节约备份时间等。但在恢复过程中使用增量备份也会显示出不利的一面，那就是增加了数据库的恢复时间，因为单独的增量备份不能执行数据库恢复（即需要多个备份集）。

（1）启动基于数据块的变化跟踪。

RMAN 增量备份的本质是只备份自上次备份以来发生改变的数据块，因此在默认情况下执行增量备份时 Oracle 需要搜寻所有的数据文件以找出内容已经变更的数据块，这样的操作会增加执行备份的时间。

为提高执行增量备份的效率，Oracle 提供了基于数据块的变化跟踪（Block Change Tracking）功能，用于将发生改变的数据块信息记录到特定的文件中，利用该文件，Oracle 可以显著提高执行增量备份的效率。启用数据库的块改变跟踪功能：

```
SYS> alter database enable block change tracking
  2   using file '/db_fra/audit_bct. ora ';
Database altered.
```

已经启用了基于数据块的变化跟踪功能的数据库，若要了解块改变跟踪文件的信息，可以通过查询视图 V $BLOCK_CHANGE_TRACKING 获得。禁用基于数据块的变化跟踪功能以及重新启用：

```
SYS> alter database disable block change tracking;
Database altered.
SYS> alter database enable block change tracking
```

2   using file 'd：\db_fra\audit_bct. ora 'reuse；

Database altered.

基于数据块的变化跟踪文件的初始大小与数据库大小有关，在使用过程中该文件的具体容量取决于两次 level 0 备份之间的增量备份的数量。增量备份越多，块改变跟踪文件中需要记录的改变块信息及其元数据量就会越大。块改变跟踪文件最多可以记录连续八次备份（一次零级备份和七次增量备份）的块跟踪信息，因此在实际的备份方案中，两次零级备份之间增量备份的次数一般不要超过七次。

（2）增量数据备份的分类。

Oracle 的增量备份分为差异增量备份（Differential Incremental Backup）和积累增量备份（Cumulative Incremental Backup）两种。

差异增量备份（见图 8-2）：这是 RMAN 生成的增量备份的默认类型。对于差异备份来说，RMAN 会备份自上一次同级或低级差异增量备份以来所有发生变化的数据块。例如：我们在星期天执行 0 级差异增量备份操作，这个备份操作会备份整个数据库。根据这个 0 级备份，我们在星期一执行 1 级差异增量备份操作。该备份操作将备份自星期日 0 级备份以来所有发生变化的数据块。在星期二时 1 级增量备份将备份所有自星期一 1 级备份以来发生变化的数据块。如果要执行恢复操作，就需要星期一、星期二生成的备份以及星期日生成的基本备份。下面是一个执行 1 级差异增量备份操作的示例：

RMAN> backup incremental level＝1 database；

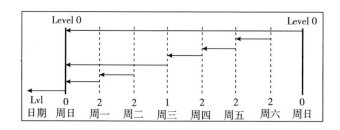

图 8-2　差异增量备份

累积增量备份（见图 8-3）：这种增量备份是指备份自最近的级别 0 备份以来所变化的数据块。累积增量备份能减少恢复时间。例如：我们在星期日执行 0 级差异增量备份操作，此时会备份整个数据库。随后，我们星期一执行 1 级备份操作，这种备份不同于差异备份，在星期二进行另一个 1 级差异备份操作。需要注意的是：星期二生成的备份不仅包含星期一的差异备份以后发生变化的数据块，而且还含有星期一生成的备份中所包含的数据块。因此，累积备份累积了任何同级或低级增量备份操作包含的所有发生变化的数据块。如果要执行恢复操作，就只需要星期二生成的备份以及星期天生成的基本备份。下面是一个执行 1 级累积增量备份操作的示例：

RMAN> backup incremental level = 1 cumulative database；

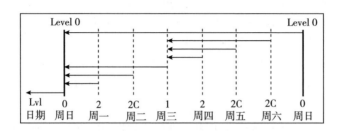

图 8-3 累积增量备份

从上述的两类增量备份的图示可以看出，差异增量是备份上级或同级备份以来变化的数据块，累积增量是备份上级备份以来变化的数据块。累积增量增加了备份的时间，但是因为恢复的时候，需要从更少的备份集中还原、恢复数据。

执行增量备份，需要有一个完全备份的基础，这个基础就是 Level 0 的增量备份，在此基础上可以执行 Level 1 的增量备份。注意，虽然从备份的内容（需要备份的数据块）上来说，一次完全备份和 Level 0 的增量备份没有不同，但两者在 RMAN Repository 中的元数据的记录则不同，Level 1 的增量备份只能依赖于 Level 0 的增量备份，而不能依赖于某个完全备份。

根据需要备份的"增量"部分的不同，Level 1 的增量备份又分为差异增量备份（默认情况）和累积增量备份（Cumulative）。差异增量备份是备份自上次 Level 0 或 Level 1 的增量备份以来已经改变的数据块；累积增量备份是忽略已经执行的增量备份，备份自上次 Level 0 备份以来所有的已经变更的数据块。

执行 Level 0 的增量备份：

RMAN> backup incremental level 0 database；

执行 Level 1 的差异增量备份：

RMAN> backup incremental level 1 database；

执行 Level 1 的累积增量备份：

RMAN> backup incremental level 1 cumulative database；

Level 0 的增量备份是 Level 1 增量备份的基础。如果在执行 Level 1 的增量备份时，数据库并没有 Level 0 增量备份，则 Oracle 自动将 Level 1 更改为 Level 0 执行增量备份。上面的增量备份实例是在数据库级别执行。RMAN 的增量备份也可以在表空间和数据文件级别执行。

虽然可以执行 Level 大于 1 的增量备份，但作者建议不要这样做，也不需要这样做。Level 大于 1 的增量备份只会增加管理增量备份的复杂性。

6. 数据备份的管理与维护

在目标数据库中，我们可以查看 v $backup_xxx 这样一类视图获得关于备份结果的信息，如视图 v $backup_set、v $backup_piece 等，这些信息来源于目标数据库的控制文件和 RMAN 的资料库（Recovery Repository）。

在 RMAN 环境中，当连接至目标数据库后（或者同时连接至恢复目录数据库，可选项），我们可以使用一系列专门的指令来查看和管理 RMAN 的备份结果。

比较常用的 RMAN 备份管理指令有：LIST，REPORT，DELETE，CROSS-CHECK，CATALOG，CHANGE。

（1）查看已有的数据备份结果：list。

通过检索目标数据库控制文件或 RMAN 资料库中的相关内容，list 指令给出我们需要的关于备份结果的信息。主要语法如下：

RMAN> list［expired | recoverable］备份结果类型［of 备份内容］

［by file | summary］；

这里的"备份结果类型"有：backup, backupset, backuppiece, copy, archivelog, controlfilecopy, datafilecopy

这里的"备份内容"有：database, tablespace, datafile, archivelog, controlfile, spfile

C:\> set oracle_sid = audit

C:\> set nls_date_format = yyyy-mm-dd hh24:mi:ss

C:\> rman target /

RMAN> list backup summary;

List of Backups

=================

Key	TY	LV	S	Device Type	Completion Time	#Pieces	#Copies
1	B	F	A	DISK	2023-01-24 21:59:11	1	1
2	B	F	A	DISK	2023-01-24 21:59:13	1	1
3	B	F	A	DISK	2023-01-27 10:24:44	1	1
4	B	F	A	DISK	2023-01-27 10:24:46	1	1
5	B	F	A	DISK	2023-02-26 16:45:58	1	1

6　　B　　F　A DISK　　　　2023-02-26 16:46:05　　1　　　　　1

7　　B　　F　A DISK　　　　2023-02-26 16:51:27　　1　　　　　1

RMAN> list backupset 1；

List of Backup Sets

==================

BS Key Type　　LV　Size　Device Type　Elapsed Time　Completion Time

----

1　Full　　　249.74M　　DISK　　00：00：15　　2023-01-24 21：59：11

BP Key：1　Status：AVAILABLE　Compressed：NO

Piece Name：...\2023_01_24\O1_MF_NNNDF_KWZS115B_.BKP

　List of Datafiles in backup set 1

　File LV Type Ckp SCN　　Ckp Time　　　　　　Name

----

1 Full　1117459　21：58：57　D：\DATABASE\AUDIT\SYSTEM01.DBF

2 Full　1117459　21：58：57　D：\DATABASE\AUDIT\SYSAUX01.DBF

3 Full　1117459　21：58：57　D：\DATABASE\AUDIT\UNDODATA.DBF

4 Full　1117459　21：58：57　D：\DATABASE\AUDIT\USERDATA.DBF

5 Full　1117459　21：58：57　D：\DATABASE\AUDIT\METADATA.DBF

上述示例中，Key 列是备份的唯一标识。

LV 列表示备份的级别 Level，取值有 F 和 A，以及 0 和 1 值。F 即完全备份（Full），A 表示归档日志的备份，数字 0 表示增量备份中的 Level=0 的备份，数字 1 表示 Level=1 的增量备份。

S 列表示备份结果的状态（Status），取值有 A 和 X，A 表示备份可用（Available），X 表示备份不可用（eXpired）。备份结果的状态为 Expired 意味着备份片被人工删除。Completion Time 备份完成时间列的显示格式取决于 NLS_DATE_FORMAT 环境变量。

TY 列表示备份的类型，取值有 B 和 P，B 表示备份集，P 表示代理备份（Proxy）。

RMAN> list recoverable backup of tablespace example；

List of Backup Sets

==================

BS Key Type　　LV　Size　Device Type　Elapsed Time　Completion Time

----

5 Full　302.10M　DISK　00：00：21　2023-02-26 16：45：39

BP Key：5　Status：AVAILABLE　Compressed：NO

Piece Name：

…\AUDIT\BACKUPSET\2023_02_26\O1_MF_NNNDF_KZP71LFC_. BKP

List of Datafiles in backup set 5

File	LV	Type	Ckp SCN	Ckp Time	Name
6		Full	3790294	16：45：38	D：\DATABASE\AUDIT\EXAMPLE02. DBF
7		Full	3790294	16：45：38	D：\DATABASE\AUDIT\EXAMPLE01. DBF

BS Key	Type	LV	Size	Device Type	Elapsed Time	Completion Time
7	Full		3.55M	DISK	00：00：01	2023−02−26 16：51：26

BP Key：7   Status：AVAILABLE   Compressed：NO

Piece Name：

…\AUDIT\BACKUPSET\2023_02_26\O1_MF_NNNDF_KZP7DGMJ_. BKP

List of Datafiles in backup set 7

File	LV	Type	Ckp SCN	Ckp Time	Name
6		Full	3790600	16：51：26	D：\DATABASE\AUDIT\EXAMPLE02. DBF
7		Full	3790600	16：51：26	D：\DATABASE\AUDIT\EXAMPLE01. DBF

List Recoverable 指令用于列出那些能够用于还原和恢复数据库的备份或映像副本，它只给出当前数据库 Incarnation 的、且状态为 Available 的备份结果。如果增量的备份没有对应的父备份（Level＝0），则该备份不会包含在该指令的输出中。

在此列举 List 指令的一些其他用法：

RMAN> list archivelog all;

RMAN> list backup of archivelog all;

RMAN> list backup of controlfile;

RMAN> list backup of spfile;

RMAN> list copy;

RMAN> list copy of database;

RMAN> list copy of tablespace userdata;

RMAN> list copy of archivelog all;

RMAN> list backup of archivelog sequence between 100 and 123;

RMAN> list backup of archivelog until time 'sysdate−1 ';

RMAN> list backup of archivelog from time 'sysdate−7 ';

RMAN> list backup completed after 'sysdate−1 ';

RMAN> list backup completed between 'sysdate−7 'and 'sysdate ';

（2）关于数据库备份的分析报告：report。

Report 指令用于生成关于备份结果的报告。Report 指令可以对备份结果或数据库做适当的分析后给出我们需要的信息。

四种基本的 Report 用法：report schema；report need backup；report obsolete；report unrecoverable。

RMAN> report schema；

Report of database schema for database with db_unique_name AUDIT

List of Permanent Datafiles

＝＝＝＝＝＝＝＝＝＝＝＝＝＝＝＝＝＝＝＝＝＝＝＝＝

File   Size(MB)   Tablespace   RB segs   Datafile Name

----

1   184   SYSTEM   ＊＊＊   D：\DATABASE\AUDIT\SYSTEM01. DBF

2   143   SYSAUX   ＊＊＊   D：\DATABASE\AUDIT\SYSAUX01. DBF

3   150   UNDOTBS   ＊＊＊   D：\DATABASE\AUDIT\UNDODATA. DBF

4   10   USERDATA   ＊＊＊   D：\DATABASE\AUDIT\USERDATA. DBF

5   10   METADATA   ＊＊＊   D：\DATABASE\AUDIT\METADATA. DBF

6   10   EXAMPLE   ＊＊＊   D：\DATABASE\AUDIT\EXAMPLE02. DBF

7   278   EXAMPLE   ＊＊＊   D：\DATABASE\AUDIT\EXAMPLE01. DBF

List of Temporary Files

＝＝＝＝＝＝＝＝＝＝＝＝＝＝＝＝＝＝＝＝＝

File Size(MB) Tablespace   Maxsize(MB)   Tempfile Name

----

1   10   TEMPTBS   10   D：\DATABASE\AUDIT\TEMPDATA. DBF

RMAN> report need backup；

RMAN retention policy will be applied to the command

RMAN retention policy is set to recovery window of 365 days

Report of files that must be backed up to satisfy 365 days recovery window

File Days   Name

……

RMAN> report obsolete；

RMAN retention policy will be applied to the command

RMAN retention policy is set to recovery window of 365 days

no obsolete backups found

RMAN> report unrecoverable；

Report of files that need backup due to unrecoverable operations

File Type of Backup Required Name

......

如果目标数据库中执行了某些不可恢复的操作，如使用 nologging 选项、un-recoverable 选项创建数据库对象，使用直接路径加载一个表的数据等，都会导致对应的数据文件处于不可恢复状态，需要对其进行备份，否则一旦损坏，不能利用之前的备份及之后的数据库交易档案对其进行完全恢复。

（3）交叉检验与备份结果的状态。

对备份结果的交叉检验是指根据目标数据库控制文件或恢复目录中的备份记录检查对应的备份结果是否真实存在，若存在，备份结果的状态标记为 Available（可用），若不存在，将备份结果的状态标识为 Expired（过期或不可用）。

```
RMAN> crosscheck backup;
allocated channel：ORA_DISK_1
channel ORA_DISK_1：SID＝72 device type＝DISK
crosschecked backup piece：found to be 'EXPIRED '
backup piece handle＝.../O1_MF_NNNDF_8V7T0Z0T_. BKP
RECID＝6 STAMP＝817640863
crosschecked backup piece：found to be 'AVAILABLE '
backup piece handle＝.../O1_MF_NCSNF_8V7T1HDP_. BKP
RECID＝7 STAMP＝817640879
crosschecked backup piece：found to be 'AVAILABLE '
backup piece handle＝.../O1_MF_NNNDF_8VBX2XKL_. BKP
RECID＝8 STAMP＝817742301
```

......

其他形式的 crosscheck 指令示例：

```
RMAN> crosscheck backup of tablespace userdata;
RMAN> crosscheck backup of datafile 3;
RMAN> crosscheck backup completed after 'sysdate-1 ';
RMAN> crosscheck backup
    2    completed between 'sysdate-7 'and 'sysdate ';
```

RMAN 根据备份保留策略，将不再需要的备份标记为 Obsolete（过时的）；通过交叉检查，将物理不存在的备份记录标记为 Expired（过期的）。我们可以通过 delete 指令删除备份结果及其备份记录。Delete 指令的基本形式：

```
RMAN> delete backup ...;
RMAN> delete copy ...;
RMAN> delete obsolete ...;
```

RMAN> delete expired ... ;

　　另外，我们可以根据需要人工将某个备份或某些备份标记为 Unavailable，这样的状态表示 RMAN 的 Restore 指令不会利用该备份对数据库进行还原。

RMAN> change ... available；

RMAN> change ... unavailable；

RMAN> change ... uncatalog；

RMAN> change ... keep forever；

RMAN> change ... keep until time '... '；

　　（4）向 RMAN 资料库注册备份结果：catalog。

　　当我们在 RMAN 环境中使用 backup 指令执行某种备份时，RMAN 会自动将备份结果注册至目标数据库的控制文件或恢复目录。在某些情况下，我们可以使用 Catalog 指令手工注册手工备份结果、归档日志或额外的 RMAN 备份结果。

RMAN> catalog archivelog 'logfilespec '；

RMAN> catalog backuppiece 'piecefilespec '；

RMAN> catalog datafilecopy 'copyfilespec '；

RMAN> catalog controlfilecopy 'copyfilespec '；

RMAN> catalog start with 'dirspec '；

RMAN> catalog recovery area；

　　至此，我们对 RMAN 工具关于数据备份的基本使用方法介绍完毕。在后续的章节里，我们将结合数字化审计的需求介绍如何利用这里的数据备份实现立体化的审计目标。

第九章　基于闪回技术的逆向数据 追踪与实证

数据里隐藏着审计线索。在金融信息系统中，随着各类交易的执行，业务数据随着时间的变化而变化。数字化审计实践中，追踪业务数据的变化历史是一类切实可行的寻找审计线索的有效方法，也是一类非常常用的方法。除传统的根据用户账目追踪业务数据外，现代数据系统为数字化审计人员提供了一种更加精细、更加高效的业务数据追踪方法。利用该方法，可以将任意一项业务数据真实的变更历史按照时间维度清晰地展现在审计人员面前，从而实现用户业务历史的完全透明化。本章将系统介绍该类方法，并在我们之前构建的模拟测试系统中进行实证研究。

一、数据追踪与闪回技术概述

面对任何信息系统，我们默认的业务数据访问总是基于当前时间下数据状态。当然，由于业务交易的执行，这个数据状态会随着时间的流逝而变化。常规的数据访问我们无法改变当前的时间点，即我们总是基于当前时间点去查看信息系统里现有的业务数据。所谓的闪回（Flashback）就是一种基于时间点的数据访问技术，我们可以根据需要查看某项业务数据在某个特定时间点的数据状态。因此在数字化审计实践中，应用闪回技术我们可以由现在看向过去，从而实现对业务数据历史的透视和追踪。

从数据库的角度看，这类闪回操作可以在不同的层次级别上展开，常用的有记录层次（Record）、交易层次（Transaction）、表层次（Table）和数据库层次（Database），如在金融信息系统中，记录层次的闪回，可以指定过去的某个时间点查询某个账户当时的资金信息；交易层次的闪回可以追踪在某个时间范围内业务数据执行交易的情况；表层次的闪回将表中的数据作为一个整体查看其在历史时刻的状况；数据库层次的闪回是将数据库作为一个整体将其返回到指定时间点的状态。注意所有的这些闪回操作都不会影响记录、交易、表、数据库在当前时刻的状况，我们只是基于时间点去"透视"一下当时的数据状态。显然，闪回操作是一种高效的历史数据的追踪方法。

二、闪回操作依赖的元数据

本质上，所有层次的闪回操作都是一种内部数据的"推演"，这种推演的依据是当前数据和当前数据相关的元数据（Metadata）。我们常规的查询获得的就是当前业务数据，因此当前数据很容易获得，这是各类闪回操作的基础。在此基础上，闪回操作要结合必要的元数据才能实现数据的内部推演。缺乏元数据的支持，闪回操作就成了无米之炊。前文已经介绍了不同类型的元数据。这里不同类型的闪回操作需要不同类型的元数据的支持。因此，对元数据的认识也是我们理解各类闪回操作的前提。

Oracle 数据库系统先后推出一系列闪回功能（Flashback），被称为闪回家族（Flashback Family），包括闪回查询（Flashback Query）、闪回表（Flashback Table）、闪回版本查询（Flashback Version Query）、闪回事务查询（Flashback Transaction Query）、闪回删除（Flashback Drop）、闪回数据库（Flashback Database）等（见表9-1）。虽然都叫闪回，但这系列功能内部的实现机制则不尽相同，如闪回查询依赖于事务的撤销信息（Undo Data）、闪回删除依赖于回收站（Recycle Bin）、闪回数据库依赖于闪回日志（Flashback Log）。

表 9-1　闪回操作类型及其依赖的元数据

闪回类型	层次	依赖的元数据	应用场景
闪回查询（短期） （Flashback Query）	记录级	撤销数据	适用于追踪所有业务数据的短期历史，查询业务数据的短期变更轨迹
闪回事务 （Flashback Transaction）	事务级	撤销数据	适用于追踪指定时间范围内的交易情况
闪回表 （Flashback Table）	表级	撤销数据	适用于以业务数据表为单位查看数据的变更历史
闪回查询（长期） （Flashback Query）	表级	闪回档案	适用于追踪所有业务数据的长期历史，查询业务数据的长期变更轨迹
闪回删除 （Flashback Drop）	表级	回收站	适用于追回被用户有意删除的数据库对象（如存储业务数据的表）
闪回数据库 （Flashback Database）	数据库级	闪回日志	适用于大规模的数据历史的追踪，将业务数据状态整体回到指定的历史时间点，或者快速将数据库整体回到某个关键节点（Restore Point）

显然，这里的元数据决定着我们能够闪回的程度，不同的元数据维护水平决定着我们能够实现的闪回操作的时间范围。因此在金融信息系统的运行和维护过

程中我们需要有支持数字化审计要求的元数据维护规范。

三、维护符合审计要求的系列档案

为了实现符合审计要求的闪回操作，金融信息系统必须维护该类操作所依赖的系列档案（元数据）。这里涉及四个方面的元数据：撤销数据（Undo Data）、闪回档案（Flashback Archive）、闪回日志（Flashback Log）和回收站（Recyclebin）。

1. 撤销数据的管理与维护

默认情况下，撤销数据保存的目标是保证交易过程中的撤销（Rollback）需求，而不是为了满足数字化审计的闪回需求。虽然交易的撤销需求和表数据的闪回需求都依赖于撤销数据，但正常交易持续的时间要远远短于闪回的时间范围，因此为了满足数字化审计的闪回需求，对撤销数据的管理和维护需要特别地进行配置。

查询当前数据库系统的撤销数据保存时限：

```
SYS> select name,value from v$parameter
  2   where name like 'undo%';
NAME                   VALUE
-------------------    --------------------
undo_management        AUTO
undo_tablespace        UNDOTBS
undo_retention         604800
SYS> select tablespace_name,contents,retention
  2   from dba_tablespaces
  3   where contents = 'UNDO';
TABLESPACE_NAME     CONTENTS        RETENTION
------------------------------- ---------- -----------
UNDOTBS             UNDO            GUARANTEE
```

当前测试数据库系统对撤销数据的保存时限是 604800 秒（7 天），这个设置值是我们在前面构建数字化审计环境（见第六章）中专门设置的，默认设置是 900 秒（15 分钟）。此项配置结合撤销表空间的数据保留特性为 guarantee，这样在交易过程中生成的任何撤销数据可以保存一周的时间，即对于所有的业务数据我们可是实现 7 天内任意时间点的闪回操作。假设数字化审计需求是对业务数据实现 15 天内的任意时间点的闪回，则需要将参数 undo_retention 的配置值调整到 1296000 秒，参见如下处理：

```
SYS> alter system set undo_retention = 1296000 scope = spfile;
```

System altered.

调整参数配置后，重新启动数据库系统，使新的参数设置值生效。这里需要注意的是，提高参数 undo_retention 的设置值同时也意味着需要更多的撤销数据的存储空间。结合当前的撤销表空间是 undotbs，需要为其配置更大的存储空间。

2. 闪回档案的管理与维护

闪回数据档案（Flashback Data Archive），简称闪回档案，它是为了实现基于表的更长时间段的数据闪回操作而专门存储的撤销信息（Undo Data）。为了给闪回档案提供存储空间，需要事先配置闪回档案区。

闪回档案区是一个逻辑概念，是从一个或者多个表空间中开辟出一定的空间，保存某个表或某些表在 DML 操作过程中生成的撤销信息，这样就摆脱了闪回操作对 Undo 表空间上数据的依赖，不依赖于原始的 Undo 信息、Undo 信息保存策略（参数 undo_retention）就可以闪回到一个更长的时间范围。

在金融信息中，要长时间地保存所有表上的撤销信息几乎是不可能的（或者说存储和管理的代价太大）。闪回档案为长期保存关键数据的历史档案提供了一种有效的途径，它可以让我们根据业务审计的需要有目的地选择部分表，长时间地保存其撤销信息，从而实现基于表的长时间的闪回操作。

（1）查询闪回档案区及其空间信息。

```
SYS> select owner_name,flashback_archive_name,retention_in_days,
  2    status from dba_flashback_archive;
```

OWNER_NAME	FLASHBACK_ARCHIVE_NAME	RETENTION_IN_DAYS	STATUS
SYS	UNDOARCH	360	DEFAULT
SYS	UNDOARCH1	360	

```
SYS> select * from dba_flashback_archive_ts;
```

FLASHBACK_ARCHIVE_NAME	TABLESPACE_NAME	QUOTA_IN_MB
UNDOARCH1	METADATA	
UNDOARCH	METADATA	

上述查询给出当前系统中存在两个闪回档案区，它们都是存在于 metadata 表空间，其闪回档案的保存时限都是一年，其存储空间配额并没有设置，此时总的存储空间仅受表空间本身的空间制约。这里的保存时限和空间配额可以参照下面的方式调整：

```
SYS> alter flashback archive undoarch modify
  2    tablespace metadata
  3    quota 500m;
```

Flashback archive altered.

SYS> alter flashback archive undoarch modify

   2   retention 180 day;

Flashback archive altered.

SYS> create flashback archive fda_audit

   2   tablespace metadata

   3   quota 1024m

   4   retention 18 month;

Flashback archive created.

SYS> alter flashback archive fda_audit set default;

Flashback archive altered.

如果由于撤销信息的积累或保留时限的调整，某个闪回档案区出现存储空间的问题，可以通过下面的方式为闪回档案区添加或移除表空间：

SYS> alter flashback archive fda_audit

   2   add tablespace example quota 500m;

Flashback archive altered.

SYS> alter flashback archive fda_audit

   2   remove tablespace example;

Flashback archive altered.

（2）查询已启用闪回档案的表。

在已知了数据库系统中的闪回档案区后，让我们来查询哪些表使用了这些闪回档案区，并且根据需要我们可以调整表使用的闪回档案区。注意：一个表究竟能向后闪回多长的时间，取决于它使用的闪回档案区的保留时限（retention）配置。

SYS> select owner_name,table_name,flashback_archive_name,

   2   status from dba_flashback_archive_tables;

OWNER_NAME	TABLE_NAME	FLASHBACK_ARCHIVE_NAME	STATUS
BIZ	TRANS	UNDOARCH1	ENABLED
BIZ	ACCOUNT	UNDOARCH1	ENABLED
BIZ	DEMO	UNDOARCH1	ENABLED

SYS> alter table biz. account no flashback archive;

Table altered.

SYS> alter table biz. account flashback archive fda_audit;

Table altered.

3. 档案存储区的管理与维护

前面的闪回档案（Flashback Archive）用于实现基于表的数据闪回。如果要实现基于数据库的数据闪回，就需要配置和维护档案存储区（Flash Recovery Area）。从数字化审计的角度，该区域是用来存储两类重要的日志档案信息：数据库闪回日志（Flashback Log）和数据库交易档案（Transaction Archive/Log），前者用于数据库级别的数据闪回（反向数据推演），后者用于数据库级别的数据恢复（正向数据推演）。本部分只讨论用于数据库级别闪回的闪回日志，数据库交易档案管理与维护将放在下一章讨论。

　　闪回日志只能记录到档案存储区 FRA（Flash Recovery Area）。闪回日志在FRA 的保存时限受存储区的空间配置和初始化参数 db_flashback_retention_target的控制。因此如果数据库系统没有配置档案存储区，就无法启用闪回日志及其数据库级别的闪回功能。下面的查询用来查看当前数据库系统的档案存储区的配置及其当前档案存储区中的内容：

```
SYS> select name,value from v$parameter
  2   where name like 'db_recovery%';
NAME                              VALUE
-------------------------------   --------------------
db_recovery_file_dest             d:\metadata
db_recovery_file_dest_size        10737418240


SYS> select file_type,percent_space_used,number_of_files
  2   from v$flash_recovery_area_usage;
FILE_TYPE                    PERCENT_SPACE_USED      NUMBER_OF_FILES
------------------------------------------------------------------------
CONTROL FILE                 0                       0
REDO LOG                     0                       0
ARCHIVED LOG                 8.62                    124
BACKUP PIECE                 8.2                     7
IMAGE COPY                   5.53                    3
FLASHBACK LOG                8.68                    78
FOREIGN ARCHIVED LOG         0                       0
```

　　从上面的查询中我们可以看到，档案存储区中存储的系列档案信息有如下类别：数据库控制文件的镜像（CONTROL FILE）、联机交易档案的镜像（REDO LOG）、脱机交易档案（ARCHIVED LOG）、RMAN 物理数据库备份的备份片（BACKUP PIECE）和映像拷贝（IMAGE COPY）、数据库闪回日志（FLASHBACK LOG），以及来自主数据库、用于备用数据库的交易档案（FOREIGN ARCHIVED LOG）。

对于档案存储区的空间管理，Oracle 系统会根据事先配置的备份保留策略（Retention Policy）对其执行自动维护，如根据保留策略判断档案文件是否过期（Obsolete）。当出现存储空间问题时，那些过期的档案文件可以自动被删除。注意：只有在定义了备份保留策略时，Oracle 才会自动判断和删除。在 RMAN 环境中，我们也可以使用 Report Obsolete 和 Delete Obsolete 指令人工统计和删除过期的档案文件。注意：档案存储区中存储的数据库控制文件的镜像（CONTROL FILE）和联机交易档案的镜像（REDO LOG）属于永久性文件，不受备份保留策略的影响。

在本部分中，对于上面的这个查询，我们只需关心查询结果的第六行：当前数据库系统中的闪回日志占用了档案存储区总空间的百分比及其闪回日志的文件数目（即 10G 中的 8.68%，共有 78 个闪回日志文件）。

```
SYS> show parameters flashback_retention
NAME                                    TYPE        VALUE
-----------------------------------------------------------------
db_flashback_retention_target           integer     129600
```

这里闪回日志的存储目标是确保数据库闪回至 129600 分钟（90 天）之内任意时间点。结合数字化审计的需要，如果需要在数据库级别实现更长时间段的闪回目标，可以调整参数 db_flashback_retention_target 的设置值（动态参数，调整后不需要重启数据库）。下面的指令将数据库闪回的期限调整为 180 天（259200分钟），指令 alter system 的选项 scope＝both 的作用是在设置该参数的同时，也将该参数的配置值写入初始化参数文件，从而避免数据库重启后该参数的配置值丢失。

```
SYS> alter system set db_flashback_retention_target = 259200
  2   scope = both;
System altered.
SYS> select oldest_flashback_scn oldest_scn,
  2   oldest_flashback_time oldest_time,
  3   retention_target, flashback_size real_size,
  4   estimated_flashback_size estimated_size
  5   from v $flashback_database_log;


OLDEST_SCN OLDEST_TIME RETENTION_TARGET REAL_SIZE ESTIMATED_SIZE
-----------------------------------------------------------------
1243807    2023-02-01 10:12:11    259200    982941696    6825738240
```

上面这个查询结果对于我们了解当前数据库闪回日志的状况非常有价值。根据当前数据库系统的闪回日志，数据库可以整体闪回到的最早时刻是 2023－02－01 10：12：11，对应的 SCN 是 1243807（数据库系统内部数值型的"时钟"，与时间相对应）。当前系统闪回日志占用的存储空间是 982941696 字节（约 938M），闪回日志的保存时限是 180 天，根据这个参数设置和现有的系统运行状况，估计闪回日志需要的存储空间的总量为 6825738240 字节（约 6.5G）。

另外，Oracle 数据系统为了避免在运行过程中出现存储空间问题，设计了多级预警机制：当档案存储区的空间使用率达到 90% 时，会触发自动删除。删除过程会在 alert 文件中记录日志，但是如果没有空间可以释放，并且使用空间超过 85%，就会记录一个警告日志（Warning）；如果超过了 97%，会记录一条严重警告日志（Critical Warning）。这些警告日志信息内容可以从数据字典视图 dba_outstanding_alerts 中看到，查询示例如下：

```
SYS> select object_type, message_type, message_level,
  2  reason, suggested_action from dba_outstanding_alerts;
```

4. 回收站的配置与维护

回收站（Recycle Bin）是 Oracle 数据系统实现闪回删除（Flashback Drop）的机制。默认情况下，当用户删除数据库对象（如业务表）时，系统并没有真正删除它，而是将删除的对象更名后移入回收站，存在于回收站的对象由系统统一以 BIN$ 开头命名。之后如果需要，具有管理权限的用户可以将其还原成原始的数据库对象，即实现闪回删除，返回到对象删除时刻的状态。

回收站收集了被删除对象，这些对象可以是表及表相关的所有对象（如索引、约束、嵌套表等），值得注意的是，这些被删除的对象仍然占据着原先对象的物理空间。在以下两种情况下，Oracle 会回收该删除对象占用的空间：

（1）用户从回收站中显示的清理（Purge）该对象；

（2）当回收站对象所在的表空间出现存储空间不足时，Oracle 根据 DROP-SCN 的先后顺序依次释放回收站中的对象占用的存储空间。

数据库用户拥有自己的回收站，用户可通过数据字典视图 user_recyclebin 查看回收站的内容。只有具有 SYSDBA 权限的用户才能访问所有用户的回收站（通过数据字典视图 dba_recyclebin 访问）。

```
SCOTT> drop table emp;
Table dropped.
SCOTT> select object_name,original_name,type,ts_name,dropscn
  2  from user_recyclebin;
OBJECT_NAME              ORIGINAL_NAME   TYPE   TS_NAME   DROPSCN
--------------------------------------------------------------------
```

BIN $LT0RvZEDSdiGdyGPNnaZ4A = =$0　EMP　TABLE　USERDATA　3909085

BIN $kaTuYBfZRfiYzfFPVG6x9Q = =$0　PK_EMP　INDEX　USERDATA　3909080

SCOTT> show recyclebin;

ORIGINAL NAME　　　RECYCLEBIN NAME　　　OBJECT TYPE　　　DROP TIME

……

注意：在回收站对象没有闪回的情况下，也可以直接对其执行查询，此时引用回收站对象的表名需要加双引号。针对上述 scott 用户下的回收站，下面两个查询的效果是等价的：

SCOTT> select * from "BIN $LT0RvZEDSdiGdyGPNnaZ4A = =$0";

SCOTT> select * from emp;

Oracle 数据库系统的回收站功能是默认启用的（recyclebin 参数设置为 on），如果要关闭回收站，直接将该参数设置为 off 即可。

在回收站开启的情况下，如果删除数据库对象时不希望转移至回收站，或者清理回收站里的对象，可以参考下面与 purge 相关的操作指令：

SCOTT> drop table emp purge;

SCOTT> purge table BIN $LT0RvZEDSdiGdyGPNnaZ4A = =$0;

SCOTT> purge tablespace userdata;

SCOTT> purge recyclebin;

四、基于业务表的数据闪回

闪回（Flashback）是现代数据系统里的一类数据追踪技术，利用该技术我们可以追踪历史时刻的数据。显然在数字化审计领域中，如果能够灵活运用闪回技术为业务审计服务，将大大增强我们的快速查阅档案（电子档案）能力和发现审计线索的能力。本节将讨论基于用户业务表上的各类闪回技术。

1. 基于历史时间点的闪回查询

在撤销数据和闪回档案这两类元数据的支持下，数字化审计人员可以轻松实现基于时间点的业务数据查询与追踪。最常见的一类操作就是闪回查询（Flash-back Query）。为了方便验证这里的系列闪回操作，在写作本书时，作者设计了一套典型的金融业务信息表，这里仅介绍账户信息表 account 的结构及其用法。

BIZ> describe account;

Name	Null?	Type
ACC_ID	NOT NULL	NUMBER(6)
TITLE	NOT NULL	VARCHAR2(30)

| BALANCE | NUMBER(10,2) |
| TSTAMP | DATE |

该表除了账号（acc_id）、账户名（title）、余额（balance）字段外，作者专门添加了一个记录时间的字段（tstamp），用于账户数据最后更新的时间点。注意：该字段数据类型虽然是 date 类型，但记录的时间点可以精确到秒。

对于闪回查询的操作，有两种方式：一是在查询语句中对被查询的表使用 as of timestamp …指定时刻的数据集；二是在实施闪回查询之前使用 PL/SQL 程序包 dbms_flashback 统一设置闪回查询的时间点，然后使用正常的查询语法即可。

（1）为被查询表指定时刻。

典型地，我们查询某个业务表在过去的某个指定时刻的数据，其用法只需在被查询表名的后面加上关键字 as of timestamp 用来指定时刻即可。

历史时刻的指定方法：在 SQL 语句中指定时刻可以使用函数 to_date() 或 to_timestamp() 将我们通过字符串指定的时刻转换成数据库系统能够识别的 date 类型或 timestamp 类型的数据。Date 和 timestamp 类型的区别在于前者精确到秒、后者精确到千分之一毫秒。

```
BIZ> select acc_id,balance,tstamp from account as of timestamp
  2   to_timestamp('2023-01-01 11:30:15','YYYY-MM-DD HH24:MI:SS')
  3   where rownum<=3;
    ACC_ID            BALANCE              TSTAMP
--------------------------------------------------------------
    101090            287753.32            2022-12-26 08:49:25
    101119            13348763.5           2023-01-01 09:29:13
    101794            10924500.6           2022-11-16 15:19:27
        ......
```

在上述的闪回查询中，由于测试表 account 中的数据量较大，我们通过限制条件只输出结果集的前三条记录。当然此类闪回查询和其他任何普通查询一样，可以根据查询需要在 where 子句中施加任何业务筛选条件。

另外，对于历史时间点的指定，上述查询使用的是绝对时间，事实上也可以使用相对时间，即相对于当前时刻的时间推移量，如查询四个小时之前该表的历史数据：

```
BIZ> select acc_id,balance,tstamp from account as of timestamp
  2   sysdate-4/24 where acc_id=101389;
    ACC_ID            BALANCE              TSTAMP
--------------------------------------------------------------
    101389            151590.44            2023-02-09 06:05:28
```

表达式 sysdate-4/24 描述的是相对时间点，在当前时间（sysdate）的基础上向前推演四个小时。上面演示的两类历史时间点的指定本质上是一致的，只要时间点在撤销数据或闪回档案支持的闪回时间范围内即可。

　　（2）统一指定闪回查询的时间点。

　　在某些情况下，如果我们要查询某个历史时刻的系列数据，使用上面的查询方法每一次都需要指定时间点就会变得特别烦琐。为了简化这一类的闪回查询，我们可以在查询前统一指定时间基准，即统一指定针对某个历史时刻的数据源进行查询。一旦统一指定历史时刻，后续的查询都是针对这里历史时刻的数据源，直到这个历史时间点关闭为止，即数据源恢复为当前时刻。Oracle 数据库系统为我们提供了一个 PL/SQL 程序包 dbms_flashback 来完成这类闪回查询任务。

```
BIZ> describe dbms_flashback
PROCEDURE DISABLE
PROCEDURE ENABLE_AT_SYSTEM_CHANGE_NUMBER
Argument Name              Type              In/Out          Default?
-------------------------------------------------------------------
QUERY_SCN                  NUMBER            IN
PROCEDURE ENABLE_AT_TIME
Argument Name              Type              In/Out          Default?
-------------------------------------------------------------------
QUERY_TIME                 TIMESTAMP         IN
......
```

　　如上所示，程序包 dbms_flashback 提供了三个重要的过程，过程 ENABLE_AT_TIME 和过程 ENABLE_AT_SYSTEM_CHANGE_NUMBER 用来统一设置闪回查询的历史时刻，前者通过常规的时间来设置，后者通过系统内部的 scn（system change number）来指定时刻。当需要将数据源的时刻恢复到当前时刻时，调用过程 DISABLE 即可。事实上，scn 和时间是等价的，每一次的数据更新对应内部的一个 scn 号，该号与时间有确定的对应关系，参见下面的数据字典查询：

```
SYS> select scn,time_dp from smon_scn_time
  2   where rownum<=3;
   SCN          TIME_DP
----------  --------------------
   289747      2021-08-12 08:04:25
   290201      2021-08-12 08:09:32
   290398      2021-08-12 08:12:02
```

　　下面演示使用程序包 dbms_flashback 实现闪回查询的基本流程：

```
BIZ> begin
  2   dbms_flashback. enable_at_time( to_timestamp(
  3   '2023-01-01 11:30:15 ','YYYY-MM-DD HH24:MI:SS '));
  4   end;
  5   /
PL/SQL procedure successfully completed.


BIZ> select acc_id,balance,tstamp from account
  2   where rownum<=3;
```

ACC_ID	BALANCE	TSTAMP
101090	287753. 32	2022-12-26 08:49:25
101119	13348763. 5	2023-01-01 09:29:13
101794	10924500. 6	2022-11-16 15:19:27
......		

```
BIZ> select * from (
  2   select tx_time,acc_out,acc_in,amount,tx_type
  3   from trans order by tx_time desc)
  4   where rownum<=3;
```

TX_TIME	ACC_OUT	ACC_IN	AMOUNT	TX_TYPE
2022-12-27 09:07:27	101656	101206	88349. 87	transfer
2022-12-27 09:06:27	101995	101350	3256. 00	transfer
2022-12-27 09:05:27	101484	101320	1098714. 88	transfer

```
BIZ> execute dbms_flashback. disable;
PL/SQL procedure successfully completed.
```

2. 确定历史数据追踪的时间范围

针对业务表的闪回查询，其内部的依据是撤销信息和闪回档案，如果闪回查询的历史时间点超过这些元数据支持的时限范围，闪回查询就会失效，同时获得系统类似如下的反馈信息：

```
BIZ> select * from demo as of timestamp
  2   sysdate-100;
ERROR at line 1:
ORA-01555: snapshot too old: rollback segment number 5 with name "_SYSSMU5_989807608 $"
too small
```

这是一类典型的由于撤销数据不足以支持的闪回查询导致的错误：快照

（snapshot）太旧。这里的快照可以理解为过去某一时刻的数据映像。闪回查询需要的撤销数据（undo data）存储于撤销表空间的回滚段（rollback segment）上。

由于上述原因，因此在数字化审计过程中，当我们在执行闪回查询或历史数据追踪时，需要了解当前的数据系统支持历史数据追踪的时间范围。

检查撤销数据和闪回档案的参数设置，这里有两类参数需要确认，一是关于撤销数据的存储时间段的设置，二是关于业务表所在的闪回档案区的保留时限配置。超过这两项参数设置的时间范围，系统就不再保证闪回查询的成功。

```
SYS> show parameters undo
NAME                        TYPE                    VALUE
----------------------------------------------------------------
undo_management             string                  AUTO
undo_retention              integer                 1296000
undo_tablespace             string                  UNDOTBS
SYS> select tablespace_name,contents,retention
  2    from dba_tablespaces
  3    where tablespace_name='UNDOTBS';
TABLESPACE_NAME         CONTENTS                RETENTION
----------------------------------------------------------------
UNDOTBS                 UNDO                    GUARANTEE
SYS> select min(begin_time),max(end_time),
  2    max(end_time)-min(begin_time) duration
  3    from dba_hist_undostat;
MIN(BEGIN_TIME)        MAX(END_TIME)          DURATION
-------------------    -------------------    ----------
2023-02-07 21:55:03    2023-03-15 08:59:47    21.46162037
```

上述查询结果提供给我们的明确信息：参数 undo_retention 的设置时限为1296000 秒（15 天），且撤销表空间 undotbs 上的 retention 特性配置为 guarantee，这说明当前系统关于撤销数据的保存规则为：所有撤销数据至少保留 15 天时间，即对于所有的业务表中的数据，我们至少可以追踪查看最近 15 天之内任一时间点的历史数据。由于撤销表空间的存储空间是循环利用的，如果撤销表空间有足够的存储空间，实际撤销数据保留的时限通常会超出这个时限。上面的最后一个查询为我们提供这方面的信息：当前数据系统保存了最近大约 21 天（实际为21.46 天）的撤销数据，这就意味着我们可以实现对所有业务表执行最近 21 天时间内的历史数据追踪。

撤销表空间及其撤销数据保存时限的配置是对所有业务表的通用配置，这里撤销数据保存的时限越长，需要消耗的存储空间就越大。通常这类一般性的设置并不能满足数字化审计对历史数据的需求，如归于一些关键性的业务数据，审计过程中往往要追踪最近一年、两年甚至更长时间的数据历史。实践中，这样的长时间的历史数据追踪需求需要通过另外一种方式去实现，这就是前面介绍的闪回档案。对于某些重要的业务表和存在长时段历史数据追踪需求的表，可以为其配置闪回档案区，闪回档案区的档案保存时限决定着对应的业务表的闪回时限。

```
SYS> select T. owner_name,table_name,
  2    A. flashback_archive_name,retention_in_days
  3    from dba_flashback_archive A,dba_flashback_archive_tables T
  4    where A. flashback_archive_name=T. flashback_archive_name;
```

OWNER_NAME	TABLE_NAME	FLASHBACK_ARCHIVE_NAME	RETENTION_IN_DAYS
BIZ	TRANS	UNDOARCH1	360
BIZ	ACCOUNT	FDA_AUDIT	540
BIZ	DEMO	UNDOARCH1	360

通过为 biz 用户下的不同业务表配置不同的闪回档案区，使它们获得不同的闪回时间范围，即追踪历史数据的时间区间，业务表 account 可以实现 540 天（18 个月）内的历史数据追踪，trans 和 demo 两个表可以实现 360 天内的历史数据追踪，其原因是事先为它们配置了不同的闪回档案区（分别是 fda_audit 和 undoarch1）。

当前元数据支持的历史时间范围：闪回档案区支持的闪回时间范围和参数 undo_retention 对于撤销数据的保存类似，上述闪回档案的保存时限（retention in days）是其下限，如果闪回档案区所在的表空间有足够的存储空间或闪回档案区在表空间上有足够的存储空间配额，业务表对应的闪回档案可以保存更长的时间，即可以实现超出保存时限的闪回范围。

3. **追踪业务数据的变更历史**

由前面的讨论我们知道，利用闪回查询审计人员可以轻松查看历史时间点的业务数据。通过查看不同历史时间点的业务数据，可以观察到业务数据的动态变化过程，从而挖掘和发现审计线索。这样的历史数据追踪方法要比传统的手工查询纸质档案来得方便、快捷，审计工作的效率得到显著提高。

进一步地，这里我们介绍通过程序实现连续观察业务数据的历史变化过程，并且根据连续变化的业务数据绘制出动态变化的曲线，以便审计人员可以直观地观察被审计业务的演化过程，从而审计工作的效率得到进一步的提高，这就是数字化技术助力审计工作的能力和效率的飞跃。

（1）创建一个用于存储不同历史时间点账户余额的表。

```
BIZ> create table account_hist(
  2   acc_id number(8),              --账号
  3   acc_tm date,                   --历史时刻
  4   balance number(10,2) )         --账户余额
  5   ;
Table created.
```

（2）开发一个用于收集账户历史信息的存储过程。

作为收集历史数据的一个案例，存储过程 get_hist_data（a_num number）通过参数 a_num 指定账号提取该账户在最近 100 天里每天上午 08：00：00 时刻的历史余额变更信息，并将其存储至上一步骤创建的历史信息表 account_hist，参考的演示代码如下：

```
BIZ> create or replace procedure get_hist_data(a_num number)
  2   as
  3   sqlstr varchar2(256);
  4   b_val number(10,2);
  5   b_dat date;
  6   begin
  7   sqlstr :=
  8   'select balance from account
  9    as of timestamp :1 where acc_id=:2';
 10   for i in 1..100 loop
 11   b_dat := to_date(to_char(sysdate,'YYYY-MM-DD')
 12                   ||'08:00:00','YYYY-MM-DD HH24:MI:SS');
 13   execute immediate
 14   sqlstr into b_val using b_dat-100+i,a_num;
 15   execute immediate
 16   'insert into account_hist values(:3, :4, :5)'
 17   using a_num,b_dat-100+i,b_val;
 18   end loop;
 19   commit;
 20   end;
 21   /
Procedure created.
```

（3）测试上一步骤创建的存储过程，查看其收集历史数据的有效性。

调用存储过程查看指定账户在最近 100 天内的账户变动信息：

```
BIZ> execute get_hist_data(101998);
PL/SQL procedure successfully completed.
BIZ> select * from account_hist
  2  where rownum <= 10;
```

ACC_ID	ACC_TM	BALANCE
101098	2022-12-06 08:00:00	9879522.94
101098	2022-12-07 08:00:00	779632.76
101098	2022-12-08 08:00:00	6924238.5
101098	2022-12-09 08:00:00	3328222.56
101098	2022-12-10 08:00:00	5797664.54
101098	2022-12-11 08:00:00	2377442.29
101098	2022-12-12 08:00:00	98742.94
101098	2022-12-13 08:00:00	918253.9
101098	2022-12-14 08:00:00	3790926.63
101098	2022-12-15 08:00:00	5158421.43

......

上面的过程是针对 biz 用户下的账户信息表 account，通过 PL/SQL 代码连续观察某个指定账户资金的历史变化过程，并绘制出资金变化曲线。通过这个曲线，审计人员可以快速地定位到资金流转的关键节点，从而将审计的重点聚焦在某个历史时段。这里需要做出说明，图 9-1 是作者在模拟测试环境下绘制的，账户资金具有一定的随机性，此处仅通过测试数据演示其业务历史数据的追踪方法。

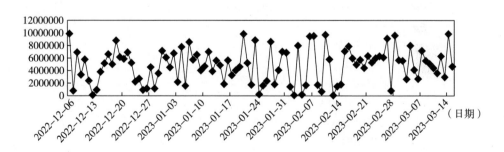

图 9-1　2022 年 12 月 6 日~2023 年 3 月 14 日指定账户资金的历史变更信息

图 9-1 所示的这个动态观察历史数据的方法对于数字化审计人员非常有效，同时对于专业审计软件的开发也具有重要的参考价值。如利用本节介绍的数据闪

回技术，审计软件可以实现这样的系列功能：审计人员选择某个金融账户，选择某个历史时段，软件自动给出账户资金在指定时段的变化曲线和每一个变化的节点（见图9-1），并根据财务规则自动标记出存在异常变动的时间区域；选择某个资金变化的节点，软件给出账户资金的具体流向。这样的数据处理将大大节省审计人员的工作时间，并且能够显著提高审计人员发现和追踪审计线索的效率和能力。

4. 找回被用户删除的数据对象

本节介绍闪回操作的特殊情形——闪回删除（Flashback Drop）。在没有flashback技术之前，如果想恢复用户已删除的表和对象，只能使用传统的数据恢复方式从备份中恢复（参见第十章）。

有了flashback之后，当用户使用drop table删除一张表时，该表并不会在数据库中立即被删除，而是保持了原表的存储位置，但是将被删除的表重新命名，并将被删除的表的信息存储在回收站（Recycle Bin）中，回收站记录了被删除的表的新表名和原表名。显然此时被删除的表所占的空间没有被立即释放，变成数据库可以使用的潜在空间。记录在回收站的内容会保留一段时间，当回收站空间不足或使用purge指令清除回收站中的内容，该存储空间会被重新回收利用。

回收站是一个逻辑结构，不具有物理数据结构，只要删除的表信息记录在回收站，就可以通过flashback恢复被drop的表。闪回删除与闪回查询不同，被用户drop掉的表or其他对象，并没有生成撤销数据放到撤销表空间中，而是存在于该对象原本的表空间的回收站内。默认情况下每个表空间都有一个叫作回收站（Recycle Bin）的逻辑区域。

```
SYS> select ts#,name,flashback_on from v$tablespace;
       TS#    NAME          FLASHBACK_ON
    ---------- ------------ ----------------
         0    SYSTEM        YES
         1    SYSAUX        YES
         2    UNDOTBS       YES
         4    USERDATA      YES
        10    METADATA      YES
         3    TEMPTBS       YES
        12    EXAMPLE       YES
```

下面演示scott用户下的职工表emp被删除、之后我们通过闪回删除再找回该表的情形。职工表emp上存在主键pk_emp（empno）、索引idx_ename（ename）、外键约束fk_deptno，注意闪回前后数据库对象（表、索引）和约束（主键、外键）的变化情形。

SCOTT> select object_name,object_type from user_objects;

OBJECT_NAME	OBJECT_TYPE
PK_EMP	INDEX
SALGRADE	TABLE
IDX_ENAME	INDEX
BONUS	TABLE
PK_DEPT	INDEX
DEPT	TABLE
EMP	TABLE

SCOTT> select constraint_name,constraint_type from

　2　user_constraints where table_name='EMP ';

CONSTRAINT_NAME	CONSTRAINT_TYPE
PK_EMP	P(primary key)
FK_DEPTNO	R(foreign key)

SCOTT> show recyclebin;

SCOTT> drop table emp;

Table dropped.

SCOTT> show recyclebin;

ORIGINAL NAME	RECYCLEBIN NAME	OBJECT TYPE
EMP	BIN $rerODAcaR1SBSqHwnYq3XQ = =$0	TABLE

SCOTT> flashback table emp to before drop;

Flashback complete.

SCOTT> select object_name,object_type from user_objects;

OBJECT_NAME	OBJECT_TYPE
BIN $f7Z7ksrpSYi+fkAm44N+ZA = =$0	INDEX
BIN $z3MAO11JQVuTtmB2xRWjSA = =$0	INDEX
SALGRADE	TABLE
BONUS	TABLE
PK_DEPT	INDEX
DEPT	TABLE
EMP	TABLE

SCOTT> select constraint_name, constraint_type from

  2 user_constraints where table_name = 'EMP ';

CONSTRAINT_NAME   CONSTRAINT_TYPE

BIN $A38rdpenTqK1g6Z1VPdUCw = =$0   P

比较闪回删除前后的两次数据库对象的查询可知，从回收站找回职工表 emp 后，该表上的两个索引对象发生了变化，由原先的 pk_emp 和 idx_ename 变成了回收站里的对象名称（即闪回删除后回收站里的对象没有还原出原来的对象名）：BIN $f7Z7ksrpSYi+fkAm44N+ZA = =$0；BIN $z3MAO11JQVuTtmB2xRWjSA = =$0。

同时由上面的查询可知，当一个被删除表 emp 被闪回删除后，这张表上的约束（Constraint），包括主键、索引都会被恢复，但是外键约束并没有被恢复，需要手动重建。如果要完全还原到删除之前的对象命名状态，我们需要做如下处理：

SCOTT> alter table emp drop primary key;

Table altered.

SCOTT> alter table emp add constraint PK_EMP

  2 primary key(empno);

Table altered.

SCOTT> alter table emp add constraint fk_deptno

  2 foreign key(deptno) references dept(deptno);

Table altered.

SCOTT> alter index " BIN $z3MAO11JQVuTtmB2xRWjSA = =$0"

  2 rename to idx_ename;

Index altered.

五、数据库级别的数据闪回

前面介绍的表级别的闪回（Flashback Table）是将某个业务表或某些业务表根据审计作业的需要闪回到过去某个时刻。数据库级别的闪回（Flashback Database）则进一步，它是将数据库状态整体回到过去的某个时刻，这将涉及所有的业务表和系统内部表（包括数据字典）。

数据库级别的闪回功能依赖于闪回日志（Flashback Log），它是基于数据库系统在运行过程中基于内存数据块（Data Block）的改变而记录的日志，是一种基于物理层面（而非逻辑上的由交易产生的撤销数据）的更新记录，因此启动数据库闪回功能后生成的闪回日志的存储量远低于传统的用于数据恢复的交易日志，同时其数据推演的效率也远高于基于交易日志的数据恢复。

数据库闪回的实现是根据当前数据库的数据状态结合闪回日志里记录的数据块的改变反向推演出指定时刻的整体数据库状态。

1. 数据库闪回与闪回日志

Oracle 闪回数据库特性在物理级别上提供了一个比传统的 Database Point-in-time Recovery（DBPITR）更有效的逆向数据推演，这是通过闪回日志的机制开发的新功能。当启用闪回数据库功能后，实例中会增加一个叫 RVWR（Recovery Writer）的后台进程，它会按照数据修改的状况不定期地将所有更改的数据块映像（Image）写入一个磁盘文件，这就是闪回日志。

闪回日志在时间上是离散的，Oracle 通过后台进程 RVWR 按一定的时间间隔自动记录闪回日志，RVWR 的每一次的记录都会产生一个闪回日志文件。与之相对应，数据库的交易档案是连续记录的，它会记录数据库每一个交易产生的数据变更。因此在具体实现数据库闪回功能时，单独使用闪回日志是不行的，往往还要部分地依赖于交易档案。要将数据库回退到过去的某个特定时刻（闪回点），Oracle 首先反向应用一系列的闪回日志将数据库快速回退到距离这个时刻最近的闪回日志记录点（该记录点一定位于闪回点之前），然后在此基础上再应用交易档案将数据库前滚到用户指定的闪回点。因此，在实际应用中，闪回数据库的操作仅依靠闪回日志是不行的，往往要同时依赖闪回日志和部分的交易档案。

利用数据库闪回技术将数据库的数据逆向追踪到过去某个特定的时间点，要比传统的基于物理备份和介质恢复技术将数据库推演到该时间点要快捷得多，这也是利用闪回日志实现数据库闪回的明显优势。

2. 闪回窗口与审计控制的节点

由于闪回日志是保存在档案存储区的，而档案存储区的空间是有限的，这样当档案存储区出现空间压力时，Oracle 就会考虑重用闪回日志文件占用的空间，覆盖删除最老的闪回日志，这种情况和 Oracle 重用归档日志占用的 FRA 空间、重用撤销信息占用的撤销表空间类似。撤销信息在撤销表空间的保留目标由参数 undo_retention 控制。类似地，闪回日志的保留目标由参数 db_flashback_retention_target 控制。

在没有空间压力的情形下，数据库能够闪回的最老时间点由保存在 FRA 中的最老的闪回日志决定，这和表的闪回查询情形类似。在金融信息系统的实践中，一个数据库的闪回窗口既可能大于参数 db_flashback_retention_target 设置的时限范围，也可能小于这个时限范围，这取决于 FRA 中的空间使用状况。数据库的闪回窗口是指由当前时间点到能够闪回的最老时间点的时间范围（或 SCN 范围）。一般来说，数据库的闪回窗口由存储在 FRA 中的最老的闪回日志决定，但某些特殊的操作会破坏这种情形，如删除表空间、收缩数据文件（Shrink Data-file）等，数据库的闪回时限不能跨越这些操作。

在数字化审计工作实践中，审计人员往往需要调用某些特殊时间节点（如重要的业务节点、审计部门需要观察的时间窗口）的业务数据，此类情形下可以应用数据库还原点（Restore Point）来满足审计需求。Oracle 数据库的还原点是和数据闪回相关联的数据保护机制。一个还原点是对应于数据库特定 SCN 或特定时刻的标签，和我们日常使用的书签一样，它仅代表闪回窗口中的某个特定位置。根据还原点的保留限制，还原点又分为常规还原点（Normal Restore Point）和保证还原点（Guaranteed Restore Point）。常规的还原点的存留时限受 FRA 中闪回日志保留策略的限制，当没有足够闪回日志支持时，这个还原点也可能出现不能被闪回的情形。因此在数据库的闪回窗口范围内，特定的还原点、特定的时间点、特定的 SCN 具有相同的还原意义，只是还原点具有一个有意义的名称标识。

要确保数据库可以还原到过去的某个时刻，应该创建保证还原点，该还原点可以不受 FRA 中闪回日志保留策略的限制，是一个有保障的闪回时刻点，直到该还原点被人工删除。保证还原点特别有意义之处还在于：即使我们取消了数据库的闪回功能，数据库也可以确保我们在之后的某个时刻将数据库回退到之前的特定保证还原点。所不同的是，创建了保证还原点，同时又启用了数据库闪回功能，我们则可以将数据库闪回到保证还原点至当前时刻的任意时间点，而不是只能闪回到特定的保证还原点。

保证还原点的一个重要用途在于，当业务系统运行到某个重要的节点，我们可以创建一个基于审计需求的保证还原点。从数字化审计的角度看，保证还原点相当于为我们保留了一份业务节点的数据库存储快照（Storage Snapshot）。

保证还原点和通常意义上的数据库闪回功能可以单独使用，也可以两者联合使用，两种方式的区别在于背后闪回日志的记录有所不同。

（1）创建保证还原点但没有启用闪回日志。

这种情形下，保证还原点之后的数据块的第一次数据变更之前的数据映像（Image）会被记入闪回日志，以便 Oracle 日后能够利用此 Image 将数据块还原到保证还原点。数据块后续的数据变更并不会记入闪回日志，这样可以显著节约闪回日志的存储空间。

优点：节约闪回日志的存储空间。

缺点：只能闪回到保证还原点（审计节点），不能闪回到其他时刻。

（2）创建保证还原点同时启用闪回日志。

这种情形下，闪回日志被正常有规律地记录。保证还原点影响其后闪回日志的保留策略，凡是在保证还原点之后的闪回日志及其相关交易档案都需要保留，当 FRA 出现空间压力时，也不受保留策略 db_flashback_retention_target 参数的影响。

优点：可以将数据库整体闪回到保证还原点至当前时刻的任一时刻点。

缺点：对 FRA 存储空间的要求会增大。即使 FRA 出现空间压力时，保证还原点需要的闪回日志和交易档案也不能被删除。此时特别需要保持对 FRA 使用空间的监控。

下面的代码是创建带有时间字符串的审计节点（还原点），这样审计人员通过还原点的名称就可以了解到业务数据可以整体还原到某个确定的时间点。使用 create restore point 指令创建还原点，带 guarantee flashback database 选项创建保证还原点。

```
SYS> declare
  2    sqlstr varchar2(255);
  3  begin
  4    sqlstr := 'create restore point audit_node '
  5    || to_char(sysdate,'YYYYMMDDHH24MISS ')
  6    || 'guarantee flashback database ';
  7    execute immediate sqlstr;
  8  end;
  9  /
PL/SQL procedure successfully completed.
```

3. 实施数据库闪回的流程

（1）查看当前数据库的闪回窗口及其还原点信息。

```
SYS> select oldest_flashback_scn,
  2    to_char(oldest_flashback_time,'yyyy-mm-dd hh24:mi:ss ')
  3    from v$flashback_database_log;
OLDEST_FLASHBACK_SCN       TO_CHAR( OLDEST_FLAS
------------------------------------------------
           5000188         2023-01-15 08:00:27
SYS> select dbms_flashback.get_system_change_number from dual;
GET_SYSTEM_CHANGE_NUMBER
------------------------
             8319245
SYS> select name,time,scn,preserved from v$restore_point;
NAME                       TIME              SCN       PRESERVED
-------------------------------------------------------------------
AUDIT_NODE20230218224048   2023-02-18 22:40:48   8315895   YES
```

AUDIT_NODE20230323212405　2023-03-23 21:24:05　8315180　NO

　　上述的系列查询给出比较完整的数据库闪回的相关信息：闪回时间窗（scn 范围：5000188~8319245），这个 scn 范围对应的时间范围（2023-01-15 08：00：27 至当前时间）。在此期间有两个还原点：AUDIT_NODE20230218224048 和 AU-DIT_NODE20230323212405，对应的数据库时间分别是 2023-02-18 22：40：48 和 2023-03-23 21：24：05，对应的 scn 分别是 8315895 和 8315180，前者是保证还原点，后者是普通还原点。

　　在执行具体的数据库闪回操作前，建议使用 RMAN 查看当前数据库备份通道（Channel）的设置，包括默认的备份通道，因为在数据库闪回期间，数据库系统可能需要借助于 RMAN 还原和应用必要的交易档案。

　　（2）关闭数据库，重新启动数据库至 mount 状态。

　　闪回操作是在 mount 状态下完成的，这点需要特别注意。mount 状态是一种用于数据库维护的状态。正常情况下数据库是运行在 open 状态下，在默认的一次数据库启动过程中，被启动的数据库先后经历 shutdown（关闭）、nomount（未加载）、mount（加载）、open（打开）状态。只有进入 open 状态，业务用户才能正常访问数据、执行业务处理。

　　（3）执行数据库闪回操作，并查看历史时刻的数据。

　　控制数据库闪回至过去的某个时间点有三种方式：闪回至某个 scn，闪回至某个 timestamp，闪回至某个 restore point（还原点或某个审计控制的节点）。本质上这三种的闪回方式是一致的，只是通过不同的方式确定时间节点。相对直接指定时间（timestamp）而言，指定 scn 更专业、指定还原点更直观。在金融信息系统运行过程中，正因为还原点的直观性，且操作方便快捷，它更适合用于保存满足审计需要的关键业务节点的数据。

```
SYS> shutdown immediate
Database closed.
Database dismounted.
ORACLE instance shut down.
SYS> startup mount
ORACLE instance started.
Total System Global Area      267227136 bytes
Fixed Size                    2174888 bytes
Variable Size                 234881112 bytes
Database Buffers              25165824 bytes
Redo Buffers                  5005312 bytes
Database mounted.
```

在数据库处于 mount 状态下，执行闪回操作。如下的两种闪回方式是完全等价的，在这个操作过程中，时间点 sysdate－5/24/60 是指在当前时刻向前推演 5 分钟的时刻，也可以使用 scn 指定时间点。注意在此处的演示中，sysdate－5/24/60 在 scn 时间点（8325300）之前，即如果一次的闪回操作成功后，还可以在此基础上继续向前闪回，直到满足追踪历史数据的需要为止。

在数据库闪回到某个时刻后，我们可以以只读的方式打开数据库，查看该时刻数据库中的数据。经数据的检查验证，如果不是我们需要的历史时刻，可以关闭数据库，重新启动数据库至 mount 状态，继续闪回操作，重复前面的过程。

```
SYS> flashback database to timestamp sysdate－5/24/60;
Flashback complete.
SYS> …
SYS> flashback database to scn 8325300;
Flashback complete.

SYS> alter database open read only;
Database altered.

SYS> select * from(
  2    select * from biz. timetick order by moment desc
  3    ) where rownum<=3
  4    order by moment;
```

MOMENT	SCN
2023－03－19 11:08:09	8325177
2023－03－19 11:09:09	8325203
2023－03－19 11:11:09	8325256

说明：在写作本书过程中，作者使用 biz 用户下的表 timetick 来验证数据库闪回到指定时刻下的数据。该表有两个字段，moment 字段记录数据被插入的时间，scn 字段记录数据被插入的 scn，两者具有一一对应的关系。作者通过调度程序周期性地（每分钟）向该表插入一条记录（Insert 语句如下所示），以反映当时的时间。因此该表的最后一条记录反映数据库所处的历史时刻（一分钟范围内）。

```
SQL> insert into biz. timetick values(
sysdate, dbms_flashback. get_system_change_number);
```

如果此时需要再次闪回的话，首先需要将数据库关闭，重新启动至 mount 状态，然后实施闪回操作，参考如下的演示：

```
SYS> shutdown
ORA-01109：database not open
Database dismounted.
ORACLE instance shut down.
SYS> startup mount
ORACLE instance started.
Total System Global Area          267227136 bytes
Fixed Size                        2174888 bytes
Variable Size                     234881112 bytes
Database Buffers                  25165824 bytes
Redo Buffers                      5005312 bytes
Database mounted.
SYS> flashback database to restore point AUDIT_NODE20230319110140；
Flashback complete.
SYS> alter database open read only；
Database altered.
```

此时，可以如上再次验证数据库的状态及其业务数据，以检查是否获得正确的历史时刻的数据。

（4）将数据库还原到最新的当前状态。

从上面的数据库闪回操作我们知道，在有效的闪回时间窗范围内，我们可以多次执行数据库闪回操作，一次次地将数据库状态推演向更远的历史时刻。注意这里数据推演的方向：利用闪回日志只能将数据库的数据状态逆向推演。如果数据库闪回到某个历史时刻，我们希望将数据库在时间轴上正向推演，则需要用到交易档案，具体用法将在下一章讨论。这里我们仅介绍如何将数据库回到最新的当前时刻（即系列的闪回操作并不影响数据库的当前状态）。

```
SYS> shutdown              //（1）关闭数据库
Database closed.
Database dismounted.
ORACLE instance shut down.
SYS> startup mount         //（2）启动数据库至 mount 状态
ORACLE instance started.
……
SYS> recover database；     //（3）执行必要的数据库恢复
Media recovery complete.
SYS> alter database open；  //（4）正常打开数据库
Database altered.
```

第十章　基于数据备份的正向数据推演与实证

　　面对现代金融信息系统，在数字化审计过程中，如果要追踪历史业务与数据，数据备份是绕不开的话题。然而传统意义上的数据备份仅仅是重现某个历史时刻的静态业务数据，无法反映用户的业务处理过程及其数据的动态演化。这种情形是无法满足数字化审计在查找审计线索、追踪业务动态和历史数据演化的处理需求。

　　本章将在讨论数据库备份的基础上，阐述如何利用备份和交易档案来重现用户的业务处理过程及其数据演化，从而为金融信息系统的数字化审计提供强大的数据技术支持手段，让被审计用户的各类交易过程立体化地呈现在审计人员面前。

一、数据备份与审计关系概述

　　数据备份的目的是在必要的时候能够恢复出数据，典型的两种情形是：其一，系统在出现故障的情形下能够将数据恢复至故障点时刻；其二，需要将系统迁移至另一台主机，或在另一台主机上恢复系统的运行。显然在数字化审计过程中会侧重关注第二种情形，如在数字化审计过程中需要追踪过去某个特定时刻的业务数据，或过去某个时段的业务处理过程。这个历史数据追踪的过程通常不能在被审计的生产系统直接执行，而是要将被审计系统迁移至特定的审计环境下进行。

　　1. 明晰几个主要概念

　　现代信息系统的数据备份从方法上被划分为两大类：逻辑备份和物理备份。

　　数据的逻辑备份又被称为数据的导出（Export），与之对应的数据还原方法被叫作导入（Import）。逻辑备份是从关注数据的角度执行备份操作，如导出某些数据库对象（如业务表、业务用户下的部分或全部表等）进行导出工作，还原时导入备份文件中的内容。这是一种传统的数据备份方法，使用方便、易于理解，但在实践中存在致命缺陷：它是一种静态的备份与恢复方法，即利用逻辑备份恢复数据时只能将数据恢复到备份时刻的状态，不能实现动态数据推演、执行动态数据观察。事实上这种静态的数据恢复方法被叫作数据还原（Restore），即只能将数据还原到备份时刻。显然仅依赖于数据的逻辑备份不能满足数字化审计对历史数据追踪的需要。结合数字化审计对动态数据观察的需求，本章仅介绍另一种在数据恢复过程中能够实现动态数据推演的物理备份及其应用方法。

物理备份是一种基于数据系统物理存储的备份，它备份的目标不是数据库对象，而是数据系统的物理存储，如数据文件、档案/日志文件等。表面上看，这类备份好像与数字化审计无关，因为这类备份不关注具体的业务表及其业务数据。事实上，这是数字化审计领域对现代信息系统数据备份最严重的误解。相对于传统的逻辑备份，利用物理备份执行数据恢复的优势在于：它不仅能够将用户的业务数据恢复至备份时刻（Restore），而且能够利用交易档案实现数据系统的动态推演（Recover），即重现业务处理的历史流程，从而让审计人员能够观察到业务数据随时间的演化过程。这个动态推演的过程为审计工作发现审计线索、追踪历史数据的演变提供了极大的便利。

可以从备份内容的层次上认识逻辑备份和物理备份：逻辑备份是数据库对象级的数据备份，而物理备份则是数据库文件级的数据备份。从转储数据的角度看，两者最大的区别在于能否利用交易档案实现恢复数据时的动态推演，逻辑备份不可以，而物理备份可以。从这个意义上说，逻辑备份是一种静态的数据备份，而物理备份则是一种动态的数据备份。从辅助数字化审计的角度，历史数据追踪的过程更多地关注的是业务数据随时间动态演化的过程，因此面向金融信息系统的数字化审计工作需要更多地依赖物理备份，而不是逻辑备份，这一认识和大多数审计人员对数据备份的直觉正好相反。

另外，数字化审计人员在用户现场处理数据转储时还需要理解一对数据备份的概念：冷备份和热备份。这是一种形象的说法，所谓的"冷"和"热"是相对于数据库系统是否处于打开状态而言的。数据库处于关闭状态下的备份被称为冷备份，又称为脱机备份（Offline backup），数据库处于打开状态下的备份被称为热备份，又称为联机备份（Online backup）。前面介绍的逻辑备份只能在数据库打开状态下执行，因此逻辑备份一定是热备份，而物理备份根据数据库的运行环境既可以是冷备份也可以是热备份，因此在某些情况下，物理备份无论是从备份的方法上还是从应用的方法上都要比逻辑备份灵活得多，它是从事数据维护人员（包括审计人员）需要主要依赖的数据转储方法。本章主要讨论的是基于物理备份的数据还原（Restore）与恢复（Recover）如何辅助数字化审计人员实现对历史业务数据的追踪。

2. 数据备份与还原的基本策略

尽管现代信息系统的数据备份与还原操作对于非专业人员而言相对复杂，并且这种复杂性也随信息系统所使用的数据平台而有所不同，但要满足数字化审计的数据访问需求和查询目标，其数据维护的基本原则均保持不变。结合 Oracle 数据平台，我们给出如下原则：

（1）数据库系统必须在档案模式（Archivelog）下运行；

（2）将系统的交易档案和控制文件并行存储至多个不同位置，即联机保存多个副本；

（3）定期执行数据库的物理备份，通过调度程序周期性地执行物理备份，如：典型地每周执行一次完全数据库备份、每天执行一次增量备份；

（4）维护交易档案的连续性和完整性，两次物理备份之间、最后一次物理备份至当前时刻的交易档案是实现基于物理备份的动态数据推演的基础。

基本的数据恢复过程包含两个阶段：还原物理备份（Resotre）阶段，然后应用（Apply）自备份以来数据库系统生成的交易档案实现必要的数据推演（Recover）阶段。从技术层面，数据恢复的最重要方面是确保所有数据文件中的内容保持一致性，这样恢复后的数据库才能被打开。这个 Recover 阶段又由两个部分构成：前滚（Roll Forward）和回滚（Roll Back）。执行前滚操作时，系统将备份后的交易档案依次应用到物理存储的数据块中。数据系统一旦顺利完成了前滚部分的操作，数据库就可以执行打开操作。在数据库正常打开的过程中，系统会检查数据库文件中的内容一致性，如果发现存在不一致的问题，就需要执行必要的回滚操作。这部分操作的本质是：只有提交后的交易才是有效的，撤销任何未提交的交易。

3. 主要的数据备份工具

Oracle 为用户提供了多种创建备份的基本方法以供选择。这些方法包括：

恢复管理器（RMAN）——建立与服务器进程的连接并使备份与恢复操作的数据转移自动化的一个组件。

Oracle（企业管理器）——调用恢复管理器的 GUI 界面。

Data Pump（数据泵）——该实用程序通过将数据以专有格式从 Oracle 数据库写入操作系统文件来创建逻辑备份。

用户管理的备份（User-managed backup）——通过执行特别针对用户操作系统的命令手工完成对数据库系统的数据备份。

结合本章的目标，此处仅简要介绍 RMAN 工具。恢复管理器（RMAN）是一个强大的通用程序，它允许用户创建 RMAN 备份或用户数据的镜像副本。当用户使用 RMAN Backup 命令指定备份内容时，RMAN 默认创建一个备份集（Backup Set）作为输出。一个备份集是专有格式的一个或一组文件，它只能使用 RMAN Restore 命令来进行恢复操作。相比而言，当使用 Backup as copy 命令创建备份文件的镜像副本时，它是实例可用（instance-usable）格式的，即该类文件可以被数据系统直接使用，用户不需要调用恢复管理器实施还原或恢复操作。

当执行 RMAN 命令（如备份、还原、恢复等）时，恢复管理器建立了一个与 Oracle 服务器进程的连接。然后服务器进程从目标数据库中备份指定的数据库文件。恢复目录是包含各种与备份和恢复相关的元数据（Meta Data）数据库。RMAN 自动建立备份所需的所有文件的名称和位置。恢复管理器还支持增量备份——仅备份那些自上次备份以来发生变化的数据块。

二、物理备份的环境要求与检验

通过前面的介绍我们知道，数据的物理备份在实施过程中既可以是冷备份也可以是热备份，且两者对数据系统的运行环境要求有所不同。需要注意的是，这里的环境要求与使用何种具体工具实施备份操作无关，如在 Oracle 系统中无论是否使用专业备份与恢复工具 RMAN。如果违反备份操作对运行环境的内在要求，会导致如下两种可能的结果：一是产生无效的备份，即生成的备份用户数据无法恢复；二是备份操作过程中系统会给出错误提示信息，类似如下：

C:\>rman target /

Recovery Manager：Release 11. 2. 0. 1. 0 - Production on Sat Mar 25 17:30:57 2023

Copyright（c）1982，2009，Oracle and/or its affiliates. All rights reserved.

connected to target database：CATDB（DBID=3954687123）

RMAN> backup database；

Starting backup at 25-MAR-23

using target database control file instead of recovery catalog

......

ORA-19602：cannot backup or copy active file in NOARCHIVELOG mode

这里的错误信息 ORA-19602 明确提示：不能在非档案模式（NOARCHIVEL-OG mode）下执行对联机数据库文件的备份或拷贝。这也提醒我们，在执行数据库物理备份时检查数据库运行环境的重要性。

1. 档案模式的检查与调整

数据系统的档案模式是这样一种运行环境：数据库在运行过程中连续完整地记录交易档案（Transaction log/archive）的运行模式，这也是所有金融信息系统在投入运行后的数据运行模式，它通过交易档案完整地记录下用户业务处理的历史。

检查与验证数据系统的档案模式。下面的指令在 Oracle 系统里检查数据系统的档案运行模式，这里给出的是金融信息系统中的典型配置信息：

```
SYS> archive log list;
Database log mode              Archive Mode
Automatic archival             Enabled
Archive destination            USE_DB_RECOVERY_FILE_DEST
Oldest online log sequence     309
Next log sequence to archive   310
Current log sequence           310
```

上面的输出信息明确地告诉我们：数据系统运行在档案模式（Archive Mode），且交易档案存储在专门的档案存储区（其位置由 DB_RECOVERY_FILE_DEST 参数确定），当前最新的档案日志文件的编号（Log Sequence）是 310，这个数字说明在作者使用的测试数据库中，为了连续记录系统运行过程中的交易档案，已经先后生成了 310 份档案文件。

```
SYS> show parameters DB_RECOVERY_FILE_DEST
NAME                          TYPE            VALUE
-----------------------------------------------------------
db_recovery_file_dest         string          d:\metadata
db_recovery_file_dest_size    big integer     20G
```

如果上述检查数据系统档案运行模式的指令输出信息类似如下，则说明当前数据系统运行在非档案模式（No Archive Mode），说明系统在运行过程中的交易档案不能得到持续完整的保存，其后果就是用户业务处理的历史没有得到有效的记录，审计过程中也就无法有效地追踪其历史数据。

```
SYS> archive log list;
Database log mode              No Archive Mode
Automatic archival             Disabled
Archive destination            …\oracle\dbms\RDBMS
Oldest online log sequence     563
Current log sequence           564
```

注意：面对这样的数据系统，我们不能有效地执行联机的物理备份（热备份），只能在如下两种情形下执行脱机的物理备份（冷备份）。这类备份只能用于静态地还原备份时刻的历史数据，而不能实现历史数据的动态推演。

情形一：令所有数据文件处于脱机状态

```
SYS> alter database close;
Database altered.
```

情形二：数据库处于正常关闭状态

```
SYS> shutdown immediate;
Database closed.
```

Database dismounted.

ORACLE instance shut down.

上面的非档案模式的运行环境需要做如下调整，才能具备联机执行物理数据备份的必要条件。

（1）配置专门的档案存储区（Flash Recovery Area）。该区域不是必需的配置，但在金融信息系统环境中被强烈推荐，因为它能大幅地方便系统对交易档案及其相关历史资源的管理。该区域的配置由初始化参数 db_recovery_file_dest 和 db_recovery_file_dest_size 确定，前者确定档案存储区的物理存储位置，后者确定档案存储区的最大容量。

（2）将数据系统由非档案模式调整至档案模式。

SYS> shutdown immediate；

Database closed.

Database dismounted.

ORACLE instance shut down.

SYS> startup mount；

ORACLE instance started.

Total System Global Area	267227136 bytes
Fixed Size	2174888 bytes
Variable Size	96469080 bytes
Database Buffers	163577856 bytes
Redo Buffers	5005312 bytes

Database mounted.

SYS> alter database archivelog；

Database altered.

SYS> alter database open；

Database altered.

SYS> archive log list；

Database log mode	Archive Mode
Automatic archival	Enabled
Archive destination	…\oracle\dbms\RDBMS
Oldest online log sequence	563
Next log sequence to archive	564
Current log sequence	564

这里的档案存储目的地（Archive destination）给出的是档案文件的存储的磁盘目录。如果数据系统事先配置了档案存储区，这里的档案存储目的地就不会显示具体目录位置，而是 USE_DB_RECOVERY_FILE_DEST，该标识指示数据系统

的交易档案将统一存储至档案存储区。

2. 数据系统的环境检查与配置

在 Oracle 数据平台中，典型地，我们使用 RMAN 工具执行数据系统的物理备份、数据恢复以及相关的交易档案管理。

```
C:\>set oracle_sid＝audit
C:\>rman target /
connected to target database：AUDIT（DBID＝544324690）
RMAN> show all；
using target database control file instead of recovery catalog
RMAN configuration parameters for database with db_unique_name AUDIT are：
CONFIGURE RETENTION POLICY TO REDUNDANCY 1；# default
……
```

这里有三个方面的主要内容需要关注：一是恢复目录（Recovery Catalog）；二是针对数据备份的保留策略（Retention Policy）；三是数据备份结果的存储位置，该位置由 RMAN 的备份通道（Channel）确定。

关于 RMAN 的恢复目录。恢复目录是 RMAN 用于集中存储与备份、恢复、交易档案等相关元数据的一套机制，类似于数据库系统的数据字典，区别在于这里的所有元数据仅服务于 RMAN 工具。上面的输出示例指示，当前数据系统使用数据库控制文件代替恢复目录的功能，即与备份、恢复、交易档案等相关元数据皆存储于目标数据库的控制文件中。由此可以看出，使用 RMAN 工具，恢复目录不是必需的选项，但在金融信息系统的数据管理中推荐使用，因为它能显著提高针对数据备份、数据还原与恢复、交易档案管理的便利性和可靠性。下面给出配置与使用示例。

RMAN 使用的恢复目录是独立于业务数据库之外的独立数据库模式，由预先指定的数据库用户下的一套内部表构成，类似于数据字典的一套基表（Base Table）。在默认情况下备份的元数据保存于目标数据库的控制文件中，这样在备份管理与恢复过程中需要依赖于目标控制文件，一旦控制文件损坏，备份的利用就会出现麻烦。因此，建议在使用 RMAN 过程中启用控制文件的自动备份功能，确保控制文件的安全性。

要发挥 RMAN 的全部功能，建议使用恢复目录。在金融信息系统的数据维护过程中，如果需要同时涉及多个数据库，那么使用恢复目录可以集中管理多库的备份，会带来更多的方便。使用恢复目录的优点如下：存储 RMAN 脚本；保留更多的历史备份及其元数据信息；同时管理与备份多个目标数据库；某些 RMAN 命令只被恢复目录支持。

值得一提的是，即使使用恢复目录数据库，目标数据库的控制文件还是会记录备份信息，只不过受限于控制文件大小的原因，保存的记录量要比恢复目录少得多。控制文件中备份信息保存的记录条数受初始参数 control_file_record_keep_time 的控制，该参数值以天为单位，默认值为 7，该值明显偏小，建议设置大于一个备份周期。

下面介绍恢复目录的创建过程。恢复目录位于业务数据库之外的独立数据库中，为此我们需要有一个专门的数据库用于建立专门的恢复目录模式（Schema）。

（1）在恢复目录数据库创建专门的表空间。

d:\>set oracle_sid=catdb

d:\>sqlplus / as sysdba

SYS> create tablespace catatbs

   2   datafile

   3   'd:\database\catdb\catatbs. dbf 'size 50m

   4   autoextend on;

Tablespace created.

（2）创建拥有恢复目录的模式用户，并授予必要的权限。

SYS> create user cto

   2   identified by 123456

   3   default tablespace catatbs;

User created.

SYS> grant connect,resource,recovery_catalog_owner to cto;

Grant succeeded.

（3）在恢复目录模式用户下创建模式对象。

d:\>set oracle_sid=audit

d:\>rman target / catalog cto/123456@ catdb

Recovery Manager：Release 11. 2. 0. 1. 0 – Production on Sat Mar 25 21:41:14 2023

Copyright (c) 1982, 2009, Oracle and/or its affiliates. All rights reserved.

connected to target database：AUDIT（DBID=544324690）

connected to recovery catalog database

RMAN> create catalog tablespace catatbs;

recovery catalog created

（4）将业务数据库注册至恢复目录。

RMAN> register database;

database registered in recovery catalog

starting full resync of recovery catalog

full resync complete

此处将当前被审计系统的业务数据库 audit 注册至上一步创建的恢复目录。一旦将目标数据库注册到恢复目录，恢复目录就能够完全反映目标数据库及其备份信息。如果将来数据库有变动，由于某种原因备份与恢复相关的元数据没有及时更新至恢复目录，我们可以在 RMAN 中手工同步目标数据库和恢复目录的信息，以使两者保持一致。

RMAN> resync catalog;

starting full resync of recovery catalog

full resync complete

关于备份的保留策略。RMAN 的保留策略是针对数据备份、交易档案等历史资料的管理措施，关乎数据维护的完整性，因此对于数字化审计来说事关重大，其保留和维护策略可根据业务审计的需要来定制，也就是说根据维护历史业务数据的需要，确定历史备份、交易档案等的保留时限，或者确定需要保留备份的几个副本。在金融信息系统的数据维护中，多数使用的是基于恢复窗口的保留策略，因此需要重点关注与理解其用法。

Oracle 系统支持三种保留策略：一是基于恢复窗口的保留策略；二是基于冗余的保留策略；三是无保留策略。三种保留策略互斥，不可同时使用。

当备份保留策略启用后，对于超越保留策略之外的数据备份或交易档案，会被标记为过时（Obsolete），也就是说 RMAN 认为恢复历史数据已经不再需要用到这些备份。我们可以通过 report obsolete 指令来查看当前数据库的过时的备份，以及使用 delete obsolete 指令来批量删除过时的备份。

对于已经不再需要的备份（备份集，镜像副本等），在未使用档案存储区 FRA 的情形下，RMAN 是对其加以标注，而不会真正删除这些过时的备份。对于使用了档案存储区 FRA 的情形，RMAN 会自动地删除这些过时的备份以便循环利用 FRA 空间。注意理解两类特殊的备份状态：过期（Expired）和过时（Obsolete），前者是执行 crosscheck 指令（交叉验证，即对比元数据库和实际的物理文件），文件不存在（如文件丢失或被手工删除等），后者指备份文件存在，但是根据保留策略系统判断在维护历史业务数据时已不再需要。

（1）基于恢复窗口的保留策略。

该方式用于确保将数据库恢复到特定的时间点，比如需要恢复一月以内的数据，使用恢复窗口 RECOVERY WINDOW OF 30 DAYS，那么所有与恢复到最近 30 天的完全备份、增量备份、归档日志，都应当被保留，而且有可能 30 天以前的备份也需要保留，比如信息系统中最近的数据库完全备份是 30 天以前的，即便当前创建了新的完全备份，这个 30 天的完全备份也应当被保留，而不是说只要过了 30 天这些备份就不再需要。

下面的指令将数据系统的备份保留策略调整至一年的恢复时间窗：

RMAN> configure retention policy to recovery window of 365 days；

old RMAN configuration parameters：

CONFIGURE RETENTION POLICY TO REDUNDANCY 1；# default

new RMAN configuration parameters：

CONFIGURE RETENTION POLICY TO RECOVERY WINDOW OF 365 DAYS；

new RMAN configuration parameters are successfully stored

starting full resync of recovery catalog

full resync complete.

（2）基于冗余的保留策略。

这是依据信息系统数据备份的拷贝数，而不是备份时限来确定其保留策略。该策略是默认的保留策略，被设置为 1。如果将其设置为 2，那么 Oracle 则会为当前备份保留 2 个副本，其余的、时间更早的副本会全部被标记为过时的备份。

关于备份结果的存储位置。当数据系统配置了集中的档案储存区（Flash Recovery Area）后，RMAN 执行的备份默认保存至 FRA 区域，除非在执行备份操作时在指令中人为指定备份通道（Channel）的目标属性。下面的指令通过预先配置备份的磁盘通道改变备份目的地至 d：\ metadata \ backup 目录。

RMAN> configure channel device type disk

2> format 'd：\metadata\backup'；

new RMAN configuration parameters：

CONFIGURE CHANNEL DEVICE TYPE DISK FORMAT 'd：\metadata\backup'；

new RMAN configuration parameters are successfully stored

starting full resync of recovery catalog

full resync complete.

三、交易档案的管理与维护

金融信息系统在运行过程中会持续生成交易档案，因此交易档案是一项一维无限延续的内容，没有一个物理文件或磁盘存储区域能够容纳下所有的交易档案。正因为这样，就需要我们的数字化审计人员理解现代数据系统针对交易档案的存储机制，同时还需要熟悉针对交易档案的维护机制。只有这样，才能在审计过程中更好地利用交易档案去追踪业务处理的过程及其交易历史。

为了更好地记录信息系统在运行过程中生成的交易档案，所有的数据库系统都是使用基于磁盘文件的形式来存储交易档案，只不过了应对无限增长的交易档案，通常将其划分为两个部分：联机交易档案和脱机交易档案。前者是指正在用于持续记录交易档案的磁盘文件，后者则是联机交易档案的历史磁盘文件。显然针对不断产生的交易档案文件，我们需要有必要的管理策略来维护交易档案的完整性。下面结合 Oracle 数据系统讨论针对联机交易档案和脱机交易档案的管理。

1. 联机交易档案的配置与使用

联机的交易档案在很多系统里又被称为在线交易日志（Online Transaction Log），它是现在数据系统的有机组成部分（Log 部分），与用于记录各类数据（包括系统数据、用户业务数据）的数据文件（Data 部分）并列。从维护现有业务数据和历史业务数据的安全角度，联机交易档案的重要性甚至超过数据本身，因此大多数数据库系统对联机记录交易档案的存储文件（Transaction Log File，Log File）设计有特殊的保护措施。

从前面的讨论我们知道，只要 Oracle 数据库在操作运行，就会生成交易档案，所以数据库的交易档案会随着时间的推移无限增长。Oracle 数据库使用联机交易档案文件来记录日志，为了处理无限增长的事务日志和有限日志文件大小之间的矛盾，Oracle 利用多个日志文件以循环的方式来记录日志，如：若某数据库设置三个联机文件，首先用第一个文件记录交易档案，第一个记录满后，Oracle 会自动转移到第二个文件记录（该操作称为日志切换，Log Switch），以此类推，当第三个文件记录满后，又会切换到第一个文件记录日志，如此循环往复。

另外，为了提高联机交易档案文件的安全性，Oracle 系统提供了在线镜像/复用（Multiplexing）机制，上述的三个日志文件构成了三个日志组（Log Group），每个日志组的交易档案文件又可以被镜像为多个档案文件，称为日志成员（Log Member）。图 10-1 是一个 Oracle 数据库联机交易档案文件的典型配置。

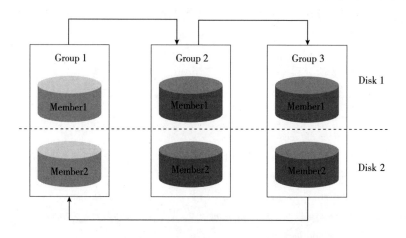

图 10-1 Oracle 数据系统联机交易档案的典型配置

从图 10-1 我们可以看出，数据库系统总共配置了六个联机交易档案文件，它们被组织为三个档案组 Group 1、Group 2、Group 3，每个档案组拥有两个档案成员 Member 1、Member 2，在记录日志的过程中，三个档案组以循环的方式工作，任一时刻只有一个档案组处于"联机记录"的状态，该组称为当前档案组；在同一个组下，不同的档案成员文件记录的日志内容完全一致，并且为了提高档案组的安全性，不同的档案成员被放置于不同的物理磁盘上，这样即使在某个磁盘出现故障的意外情况下，同一个档案组下的成员文件也不至于全部丢失。因此通过这种方式，数据系统有效地保障了联机交易档案的可记录性和安全性。

```
SYS> select group#,sequence#,members,archived,status
  2   from v$log;
```

GROUP#	SEQUENCE#	MEMBERS	ARCHIVED	STATUS
1	311	1	YES	INACTIVE
2	312	1	NO	CURRENT

　　从上述查询结果可以看出，作者使用的测试系统其联机交易档案的配置仅使用了两个档案组，且每个档案组中只有一个成员文件。这里有一个重要的物理量：档案文件的序列号（Log Sequence Number，即查询中的 SEQUENCE#字段），该序列号反映联机交易档案被重复利用（重写）的次数。当前测试系统的联机档案文件从数据库建立到当前时间已经被重写了 312 次，查询中 ARCHIVED 反映该序列号对应的联机档案文件是否已经归档（即形成脱机档案文件）。显然，当前系统已经形成 311 份脱机的交易档案文件，这 311 份档案文件完整地反映了数据系统的交易历史。

　　下面我们将当前测试系统的联机交易档案配置成图 10-1 所示的典型情况，以让审计读者进一步熟悉这里的联机档案系统。

```
SYS> show parameter db_create_file_dest
```

NAME	TYPE	VALUE
db_create_file_dest	string	d:\database

```
SYS> show parameter db_recovery_file_dest
```

NAME	TYPE	VALUE
db_recovery_file_dest	string	d:\metadata
db_recovery_file_dest_size	big integer	20G

```
SYS> alter database add logfile
  2   group 3 size 512m;
```

Database altered.

SYS> alter database add logfile member

2   'd:\database\audit\onlinelog\01_mf_1_k22tbyl2_. log '

3   to group 1;

Database altered.

SYS> alter database add logfile member

2   'd:\database\audit\onlinelog\01_mf_2_k22tcnbh_. log '

3   to group 2;

Database altered.

SYS> select group#,sequence#,members,archived,status

2   from v $log;

GROUP#	SEQUENCE#	MEMBERS	ARCHIVED	STATUS
1	317	2	YES	ACTIVE
2	318	2	NO	CURRENT
3	316	2	YES	ACTIVE

SYS> select group#,member from v $logfile order by group#;

GROUP#	MEMBER
1	D:\METADATA\AUDIT\ONLINELOG\01_MF_1_L22TC3OR_. LOG
1	D:\DATABASE\AUDIT\ONLINELOG\01_MF_1_L22TBYL2_. LOG
2	D:\DATABASE\AUDIT\ONLINELOG\01_MF_2_L22TCNBH_. LOG
2	D:\METADATA\AUDIT\ONLINELOG\01_MF_2_L22TCS4P_. LOG
3	D:\METADATA\AUDIT\ONLINELOG\01_MF_3_L22RD6KS_. LOG
3	D:\DATABASE\AUDIT\ONLINELOG\01_MF_3_L22RD1C7_. LOG

　　上述查询清晰地显示出六个联机档案文件分属于三个档案组，对档案成员文件的命名使用的是 Oracle Managed Files，提高了档案文件的可管理性。档案切换操作（Switch）和检查点操作（Checkpoint）一般发生在当前的联机档案文件"记满"的时刻，此时当前档案组的转换并不需要人工干预。有时系统维护人员在数据库系统维护过程（或审计人员在追踪历史业务数据时）中需要人工切换联机档案，有意识地改变当前的联机档案组。下面的指令执行这样的维护操作：

SYS> alter system switch logfile;

System altered.

SYS> alter system checkpoint;

System altered.

当发生一次联机档案的切换操作时，数据库系统的档案序列号（SE-QUENCE#）会自动增加 1；在归档模式下，会自动产生一个新的脱机档案文件，参见下文。

2. 脱机交易档案的管理与维护

在不同的交易档案操作模式下，数据备份和数据还原的策略存在差异。脱机交易档案由联机交易档案备份、转移而来，反映联机交易档案的历史。根据数据系统在运行过程中是否生成脱机交易档案，我们将数据系统的交易档案模式划分为非档案模式（Noarchivelog）和档案模式（Archivelog）。只有数据系统运行在档案模式下，系统才能通过脱机交易档案连续、完整地保存系统在运行过程中生成的交易档案，这是现代数据系统极其重要的一类档案资料，在各类的金融信息系统中尤其如此。

（1）Noarchivelog 模式。

数据系统在这种运行模式下有如下特点：交易档案文件以循环方式使用，当发生档案文件的切换时，原有的交易档案内容被覆盖；由于交易档案文件中的内容被不断地覆盖，所以通过联机交易档案文件只能记录最新的有限时间段的交易信息；只能在数据库关闭时做数据库的操作系统级的物理备份（冷备份），必须备份全部的数据库文件。

（2）Archivelog 模式。

数据系统在这种运行模式下有如下特点：联机交易档案文件在被重写之前，不能被覆盖重用；当前联机交易档案被写满时，系统会自动转移至下一个联机交易档案文件记录（如果需要也可手动转移至下一个文件），这个操作被叫作交易档案的切换；在此运行模式下，数据系统的物理备份可以联机执行（即无需关闭数据库系统即可执行物理备份）；在该档案模式下运行的数据系统可以实现指定时间点的数据还原。数字化审计过程中可以利用该特性实现历史业务数据的追踪。

```
SYS> archive log list;

Database log mode                Archive Mode
Automatic archival               Enabled
Archive destination              USE_DB_RECOVERY_FILE_DEST
Oldest online log sequence       316
Next log sequence to archive     318
Current log sequence             318


SYS> select sequence#,first_time,next_time,status
```

2　from v＄archived_log order by sequence#;

SEQUENCE#	FIRST_TIME	NEXT_TIME	STATUS
……			
315	2023-03-27 17:59:42	2023-03-27 18:00:12	A
316	2023-03-27 18:00:12	2023-03-27 18:09:44	A
317	2023-03-27 18:09:44	2023-03-27 18:09:48	A

SYS> select sequence#,name from v＄archived_log;

SEQUENCE#	NAME
……	
315	.\AUDIT\ARCHIVELOG\2023_03_27\O1_MF_1_315_L22T9DJS_.ARC
316	.\AUDIT\ARCHIVELOG\2023_03_27\O1_MF_1_316_L22TV8RS_.ARC
317	.\AUDIT\ARCHIVELOG\2023_03_27\O1_MF_1_317_L22TVDMQ_.ARC

    上面的两个查询可以清楚地了解当前数据系统里的脱机交易档案的主要信息，包括：交易档案文件编号（SEQUENCE#）、对应的交易档案文件的物理存储位置（路径和文件名）、记录的指定时间段的交易信息（从 FIRST_TIME 至 NEXT_TIME）。

SYS> select file_type,percent_space_used,number_of_files

  2　from v＄recovery_area_usage;

FILE_TYPE	PERCENT_SPACE_USED	NUMBER_OF_FILES
CONTROL FILE	0	0
REDO LOG	7.5	3
ARCHIVED LOG	44.26	317
BACKUP PIECE	30.06	9
IMAGE COPY	2.77	3
FLASHBACK LOG	1.7	7
FOREIGN ARCHIVED LOG	0	0

    默认情况下，脱机交易档案存储在档案存储区。上面的查询可知，当前的测试系统中，档案存储区中存在脱机档案 317 份，占用整个存储空间的 44.26%。显然随着时间的推移，对于历史交易档案需要做必要的清理。早期数据系统的系列历史档案需要手工清理。随着数据管理技术的进步，这样的档案管理已经可以按照预先规划的策略进行自动化处理，这就是前面涉及的备份的保留策略（Retention Policy）。脱机交易档案是一种广义的数据备份，它是备份了数据系统的交易处理过程。档案存储区的脱机交易档案是否需要保留、能否删除、是否需要备

份转移等由预先配置的保留策略确定，专业备份工具 RMAN 中有一系列的指令支持对其进行批量化管理。

四、RMAN 运行环境与备份实践

RMAN（Recovery Manager）是 Oracle 最初为实现数据库物理备份与介质恢复方案而提供的专门工具，且功能得到不断的扩展，目前 RMAN 已是一个基于数据库备份管理的综合工具。本节讨论 RMAN 备份工具的使用及其对历史数据的管理。

1. 数据系统与 RMAN 运行环境

在基于 Oracle 的金融信息系统中，对于历史数据及其档案资料的维护，RMAN 是实现数据系统备份、交易档案管理、历史数据还原的完美工具。RMAN 的使用环境的主要构成如下：RMAN 客户端程序（RMAN Client）；RMAN 服务器进程（RMAN Server Process）；目标数据库（Target Database）；数据备份的快照（Snapshot）；RMAN 存储库（RMAN Repository）；恢复目录（Catalog）及恢复目录数据库（Catalog Database）；通道（Channel）；档案存储区（Flash Recovery Area）。

RMAN 客户端程序（RMAN Client）就是 Oracle 提供的 RMAN 可执行程序，该程序作为 Oracle 执行物理数据备份、历史数据还原、恢复等操作的客户端接口，用户可以在本地或远程启用该接口。

目标数据库（Target Database）就是 RMAN 需要对其进行备份的数据库。

RMAN 服务器进程（RMAN Server Process）是 RMAN 连接到目标数据库时在服务器上生成的进程，它具体地执行 RMAN 的操作指令。RMAN 在目标数据库中使用两个 PL/SQL 程序包（DBMS_RCVMAN 和 DBMS_BACKUP_RESTORE）来实现 RMAN 的所有功能实现。当 RMAN 执行备份时，需要建立与目标数据库的连接，该连接会在目标数据库中创建两个会话（两会话在 v$session 视图中可见），对应两个服务器进程，一个主进程用于执行对程序包的调用，从而实现 RMAN 的备份、恢复等操作，另一个次进程用于轮询前一个进程的各种内部操作（Long-running Operations 或 Long-running Transaction）并及时将各种操作结果记录至 RMAN 存储库（Repository）。在 RMAN 执行操作期间，可以在视图 v$session_longops 中看到此进程会话及其轮询的结果、进度等。

当 RMAN 操作分配通道（channel）时，Oracle 会额外开辟对应的会话，对应在 v$session 视图中可以看到类似如下的会话信息：

```
SYS> select username,sid,serial#,program,paddr,client_info
  2   from v$session where username is not null;
```

USERNAME	SID	SERIAL#	PROGRAM	CLIENT_INFO
SYS	88	44	rman	
SYS	90	7	rman	rman channel = ORA_DISK_1
SYS	105	3	sqlplus	

```
SYS> select sid, serial#, opname, sofar, totalwork,
  2   round(100 * sofar/totalwork, 2) "%progress"
  3   from v$session_longops
  4   where opname like '%RMAN%' and totalwork <> 0;
```

SID	SERIAL#	OPNAME	SOFAR	TOTALWORK	%progress
......					
90	7	RMAN: full datafile backup	54679	76800	71.20
......					

　　从上述查询中可以了解到，通道（Channel）事实上是 RMAN 在目标数据库中建立的用于操作备份目的地（备份设备）的特定会话，利用该会话，Oracle 将 RMAN 备份结果以特定格式写入备份目的地。根据备份目的地的不同，RMAN 的通道分为磁盘通道（备份设备类型为磁盘）和磁带通道（备份设备类型为磁带），且在某一时间，RMAN 只能使用一种通道执行备份操作，即 RMAN 不能同时分配两种类型的通道。

　　数据备份的快照（Snapshot）是 RMAN 在执行联机数据库备份时必须创建的特定文件，它是联机数据库文件在备份时刻的静态版本（或称联机控制文件的一致性视图），RMAN 依据其中的内容执行后续的备份操作。数据库在运行过程中，快照文件是处于动态读写的状态，其中的某些内容处于时刻变化当中（如检查点信息、SCN 信息等），一旦启动了对数据库的备份，RMAN 需要一个稳定的、一致状态下的数据文件信息，因此 RMAN 每次在启动联机数据库备份时都会创建快照文件，以供本次的备份过程使用。

　　RMAN 在执行数据备份的过程中，除产生备份结果本身外，还会产生关于备份的元数据（Metadata），RMAN 关于数据备份与还原的元数据的集合叫作恢复存储库（Recovery Repository）。这个存储库在 RMAN 备份与恢复的环境中有两个存储地，一个是目标数据库的控制文件，另一个是恢复目录（Recovery Catalog）。事实上，恢复目录是一个特定的用户模式，RMAN 通过该模式下的一套库表和视图（表现为 RC_* 形式）专门用来存储和管理 Repository 中的信息。恢复目录应存在于目标数据库之外的数据库，存储恢复目录的数据库叫作恢复目录数据库。

档案存储区（Flash Recovery Area）是 Oracle 数据系统专门用来存储历史数据与各类档案资料的集中区域。当目标数据库设置了档案存储区后，数据库交易档案的默认的本地存储目的地就是档案存储区，RMAN 默认的备份目的地也是档案存储区。档案存储区中的各类存储文件采用 OMF（ORACLE Managed File）形式管理。启用档案存储区后，在目标数据库和 RMAN 中可以配置 FRA 文件和备份的保留策略。档案存储区可以存储如下类型的文件：

SYS> select file_type from v $recovery_area_usage;

FILE_TYPE

CONTROL FILE(数据库控制文件的联机镜像)

REDO LOG(数据库的联机交易档案文件)

ARCHIVED LOG(数据库的脱机交易档案文件)

BACKUP PIECE(RMAN 的历史数据备份文件,备份片)

IMAGE COPY(RMAN 的历史数据备份文件,二进制拷贝)

FLASHBACK LOG(用于数据库闪回操作的闪回日志)

FOREIGN ARCHIVED LOG(用于备用数据库的脱机交易档案)

下面的两个查询给出快速恢复区的主要信息。前者给出快速恢复区的整体使用信息，后者按上面的文件类型给出空间占用和可回收情况。

SYS> select ＊ from v $recovery_file_dest;

SYS> select ＊ from v $recovery_area_usage;

在使用 RMAN 对目标数据库执行备份与恢复操作之前，我们需要了解 RMAN 本身的一系列配置和选项，这些配置和选项会在多个方面影响 RMAN 默认的操作行为。下面是一个 Oracle 数据库关于 RMAN 的主要配置列表。

C:\>set oracle_sid=audit

C:\>rman target / catalog cto/ ＊＊＊＊＊＊@ catdb

Recovery Manager：Release 11.2.0.1.0 - Production on Wed Mar 29 16:18:31 2023

connected to target database：AUDIT（DBID=544324690）

connected to recovery catalog database

RMAN> show all;

starting full resync of recovery catalog

full resync complete

RMAN configuration for database with db_unique_name AUDIT are：

CONFIGURE RETENTION POLICY TO RECOVERY WINDOW OF 365 DAYS;

CONFIGURE BACKUP OPTIMIZATION OFF; # default

CONFIGURE DEFAULT DEVICE TYPE TO DISK; # default

CONFIGURE CONTROLFILE AUTOBACKUP OFF; # default

CONFIGURE DATAFILE BACKUP COPIES FOR DEVICE TYPE DISK TO 1; # default

CONFIGURE ARCHIVELOG BACKUP COPIES FOR DEVICE TYPE DISK TO 1;

CONFIGURE CHANNEL DEVICE TYPE DISK FORMAT 'd:\metadata\backup ';

CONFIGURE MAXSETSIZE TO UNLIMITED; # default

CONFIGURE ENCRYPTION FOR DATABASE OFF; # default

CONFIGURE ENCRYPTION ALGORITHM 'AES128 '; # default

CONFIGURE COMPRESSION ALGORITHM 'BASIC 'AS OF RELEASE 'DEFAULT 'OPTIMIZE FOR LOAD TRUE ; # default

CONFIGURE ARCHIVELOG DELETION POLICY TO NONE; # default

CONFIGURE SNAPSHOT CONTROLFILE NAME TO 'D:\ORACLE\DBMS\DATABASE\SNC-FAUDIT. ORA '; # default

上面显示的是当前测试数据库环境下的 RMAN 配置（行结尾处有#default 指示其为默认配置），由此我们可以了解 RMAN 需要配置的主要内容。结合上面 show all 的输出循序，依次给出的是下面列表所示的配置信息：备份的保留策略（RETENTION POLICY）；是否执行备份优化（BACKUP OPTIMIZATION）；存储备份的默认设备类型（DEFAULT DEVICE TYPE）；默认的执行备份的并行度（PARALLELISM）、备份结果的类型；备份是否压缩（COMPRESSED BACKUP-SET）及算法（COMPRESSION ALGORITHM）；数据文件备份和交易档案的存储设备类型及其拷贝数（BACKUP COPIES）；备份集的最大尺寸（MAXSETSIZE）；备份是否加密及其加密算法（ENCRYPTION ALGORITHM）；脱机交易档案的删除策略（ARCHIVELOG DELETION POLICY）；快照控制文件的存储路径及文件名（SNAPSHOT CONTROLFILE）；……

下面结合实例演示和验证 RMAN 的主要配置。

（1）配置备份的保留策略。

RMAN> configure retention policy to recovery window of 30 days;

old RMAN configuration parameters:

CONFIGURE RETENTION POLICY TO RECOVERY WINDOW OF 365 DAYS;

new RMAN configuration parameters:

CONFIGURE RETENTION POLICY TO RECOVERY WINDOW OF 30 DAYS;

new RMAN configuration parameters are successfully stored

starting full resync of recovery catalog

full resync complete

RMAN> report obsolete;

RMAN retention policy will be applied to the command

RMAN retention policy is set to recovery window of 30 days

Report of obsolete backups and copies

Type	Key	Completion Time	Filename/Handle
Archive Log	500	25-FEB-23	O1_MF_1_118_KZN7HYO5_. ARC
Archive Log	501	26-FEB-23	O1_MF_1_119_KZP4GGXG_. ARC
Backup Piece	706	24-JAN-23	O1_MF_NNNDF_ KWZS115B_. BKP
Backup Piece	707	24-JAN-23	O1_MF_NCSNF_ KWZS1KDH_. BKP
Datafile Copy	753	26-FEB-23	O1_MF_EXAMPLE_KZP6LY0J_. DBF

RMAN> delete obsolete；

RMAN retention policy will be applied to the command

RMAN retention policy is set to recovery window of 30 days

allocated channel：ORA_DISK_1

channel ORA_DISK_1：SID＝115 device type＝DISK

Deleting the following obsolete backups and copies：

Type	Key	Completion Time	Filename/Handle

……

Do you really want to delete the above objects（enter YES or NO）？yes

deleted archive log …

deleted backup piece …

deleted datafile copy …

Deleted 39 objects

（2）配置归档日志的删除策略。

RMAN> configure archivelog deletion policy to backed up 1 times to device type disk；

new RMAN configuration parameters：

CONFIGURE ARCHIVELOG DELETION POLICY TO BACKED UP 1 TIMES TO DISK；

new RMAN configuration parameters are successfully stored

starting full resync of recovery catalog

full resync complete

（3）配置数据库无须备份的表空间。

RMAN> configure exclude for tablespace example；

Tablespace EXAMPLE will be excluded from future whole database backups

new RMAN configuration parameters are successfully stored

starting full resync of recovery catalog

full resync complete

如果在备份时需要包含此处配置的排除表空间，在 backup 指令中使用 noex-clude 关键字即可，如 backup database noexclude；该指令执行对整个数据库的数据备份，包含前面配置的 example 表空间。

（4）控制备份结果的文件命名规则。

默认情况下，RMAN 使用 OMF 特性自动（或使用通配符%U）命名备份片，并存储于数据库的快速恢复区。我们也可使用 format 选项人为控制备份片的存储位置与命名规则，以覆盖 RMAN 环境中默认的，或预先配置的命名规则。

常用的两个确保备份片唯一性命名的单一通配符是%U 和%F，两者都可以用来对备份片命名，%F 是 DBID 和时间（年月日及其备份顺序）信息的组合，默认用于对控制文件自动备份的命名，%U 是八位字符的时间表示（%u）和备份片编号（%p）、备份片的拷贝数（%c）三者的组合，默认用于对其他备份片的命名。

除此之外，还可根据需要使用其他意义的通配符命名，前提是命名规则的通配符组合必须满足唯一性命名的规则。

%d 或%n	--数据库名称或八位字符的数据库名
%I	--数据库 DBID
%s	--备份集编号
%p	--备份集下的备份片编号
%c	--备份集下的备份片拷贝数
%Y	--四位年份 YYYY
%M	--两位月份 MM
%D	--两位日 DD
%T	--八位日期格式 YYYYMMDD
%u	--八位字符的时间表示
%t	--备份的时间戳
%%	--文件名中本身使用%符号

2. 对业务数据的备份（静态历史）

使用 RMAN 对数据或档案执行备份要优于手工备份（即在一定条件下使用操作系统的指令执行物理备份），这主要体现在如下几个方面：

（1）RMAN 自动生成关于备份的元数据（Metadata），便于对备份结果的管理；

（2）访问目标数据库的数据字典，RMAN 可以自动跟踪数据库的物理存储；

（3）虽然是物理备份，但 RMAN 只会备份数据库使用过的数据块，对于空数据块（未使用的数据块）则不会对其备份，即使是二进制的拷贝（Image Copy）；

（4）备份过程中 RMAN 会执行对数据块的检测，也可单独对要备份的内容执行物理的和逻辑的数据块检测；

（5）RMAN 可以执行联机数据库备份（数据库需要在档案模式下运行），当然也可以执行脱机（mount 状态）的数据库备份；

（6）RMAN 可以执行增量备份，也可以执行压缩备份，还可以执行加密备份；

（7）当备份的数据量较大、消耗的时间较长时，可以方便对 RMAN 的备份过程实施监控，如 RMAN 备份的会话（通道）及其备份进度可以通过视图 v $session_longops 查看，RMAN 备份过程的输出可以通过视图 v $rman_output 查看等。

RMAN 对历史数据和各类档案的备份结果有如下几种形式存在：备份集（Backup Set）；压缩备份集（Compressed Backup Set）；二进制拷贝/映像拷贝（Image Copy）；备份集中的备份结果/文件（Backup Piece）。

RMAN 的数据和档案的备份操作通过 backup 指令实现，该备份操作指令有一系列的选项可以控制备份目标、备份结果、备份过程等。执行 RMAN 指令时可以有两种使用模式：一种是交互模式（Interactive Mode），直接在 RMAN 环境中使用单个命令（Stand-alone）；另一种是批处理模式（Batch Mode），将一组相关的 RMAN 指令包含在 run ｛…｝ 块中执行。

```
RMAN> backup database;
RMAN> run ｛
2> allocate channel ch1 device type disk format '. \backup\audit%U ';
3> backup database plus archivelog;
4> ｝
```

RMAN 备份结果默认保存至数据库系统的档案存储区。通过两种方式预先配置指定的通道（Channel）可改变备份结果的目的地。一是如下统一配置备份通道（如下所示）；二是在批处理模式中，备份操作前临时分配通道（如上所示）。

```
RMAN> configure channel device type disk
2> format 'audit_%s%p%c_%T. rmn ';
old RMAN configuration parameters：
CONFIGURE CHANNEL DEVICE TYPE DISK FORMAT 'd：\metadata\backup ';
new RMAN configuration parameters：
CONFIGURE CHANNEL DEVICE TYPE DISK FORMAT 'audit_%s%p%c_%T. rmn ';
new RMAN configuration parameters are successfully stored
starting full resync of recovery catalog
full resync complete
……
```

RMAN> configure channel device type disk clear;

old RMAN configuration parameters:

CONFIGURE CHANNEL DEVICE TYPE DISK FORMAT 'audit_%s%p%c_%T. rmn ';

old RMAN configuration parameters are successfully deleted

starting full resync of recovery catalog

full resync complete

下面列出常用的、基本的 RMAN 备份指令的使用形式。通过下面的系列操作选项指定 RMAN 需要执行备份及其内容。

RMAN> backup database;

RMAN> backup tablespace …;

RMAN> backup datafile …;

RMAN> backup current controlfile;

RMAN> backup spfile;

RMAN> backup backupset …;

RMAN> backup recovery area;

RMAN> backup datafilecopy '…';

RMAN> backup controlfilecopy '…';

RMAN> backup copy of database;

RMAN> backup copy of tablespace …;

RMAN> backup copy of datafile …;

通过 backup 指令的 skip 选项手工筛选掉部分的备份内容。

RMAN> backup … skip readonly;

RMAN> backup … skip offline;

RMAN> backup … skip inaccessible;

通过 backup 指令的 not backed up 选项让 RMAN 在指定备份内容的基础上自动筛选出需要备份的内容。

RMAN> backup not backed up …;

RMAN> backup not backed up x times …;

RMAN> backup not backed up since time 'sysdate - n '…;

通过 backup 指令的 as …选项控制备份结果的输出形态、设备类型及其文件的命名格式。此处的指定将覆盖 RMAN 的默认配置。

RMAN> backup as backupset …;

RMAN> backup as compressed backupset …;

RMAN> backup as copy …;

RMAN> backup device type disk|sbt …;

RMAN> backup format '…'…;

通过 backup 指令的 keep 选项覆盖 RMAN 默认的备份保留策略。

RMAN> backup … keep forever;

RMAN> backup … keep until time 'sysdate + n ';

　　下面给出一次典型的数据库备份过程及其 RMAN 的反馈信息。通过阅读这个反馈信息，我们可以清楚地了解其备份过程及其具体的备份内容。

RMAN> backup database;

Starting backup at 2023-03-29 18:18:00

allocated channel: ORA_DISK_1

channel ORA_DISK_1: SID=16 device type=DISK

channel ORA_DISK_1: starting full datafile backup set

channel ORA_DISK_1: specifying datafile(s) in backup set

input datafile file number=00003 name=…\AUDIT\UNDODATA. DBF

input datafile file number=00007 name=…\AUDIT\EXAMPLE01. DBF

input datafile file number=00001 name=…\AUDIT\SYSTEM01. DBF

input datafile file number=00002 name=…\AUDIT\SYSAUX01. DBF

input datafile file number=00004 name=…\AUDIT\USERDATA. DBF

input datafile file number=00005 name=…\AUDIT\METADATA. DBF

input datafile file number=00006 name=…\AUDIT\EXAMPLE02. DBF

channel ORA_DISK_1: starting piece 1 at 2023-03-29 18:18:02

channel ORA_DISK_1: finished piece 1 at 2023-03-29 18:22:07

piece

handle=D:\METADATA\AUDIT\BACKUPSET\2023_03_29\O1_MF_NNNDF_TAG2023
0329T181801_L2842T9F_. BKP tag=TAG20230329T181801 comment=NONE

channel ORA_DISK_1: backup set complete, elapsed time: 00:04:05

channel ORA_DISK_1: starting full datafile backup set

channel ORA_DISK_1: specifying datafile(s) in backup set

including current control file in backup set

including current SPFILE in backup set

channel ORA_DISK_1: starting piece 1 at 2023-03-29 18:22:08

channel ORA_DISK_1: finished piece 1 at 2023-03-29 18:22:09

piece

handle=D:\METADATA\AUDIT\BACKUPSET\2023_03_29\O1_MF_NCSNF_TAG2023
0329T181801_L284BJJZ_. BKP tag=TAG20230329T181801 comment=NONE

channel ORA_DISK_1: backup set complete, elapsed time: 00:00:01

Finished backup at 2023-03-29 18:22:09

RMAN> list backup summary;

List of Backups

= = = = = = = = = = = = = = =

Key　　TY LV S Device Type Completion Time

……

703	B	F	A DISK	2023-03-22 09:50:18
704	B	F	A DISK	2023-03-22 09:50:25
849	B	F	A DISK	2023-03-29 18:22:04
850	B	F	A DISK	2023-03-29 18:22:08

RMAN> list backupset 849;

List of Backup Sets

= = = = = = = = = = = = = = = = =

BS Key　Type LV Size　　　Device Type Elapsed Time Completion Time

----

849　Full　5.19G　DISK　00:04:03　2023-03-29 18:22:04

BP Key: 853　Status: AVAILABLE　Compressed: NO　Tag: TAG20230329T181801

Piece Name: …\O1_MF_NNNDF_TAG20230329T181801_L2842T9F_. BKP

List of Datafiles in backup set 849

File LV Type Ckp SCN　　Ckp Time　　　　　　Name

1	Full	8466562	2023-03-29 18:18:02	…\AUDIT\SYSTEM01. DBF
2	Full	8466562	2023-03-29 18:18:02	…\AUDIT\SYSAUX01. DBF
3	Full	8466562	2023-03-29 18:18:02	…\AUDIT\UNDODATA. DBF
4	Full	8466562	2023-03-29 18:18:02	…\AUDIT\USERDATA. DBF
5	Full	8466562	2023-03-29 18:18:02	…\AUDIT\METADATA. DBF
6	Full	8466562	2023-03-29 18:18:02	…\AUDIT\EXAMPLE02. DBF
7	Full	8466562	2023-03-29 18:18:02	…\AUDIT\EXAMPLE01. DBF

RMAN> list backupset 850;

List of Backup Sets

= = = = = = = = = = = = = = = = =

BS Key　Type LV Size　　　Device Type Elapsed Time Completion Time

----

850　Full　10.05M　DISK　00:00:01　2023-03-29 18:22:08

BP Key: 854　Status: AVAILABLE　Compressed: NO　Tag: TAG20230329T181801

Piece Name: …\O1_MF_NCSNF_TAG20230329T181801_L284BJJZ_. BKP

Control File Included：Ckp SCN：8466744 Ckp time：18：22：07

SPFILE Included：Modification time：2023-03-29 18：14：35

检查上述 RMAN 备份指令及其随后的反馈输出内容，我们可以清楚地看到本次备份产生了两个备份集，具体的备份内容如下：

一是当前数据库的所有数据文件（不包括临时数据文件），由此生成第一个备份集，由备份片 O1_MF_NNNDF_TAG20230329T181801_L2842T9F_.BKP 构成；二是备份了当前数据库的控制文件（control file）和初始化参数文件（SP-FILE），生成第二个备份集，由备份片 O1_MF_NCSNF_TAG20230329T181801_L284BJJZ_.BKP 构成。从操作系统的层面看，本次备份产生了由两个文件（*.bkp）构成的备份结果。

3. 对交易档案的备份（动态历史）

交易档案反映了业务数据演化过程中的动态交易历史。RMAN 的 backup 指令不仅可以对各类业务数据执行备份，也可以对业务处理过程中生成的交易档案执行备份。关于交易档案的检查与备份，有如下三种基本的指令形式：

RMAN> list archivelog …；

RMAN> backup archivelog …；

RMAN> backup … plus archivelog；

典型地，DBA 使用 backup database plus archivelog；指令备份整个数据库及其必要的交易档案。这里为了便于数字化审计人员的理解和掌握，我们对与交易档案相关的操作及其执行过程做必要的讨论。

C：\>set oracle_sid＝audit

C：\>set nls_date_format＝YYYY-MM-DD HH24：MI：SS

C：\>rman target/catalog cto/123456@ catdb

……

connected to target database：AUDIT（DBID＝544324690）

connected to recovery catalog database

（1）多重方式查看交易档案。

查看当前数据系统里的所有交易档案：

RMAN> list archivelog all；

List of Archived Log Copies for database with db_unique_name AUDIT

===

Key   Thrd   Seq   S   Low Time

……

816   1   315   A   2023-03-27 17：59：42

Name：…\AUDIT\ARCHIVELOG\2023_03_27\O1_MF_1_315_L22T9DJS_.ARC

817　　1　　　316　　A　　2023-03-27 18：00：12

Name：…\AUDIT\ARCHIVELOG\2023_03_27\O1_MF_1_316_L22TV8RS_.ARC

818　　1　　　317　　A　　2023-03-27 18：09：44

Name：…\AUDIT\ARCHIVELOG\2023_03_27\O1_MF_1_317_L22TVDMQ_.ARC

　　根据时间范围查看当前数据系统里的交易档案。查看 2023 年度 2 月份形成的所有交易档案：

RMAN> list archivelog time

2> between "to_date('2023-02-01','YYYY-MM-DD')"

3> and "to_date('2023-02-28','YYYY-MM-DD')"；

List of Archived Log Copies for database with db_unique_name AUDIT

===

Key	Thrd	Seq	S	Low Time

488　　1　　　106　　　A 2023-01-30 21：29：58

Name：…\AUDIT\ARCHIVELOG\2023_02_01\O1_MF_1_106_KXP4206O_.ARC

……

502　　1　　　120　　　A 2023-02-26 16：01：18

Name：…\AUDIT\ARCHIVELOG\2023_02_28\O1_MF_1_120_L08TXL6N_.ARC

　　查看最近一周形成的交易档案：

RMAN> list archivelog from time="sysdate-7"；

　　查看一个月以前形成的交易档案：

RMAN> list archivelog until time="sysdate-30"；

　　类似上面指定的时间范围，也可根据档案文件编号指定范围查看交易档案：

RMAN> list archivelog from sequence 120；

RMAN> list archivelog until sequence 120；

RMAN> list archivelog from sequence 120 until sequence 150；

　　在信息系统中，交易档案（archivelog）是一类离线（脱机）的历史数据资源，在系统维护过程中有可能由于外部原因部分交易档案被删除或移除（如在操作系统环境中的人为操作），此时由于没有更新资料库目录（Recovery Catalog），使用 list archivelog 指令仍然列出的被删除或移除的交易档案。这种情形下，需要对交易档案的物理存储和资料库中的内容做交叉检验，以更新对应的交易档案的状态，被删除或移除的交易档案将被标记为 expired 状态。

　　RMAN> crosscheck archivelog all；

　　RMAN> list expired archivelog all；

RMAN> delete expired archivelog all；

......

（2）多重方式备份交易档案。

交易档案本身就是对历史交易过程的一种备份。由于交易档案的重要性，为了确保交易档案的安全，在 RMAN 中也可对交易档案执行必要的备份操作（在必要的时候可以对其还原）。

对于上面的查看交易档案的多种方式，我们也可以同样的方式对其执行备份操作，只需将上述指令中的 list 更换为 backup 即可。这里 backup 有一个特殊选项 delete input 或 delete all input，其额外的操作内涵是：对于备份范围内的交易档案，在执行备份后将原始的交易档案删除。

RMAN> backup archivelog from time＝"sysdate-7"；

RMAN> backup archivelog until time "sysdate-30"；

RMAN> backup archivelog time

2> between "to_date（'2023-02-01'，'YYYY-MM-DD'）"

3> and "to_date（'2023-02-28'，'YYYY-MM-DD'）"；

RMAN> backup archivelog from sequence 120；

RMAN> backup archivelog until sequence 120 delete all input；

RMAN> backup archivelog from sequence 120 until sequence 150；

......

对于已经备份的交易档案，也可以同样的方式（通过时间 time、交易档案文件编号 sequence 或内部系统改变号 SCN）查看备份结果。

RMAN> list backup of archivelog all；

RMAN> list backup of archivelog from time＝"sysdate-7"；

RMAN> list backup of archivelog time

2> between "to_date（'2023-03-01'，'YYYY-MM-DD'）"

3> and "to_date（'2023-03-31'，'YYYY-MM-DD'）"；

4. 使用增量方式执行数据备份

能够执行增量备份是 RMAN 区别于其他备份工具的一个显著优点。RMAN 的增量备份仅备份那些经历改变的数据块。使用增量备份带来的好处有：显著缩小备份集的大小、节约备份时间等。

这里有一个重要的数据备份概念：备份级别（level），最常用的两个备份级别是级别 0 和级别 1。级别 0 的备份是指完全备份，级别 1 的备份是指差异备份（即备份自级别 0 备份后已变化的部分）。增量备份通常是指级别 1 的备份。显然增量备份不能单独用于数据还原，它需要有对应的级别 0 的备份作为数据还原的基础。

（1）级别 1 的增量备份。

RMAN> backup database；

RMAN> backup incremental level 0 database；

Starting backup at 2023−04−01 16：21：52

using channel ORA_DISK_1

channel ORA_DISK_1：

starting incremental level 0 datafile backup set

channel ORA_DISK_1：specifying datafile(s) in backup set

input datafile file number=00001 name=⋯\AUDIT\SYSTEM01. DBF

input datafile file number=00002 name=⋯\AUDIT\SYSAUX01. DBF

input datafile file number=00003 name=⋯\AUDIT\UNDODATA. DBF

⋯⋯

channel ORA_DISK_1：starting piece 1 at 2023−04−01 16：21：52

channel ORA_DISK_1：finished piece 1 at 2023−04−01 16：25：48

piece handle=⋯\O1_MF_NNND0_TAG20230401T162152_L2HTF12W_. BKP tag=TAG2023
0401T162152 comment=NONE

channel ORA_DISK_1：backup set complete, elapsed time：00：03：56

channel ORA_DISK_1：

starting incremental level 0 datafile backup set

channel ORA_DISK_1：specifying datafile(s) in backup set

⋯⋯

上述两项备份操作的备份内容相同，即级别 0 的数据库备份相当于对数据库的完全备份，但差别在于后者可以作为级别 1 的增量备份基础。

RMAN> backup incremental level 1 database；

Starting backup at 2023−04−01 16：32：51 using channel ORA_DISK_1

channel ORA_DISK_1：

starting incremental level 1 datafile backup set

⋯⋯

handle = ⋯ \ O1 _ MF _ NCSN1 _ TAG20230401T163252 _ L2HV3Q0Q _. BKP tag = TAG2023
0401T163252 comment=NONE

channel ORA_DISK_1：backup set complete, elapsed time：00：00：03

Finished backup at 2023−04−01 16：34：00

注意在上述的测试备份中，第一次的级别 0 备份中，消耗时间 3 分 56 秒（elapsed time：00：03：56），而在第二次的级别 1 备份中，仅耗时 3 秒（elapsed time：00：00：03）。由此可见增量备份可以显著节约备份时间，同时也会大幅减少对存储空间的需求。如果在缺乏级别 0 备份的情况下，第一次执行级别 1 的备份，RMAN 会给出类似如下的提示：

```
RMAN> backup incremental level 1 database;
Starting backup at 2023-04-01 16:00:45
using channel ORA_DISK_1
no parent backup or copy of datafile 1 found
no parent backup or copy of datafile 2 found
no parent backup or copy of datafile 3 found
channel ORA_DISK_1:
starting incremental level 0 datafile backup set
......
```

上面给出的是在完全数据库备份的基础上，第一次使用级别 1 的增量备份。之后，如果再次执行级别 1 的增量备份，也只是备份自上次级别 1 的增量备份后的变化部分。因此默认的级别 1 的增量备份被称为差异备份。事实上，还有一种级别 1 的增量备份叫作累积备份，它是越过所有的差异备份、备份自上次级别 0备份以来的所有变化部分。

```
RMAN> backup incremental level 1 cumulative database;
```

（2）加快增量备份的方法。

RMAN 增量备份的本质是只备份自上次备份以来发生改变的数据块，因此在默认情况下执行增量备份时 Oracle 需要搜寻所有的数据文件以找出内容已经变更的数据块，这样的操作会增加执行备份的时间。

为提高执行增量备份的效率，Oracle 提供了块改变跟踪（Block Change Tracking）功能，用于将发生改变的数据块信息记录到特定的文件中，利用该文件，Oracle 可以进一步提高执行增量备份的效率。

启用数据库的块改变跟踪功能：

```
SYS> alter database enable block change tracking
  2    using file '/db_fra/ORADB_bct.ora';
Database altered.
```

已经启用了块改变跟踪功能的数据库，若要了解块改变跟踪文件的信息，可以通过查询视图 v$block_change_tracking 获得。禁用块改变跟踪以及重新启用：

```
SYS> alter database disable block change tracking;
Database altered.
SYS> alter database enable block change tracking
  2    using file 'd:\db_fra\ORADB_bct.ora' reuse;
Database altered.
```

块改变跟踪文件的初始大小与数据库大小有关，在使用过程中该文件的具体容量取决于两次级别0备份之间的增量备份的数量。增量备份越多，块改变跟踪文件中需要记录的改变块信息及其元数据量就会越大。块改变跟踪文件最多可以记录连续八次备份（一次零级备份和七次增量备份）的块跟踪信息，因此在实际的备份方案中，两次零级备份之间增量备份的次数一般不要超过七次。典型地，在金融信息系统的数据备份方案中，每周执行一次级别0的增量备份（完全备份），同时每个工作日执行一次级别1的增量备份（差异备份）。另外，为了提高备份本身的安全性，在每周一次的完全备份中，也可额外执行一次级别1的累积增量备份，作为对一周内多次差异增量备份的替代备份方案。

五、联机手动执行数据备份的流程

联机执行数据备份又被称为热备份。本节讨论在不使用专门备份工具的情形下，手动执行联机备份的主要环节。理解和实践这些环节，会有助于数字化审计人员在面对用户信息系统时，如何有效地备份和转储用户的业务数据。

执行联机数据备份（热备份）的特殊性在于：为了保持备份数据的一致性，数据库系统的数据文件在备份操作期间需要被"锁定"，并被禁止写入数据。在这期间，为了不妨碍用户的业务处理，数据库系统必须运行在档案模式下，这样在执行备份期间的所有数据处理会被记入交易档案，等备份操作完成后，系统会根据交易档案的内容重新更新数据文件，从而实现用户业务的不间断。

本节以联机备份一个用户存储业务数据的表空间example为例，讨论其必要环节，其主要步骤如下：

（1）确认系统运行环境及其表空间物理存储。

在执行具体的联机备份操作之前，必须要确认数据库系统处于档案模式下运行，否则联机备份的结果是无效的，即不能用于数据还原与恢复。

```
SYS> archive log list;
```

Database log mode	Archive Mode
Automatic archival	Enabled
Archive destination	USE_DB_RECOVERY_FILE_DEST
Oldest online log sequence	317
Next log sequence to archive	319
Current log sequence	319

确认这里的Database log mode必须是档案模式（Archive Mode），如果处于非档案模式（Noarchive Mode），则需要首先将系统调整到档案模式运行，再执行需要的联机备份。

```
SYS> select file_id,file_name,tablespace_name
```

2   from dba_data_files order by tablespace_name;

FILE_ID	FILE_NAME	TABLESPACE_NAME
6	D:\DATABASE\AUDIT\EXAMPLE02. DBF	EXAMPLE
7	D:\DATABASE\AUDIT\EXAMPLE01. DBF	EXAMPLE
5	D:\DATABASE\AUDIT\METADATA. DBF	METADATA
2	D:\DATABASE\AUDIT\SYSAUX01. DBF	SYSAUX
1	D:\DATABASE\AUDIT\SYSTEM01. DBF	SYSTEM
3	D:\DATABASE\AUDIT\UNDODATA. DBF	UNDOTBS
4	D:\DATABASE\AUDIT\USERDATA. DBF	USERDATA

由上面的查询可知，我们需要备份的 example 表空间其物理存储由两个数据文件构成（example01. dbf、example02. dbf），其文件编号（file_id）分别为 6 和 7，本次联机备份的本质就是要复制这两个数据文件。

（2）将待备份表空间置于备份模式。

使用 SQL 指令将 example 表空间转换至备份模式，并通过查询数据字典视图 v $backup 验证其操作结果。

SYS> alter tablespace example begin backup;

Tablespace altered.

SYS> select ＊ from v $backup;

FILE#	STATUS	CHANGE#	TIME
1	NOT ACTIVE	0	
2	NOT ACTIVE	0	
3	NOT ACTIVE	0	
4	NOT ACTIVE	0	
5	NOT ACTIVE	0	
6	ACTIVE	8529408	2023-04-02 09:35:22
7	ACTIVE	8529408	2023-04-02 09:35:22

注意：这里的最后两行，它指示当前数据文件（文件编号为 6 和 7）处于备份模式，其文件内容被冻结在 2023-04-02 09：35：22 时刻（对应的 SCN 为 8529408），在备份模式结束之前，其内容保持在该时刻不变。

（3）使用操作系统的指令拷贝表空间对应的数据文件。

这里我们使用 windows 测试环境下的文件复制指令 copy 备份数据文件：

SYS> host copy d:\database\audit\example01. dbf d:\metadata\backup\example01. bck

已复制   1 个文件。

SYS> host copy d:\database\audit\example02. dbf d:\metadata\backup\example02. bck

已复制   1 个文件。

执行上述操作后，注意在操作系统环境下检查 d：\ metadata \ backup 目录下的两个备份文件，它们就是表空间 example 在 2023 - 04 - 02 09：35：22 时刻的备份结果。

（4）结束表空间的备份模式。

上面的复制操作完成后，即可结束表空间 example 的备份模式。这一步是必要的，及时解锁备份模式，使表空间处于正常的读写状态。

```
SYS> alter tablespace example end backup;
Tablespace altered.
SYS> select * from v$backup;
```

FILE#	STATUS	CHANGE#	TIME
1	NOT ACTIVE	0	
2	NOT ACTIVE	0	
3	NOT ACTIVE	0	
4	NOT ACTIVE	0	
5	NOT ACTIVE	0	
6	NOT ACTIVE	8529408	2023 - 04 - 02 09：35：22
7	NOT ACTIVE	8529408	2023 - 04 - 02 09：35：22

（5）对备份期间的交易档案执行归档。

上面的手工备份期间，表空间 example 的数据文件 6 和文件 7 中的内容与其他数据文件是不同步的，备份结束后，需要对期间产生的交易档案归档，并触发内部的检查点操作，同步其内容。

```
SYS> select file#,checkpoint_change#,checkpoint_time
  2   from v$datafile;
```

FILE#	CHECKPOINT_CHANGE#	CHECKPOINT_TIME
1	8531025	2023 - 04 - 02 10：03：51
2	8531025	2023 - 04 - 02 10：03：51
3	8531025	2023 - 04 - 02 10：03：51
4	8531025	2023 - 04 - 02 10：03：51
5	8531025	2023 - 04 - 01 10：03：51
6	8529408	2023 - 04 - 02 09：35：22
7	8529408	2023 - 04 - 02 09：35：22

```
SYS> alter system archive log current;
System altered.
```

SYS> alter system checkpoint；

System altered.

SYS> select file#，checkpoint_change#，checkpoint_time

   2 from v $datafile；

FILE#	CHECKPOINT_CHANGE#	CHECKPOINT_TIME
1	8531079	2023－04－02 10：05：12
2	8531079	2023－04－02 10：05：12
3	8531079	2023－04－02 10：05：12
4	8531079	2023－04－02 10：05：12
5	8531079	2023－04－02 10：05：12
6	8531079	2023－04－02 10：05：12
7	8531079	2023－04－02 10：05：12

（6）将手工备份结果注册至数据恢复目录库。

上面的手工备份结果对应的元数据并没有写入 RMAN 的恢复目录库。若要在还原数据时能够被 RMAN 自动利用，需要将手工备份结果人工注册至 RMAN 的恢复目录库（Recovery Repository）。下面的 catalog 指令就是执行人工注册操作。

RMAN> list copy of datafile 6，7 completed after "sysdate－1/24"；

specification does not match any backup in the repository

RMAN> catalog datafilecopy "d：\metadata\backup\example01. bck"；

cataloged datafile copy

datafile copy file name＝D：\METADATA\BACKUP\EXAMPLE01. BCK

RECID＝4 STAMP＝1133086607

RMAN> catalog datafilecopy "d：\metadata\backup\example02. bck"；

cataloged datafile copy

datafile copy file name＝D：\METADATA\BACKUP\EXAMPLE02. BCK

RECID＝5 STAMP＝1133086616

RMAN> list copy of datafile 6，7 completed after "sysdate－1/24"；

List of Datafile Copies

======================

Key	File S Completion Time	Ckp SCN	Ckp Time
1294	6 A 2023－04－02 10：16：56	8529408	2023－04－02 09：35：22

Name：D：\METADATA\BACKUP\EXAMPLE02. BCK

1255　　7　　A 2023-04-02 10：16：47 8529408　　2023-04-02 09：35：22

Name：D：\METADATA\BACKUP\EXAMPLE01. BCK

六、备份结果及其档案管理

在目标数据库中，我们可以查看 v $backup_…这样一类数据字典视图获得关于备份结果的信息，如视图 v $backup_set、v $backup_piece 等。在没有配置恢复目录数据库的情形下，这些信息来源于目标数据库的控制文件，受到参数 control_file_record_keep_time 的限制。当使用 RMAN 连接至目标数据库，同时连接至恢复目录数据库后，这些限制被取消。

与备份相关的元数据存储至备份资料库（Recovery Catalog），我们可以使用一系列专门的指令来查看和管理 RMAN 的备份结果，比较常用的指令如下：

◇ 指令 LIST

◇ 指令 REPORT

◇ 指令 DELETE

◇ 指令 CROSSCHECK

◇ 指令 CATALOG

◇ 指令 CHANGE

1. 查看数据及交易档案的备份结果

通过检索目标数据库控制文件或恢复目录中的相关内容，list 指令给出我们需要的关于备份结果的信息。主要语法如下：

list［expired|recoverable］查看对象

［of 备份内容］［by file|summary］；

这里的"查看对象"有：backup, backupset, backuppiece, copy, archivelog, controlfilecopy, datafilecopy。

这里的"备份内容"有：database, tablespace, datafile, archivelog, controlfile, spfile。

RMAN> list backup summary；

List of Backups

===============

Key	TY	LV	S	Device Type	Completion Time	#Pieces	#Copies	Compressed
702	B	F	A	DISK	2023-02-26 16：51：27 1		1	NO
703	B	F	A	DISK	2023-03-22 09：50：18 1		1	NO
704	B	F	A	DISK	2023-03-22 09：50：25 1		1	NO

849	B	F	A DISK	2023-03-29 18:22:04 1	1	NO
850	B	F	A DISK	2023-03-29 18:22:08 1	1	NO
1001	B	0	A DISK	2023-04-01 16:25:45 1	1	NO
1002	B	0	A DISK	2023-04-01 16:25:49 1	1	NO
1036	B	1	A DISK	2023-04-01 16:33:56 1	1	NO
1037	B	1	A DISK	2023-04-01 16:33:59 1	1	NO
1074	B	1	A DISK	2023-04-01 16:45:01 1	1	NO
1075	B	1	A DISK	2023-04-01 16:45:08 1	1	NO

上述示例中，Key 列是备份的唯一标识。LV 列表示备份的级别 Level，取值有 F 和 A，以及 0 和 1 值。F 即完全备份（Full），A 表示归档日志的备份，数字 0 表示增量备份中的 Level＝0 的备份，数字 1 表示 Level＝1 的增量备份。S 列表示备份结果的状态（Status），取值有 A 和 X，A 表示备份可用（Available），X 表示备份不可用（eXpired）。备份结果的状态为 Expired 意味着备份片被人工删除。Completion Time 备份完成时间列的显示格式取决于 NLS_DATE_FORMAT 环境变量。TY 列表示备份的类型，取值有 B 和 P，B 表示备份集，P 表示代理备份（Proxy）。

在此列举 List 指令的一些其他常见用法：

RMAN> list archivelog all;

RMAN> list copy of archivelog all;

RMAN> list backup of archivelog all;

RMAN> list backup of archivelog until time "sysdate-7";

RMAN> list backup of archivelog from time "sysdate-30";

RMAN> list backup of archivelog until sequence 150;

RMAN> list backup of archivelog sequence between 150 and 123;

RMAN> list backup of tablespace userdata by file;

RMAN> list backup of tablespace userdata summary;

RMAN> list backup of database;

RMAN> list copy of database;

RMAN> list backup completed after "sysdate-100";

RMAN> list backup completed between "sysdate-30" and "sysdate-7";

2. 关于备份结果的统计报告

Report 指令用于生成关于备份结果的报告。Report 指令可以对备份结果或数据库做适当的分析后给出我们需要的信息。

四种基本的 Report 用法：report schema；report need backup；report obsolete；report unrecoverable。

RMAN> report schema;

Report of database schema for database with db_unique_name AUDIT

List of Permanent Datafiles

====================================

File	Size(MB)	Tablespace	RB segs	Datafile Name
1	185	SYSTEM	YES	···\AUDIT\SYSTEM01. DBF
2	143	SYSAUX	NO	···\AUDIT\SYSAUX01. DBF
3	4791	UNDOTBS	YES	···\AUDIT\UNDODATA. DBF
4	10	USERDATA	NO	···\AUDIT\USERDATA. DBF
5	10	METADATA	NO	···\AUDIT\METADATA. DBF
6	10	EXAMPLE	NO	···\AUDIT\EXAMPLE02. DBF
7	278	EXAMPLE	NO	···\AUDIT\EXAMPLE01. DBF

List of Temporary Files

=============================

File	Size(MB)	Tablespace	Maxsize(MB)	Tempfile Name
1	10	TEMPTBS	10	···\AUDIT\TEMPDATA. DBF

RMAN> report need backup;

RMAN retention policy will be applied to the command

RMAN retention policy is set to recovery window of 30 days

Report of files that must be backed up to satisfy 30 days recovery window

File   Days   Name
----   -----   ---

······

RMAN> report obsolete;

RMAN retention policy will be applied to the command

RMAN retention policy is set to recovery window of 30 days

Report of obsolete backups and copies

Type	Key	Completion Time	Filename/Handle
Backup Set	702	2023-02-26 16:51:26	
Backup Piece	712	2023-02-26 16:51:26	

······\2023_02_26\O1_MF_NNNDF_TAG20230226T165126_KZP7DGMJ_. BKP

RMAN> report unrecoverable;

Report of files that need backup due to unrecoverable operations

File Type of Backup Required Name

____ _____ _____

......

3. 备份与交易档案的其他操作

元数据与物理文件之间的交叉检验。

对备份结果、交易档案的交叉检验是指根据目标数据库控制文件或恢复目录中的备份记录检查对应的备份结果是否真实存在，若存在，备份结果的状态标记为 Available（可用），若不存在，将备份结果的状态标识为 Expired（过期或不可用）。

```
RMAN> crosscheck backup;
using channel ORA_DISK_1
crosschecked backup piece: found to be 'AVAILABLE '
backup piece
handle=…\O1_MF_NNNDF_TAG20230226T164537_KZP71LFC_. BKP
crosschecked backup piece: found to be 'EXPIRED '
backup piece
handle=…\O1_MF_NCSNF_TAG20230226T164537_KZP72DP4_. BKP
```

......

其他形式的 crosscheck 指令示例：

```
RMAN> crosscheck backup of tablespace userdata;
RMAN> crosscheck backup of datafile 3;
RMAN> crosscheck backup completed after 'sysdate-1 ';
RMAN> crosscheck backup completed
2> between "sysdate-30" and "sysdate-7" ;
```

RMAN 根据备份保留策略，将不再需要的备份标记为 Obsolete（过时的）；通过交叉检验，将物理不存在的备份记录标记为 Expired（过期的）。我们可以通过 delete 指令删除备份结果及其备份记录。Delete 指令的基本形式：

```
RMAN> delete backup …;
RMAN> delete copy …;
RMAN> delete obsolete …;
RMAN> delete expired …;
```

另外，可以根据需要人工将备份或交易档案的状态标记为 Unavailable，这样的状态表示 RMAN 在执行数据还原时将不会利用该类备份、交易档案对数据进行还原。

```
RMAN> change … available;
RMAN> change … unavailable;
```

RMAN> change … uncatalog;

RMAN> change … keep forever;

RMAN> change … keep until time " … ";

七、基于备份的数据还原框架

在数字化审计的过程中，利用现代数据系统的备份与恢复技术，在追踪业务数据历史时可以采用一种全新的动态数据推演方式，即根据审计需要将被审计系统的数据还原至指定的历史时刻，且这个历史时刻可以动态演化，从而可以全面地、立体化地观察历史业务数据及其业务处理。

定性的说，各种数据备份（包括逻辑备份和物理备份）的结果是过去某个历史时刻的数据快照（Snapshot），是数据演化过程中的某些时间点的"截图"。利用这些快照，可以方便地将信息系统中数据还原至备份时的历史时刻。显然，这些在时间点上不连续的数据很难满足数字化审计对历史数据追踪的业务需求。幸运的是，这些不同时间点的历史快照可以通过交易档案衔接起来，因为快照之间的交易档案记录了不同快照之间的业务处理过程，通过在还原快照数据的基础上，重演其交易过程，就可以将信息系统中的数据由一个快照时刻动态演化至下一个快照时刻，且这个演化过程可以根据审计需要在两个快照之间的任一时间点上停留。这种动态推演的数据机制极大地方便了数字化审计对追踪历史业务数据的需求。

显然，实现历史业务数据的动态推演与备份（快照数据）密切相关。事实上任何数据的动态推演都是要用某个历史时刻的快照数据作为推演的基础。图 10-2 给出了基于 Oracle 数据库系统的数据备份框架，图 10-3 给出了基于

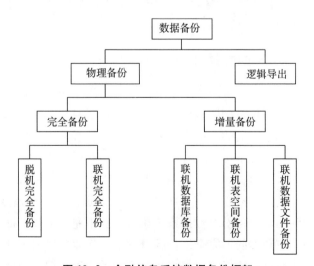

图 10-2　金融信息系统数据备份框架

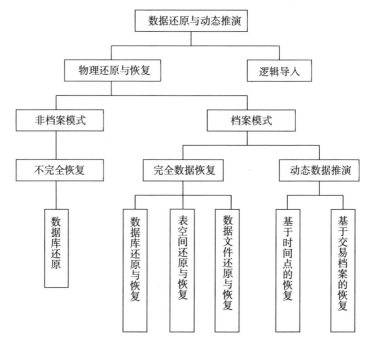

图 10-3　基于备份的数据还原与动态推演框架

Oracle 数据库系统的数据还原与动态数据推演（恢复）的路径。需要说明的是，只有基于物理备份的数据还原才能利用连续存在的交易档案信息实现动态数据推演，而利用逻辑备份结果只能将业务数据静态还原至备份时刻的状况，无法利用交易档案。本节仅讨论 RMAN 环境下利用其备份实现数据还原及其动态数据推演方法，并给出必要的实证演示。

八、基于 RMAN 的数据还原与动态推演

在数字化审计过程中，如果需要追踪过去某个历史时刻的业务数据，从原理上可以利用过去某个历史时刻的数据备份，将数据还原至备份时刻。然而历史备份时刻总是发生在几个固定的时间点，要想满足审计过程中对任一历史时刻的数据访问需求，仅依靠历史备份是远远不够的。要想获得在两次历史备份之间某个时间点的业务数据，这里就需要利用期间的交易档案实现数据推演，即在某个历史备份的基础上，利用交易档案将系统的数据状态逐步推演到需要的历史时刻。这个过程相当于利用历史备份对数据系统执行一次不完全恢复，即将数据恢复到期望的历史时刻。在数据的不完全恢复的过程中，将数据推演到什么样的历史时刻，可以根据需要通过参数指定。与之相对应的另一种数据推演就是完全数据恢

复，即将数据系统由过去的某个历史时刻（通过历史备份或某次不完全恢复实现）逐步推演到最新的当前时刻。

上述的数据推演过程，不论是手工操作还是基于 RMAN 的操作，明确划分为两个不同阶段：一是利用备份还原数据库阶段，即 restore 阶段；二是利用增量备份或交易档案将数据库由还原点向期望的时间点推演，即 recover 阶段。注意这两个阶段，restore 是静态的数据还原操作，recover 则是动态推演的过程。

本部分以演示数据库 audit 为例，展示数据还原与动态数据推演的主要环节。

1. 查询需要的历史备份

金融信息系统在投入运行后，一定会按照某种备份方案周期性或不定期执行数据库备份操作，因此，在数字化审计的数据追踪过程中，通常我们会有一系列历史的数据备份可资利用。下面的指令列出当前系统中可以利用的历史备份，如果要进一步查看某个备份集中的备份内容，可以进一步通过指定备份集编号（Backup Set Key）查看其详细的备份项目列表。

```
RMAN> list backup of database summary;

List of Backups

===============

Key   TY LV S Device Type Completion Time   #Pieces #Copies Compressed Tag
------------------------------------------------------------------------------
700     B  F  A DISK      2023-02-26 16:45:58 1       1       NO
TAG20230226T164537
703     B  F  A DISK      2023-03-22 09:50:18 1       1       NO
TAG20230322T094617
849     B  F  A DISK      2023-03-29 18:22:04 1       1       NO
TAG20230329T181801
1001    B  0  A DISK      2023-04-01 16:25:45 1       1       NO
TAG20230401T162152
1036    B  1  A DISK      2023-04-01 16:33:56 1       1       NO
TAG20230401T163252
1074    B  1  A DISK      2023-04-01 16:45:01 1       1       NO
TAG20230401T164351
```

这里呈现了当前数据库的历史备份信息（包括备份集编号、备份类型、备份级别、备份时间、备份集的标记 tag 等）。当需要历史数据还原时，我们可以参考该类信息，选择最接近历史时间点的备份做还原操作。

下面的指令用于查看指定备份集的详细信息，其中备份集 1001 是一次完全备份（level 0），备份内容对应于历史时刻 2023-04-01 16：21：52 的数据快照，备份集 10036 是一次增量备份（level 1），备份内容对应于历史时刻 2023-04-01 16：32：58 的数据快照。

```
RMAN> list backupset 1001；

List of Backup Sets

==================

BS Key   Type LV Size    Device Type Elapsed Time Completion Time
----------------------------------------------------------------

1001   Incr 0   5.19G   DISK   00：03：53   2023-04-01 16：25：45
BP Key：1003    Status：AVAILABLE    Compressed：NO
Tag：TAG20230401T162152
Piece Name：…\O1_MF_NNND0_TAG20230401T162152_L2HTF12W_.BKP
   List of Datafiles in backup set 1001
   File LV Type Ckp SCN    Ckp Time          Name
   -------------------------------------------------------------

   1    0   Incr 8510169    2023-04-01 16：21：52 …\SYSTEM01.DBF
   2    0   Incr 8510169    2023-04-01 16：21：52 …\SYSAUX01.DBF
   3    0   Incr 8510169    2023-04-01 16：21：52 …\UNDODATA.DBF
   4    0   Incr 8510169    2023-04-01 16：21：52 …\USERDATA.DBF
   5    0   Incr 8510169    2023-04-01 16：21：52 …\METADATA.DBF
   6    0   Incr 8510169    2023-04-01 16：21：52 …\EXAMPLE02.DBF
   7    0   Incr 8510169    2023-04-01 16：21：52 …\EXAMPLE01.DBF


RMAN> list backupset 1036；

List of Backup Sets

==================

BS Key   Type LV Size       Device Type Elapsed Time Completion Time
----------------------------------------------------------------

1036   Incr 1   624.00K   DISK   00：01：04   2023-04-01 16：33：56
BP Key：1040    Status：AVAILABLE    Compressed：NO
Tag：TAG20230401T163252
Piece Name：…\O1_MF_NNND1_TAG20230401T163252_L2HV1NSR_.BKP
   List of Datafiles in backup set 1036
   File LV Type Ckp SCN    Ckp Time          Name
   -------------------------------------------------------------

   1    1   Incr 8510637    2023-04-01 16：32：58 …\SYSTEM01.DBF
   2    1   Incr 8510637    2023-04-01 16：32：58 …\SYSAUX01.DBF
   3    1   Incr 8510637    2023-04-01 16：32：58 …\UNDODATA.DBF
```

4	1	Incr	8510637	2023-04-01 16:32:58	···\USERDATA. DBF
5	1	Incr	8510637	2023-04-01 16:32:58	···\METADATA. DBF
6	1	Incr	8510637	2023-04-01 16:32:58	···\EXAMPLE02. DBF
7	1	Incr	8510637	2023-04-01 16:32:58	···\EXAMPLE01. DBF

2. 数据还原 Restore 阶段

根据前文给出的备份信息，在数字化审计过程中，我们可以方便地从指定备份集中还原数据，将系统的业务数据还原到指定时刻。注意：这里的还原操作需要关闭数据库，将数据库启动至 mount 状态。

SYS> shutdown immediate

Database closed.

Database dismounted.

ORACLE instance shut down.

SYS> startup mount

ORACLE instance started.

Total System Global Area	267227136 bytes
Fixed Size	2174888 bytes
Variable Size	226492504 bytes
Database Buffers	33554432 bytes
Redo Buffers	5005312 bytes

Database mounted.

下面的指令执行从指定备份集中还原数据，从前面对已有备份集的查询可知，通过 tag 指定的备份集编号是 1001，对应的备份片文件是 O1_MF_NNND0_TAG20230401T162152_L2HTF12W_. BKP，该备份集对应的历史数据时刻是 2023-04-01 16：21：52，即这里的 restore 指令首先将系统中的数据还原至该时刻，它将作为下一步动态数据推演的基础。

RMAN> restore database from tag = 'TAG20230401T162152 ';

Starting restore at 2023-04-02 16:32:33

using channel ORA_DISK_1

channel ORA_DISK_1: starting datafile backup set restore

channel ORA_DISK_1: specifying datafile(s)

to restore from backup set

channel ORA_DISK_1: restoring datafile 00001 to ···\SYSTEM01. DBF

channel ORA_DISK_1: restoring datafile 00002 to ···\SYSAUX01. DBF

channel ORA_DISK_1: restoring datafile 00003 to ···\UNDODATA. DBF

channel ORA_DISK_1: restoring datafile 00004 to ···\USERDATA. DBF

channel ORA_DISK_1: restoring datafile 00005 to ···\METADATA. DBF channel ORA_DISK_1: restoring datafile 00006 to …\EXAMPLE02. DBF

channel ORA_DISK_1: restoring datafile 00007 to …\EXAMPLE01. DBF

channel ORA_DISK_1: reading from backup piece

…\O1_MF_NNND0_TAG20230401T162152_L2HTF12W_. BKP

channel ORA_DISK_1: piece

handle = … \ O1 _ MF _ NNND0 _ TAG20230401T162152 _ L2HTF12W _ . BKP tag =TAG20230401T162152

channel ORA_DISK_1: restored backup piece 1

channel ORA_DISK_1: restore complete, elapsed time: 00:03:06

Finished restore at 2023-04-02 16:35:41

3. 数据推演 Recover 阶段

有了上一步数据还原的基础，我们就可以根据需要执行动态数据推演，将数据状态逐步推演至我们期望的历史时刻。注意：在这个数据推演的过程中，可以利用的资源有两类：增量备份的备份集（包括不同级别的差异增量备份、累积增量备份）和交易档案。一般来说，系统会优先利用增量备份，因为它记录的是物理级（数据块）的数据改变，用于动态数据推演的速度更快、效率更高。在没有增量备份的情形下，系统需要使用交易档案执行数据推演。交易档案里记录的是曾经发生的业务处理，应用交易档案执行动态数据推演相当于依次重新执行曾经发生的业务处理（即重演交易过程），以达到数据推演的目的。

下面的演示过程先后执行了三次动态数据推演，依次将系统数据推演到不同的历史时刻。这里的第一次数据推演将系统数据由时刻 2023-04-01 16：21：52（此时刻由上一步的数据还原操作决定）动态演化至 2023-04-01 16：30：00 时刻。从推演过程的反馈信息我们知道，系统利用了交易档案文件 O1_MF_1_319_L2KR6TKZ_. ARC，这是编号为 319 的归档文件。

RMAN> recover database until time

2> " to_date('2023-04-01 16:30:00 ', 'YYYY-MM-DD HH24:MI:SS ')";

Starting recover at 2023-04-02 16:41:11

using channel ORA_DISK_1

starting media recovery

archived log for thread 1 with sequence 319 is already on disk as file … \ O1_MF_1_319_ L2KR6TKZ_. ARC

archived log file name=…\O1_MF_1_319_L2KR6TKZ_. ARC

thread=1 sequence=319

media recovery complete, elapsed time: 00:00:01

Finished recover at 2023-04-02 16:41:15

下面的操作是第二次的数据推演，其过程将系统数据由时刻 2023-04-01

16：30：00（此时刻由上一步的数据推演结果决定）动态演化至 2023-04-01 17：00：00 时刻。从推演过程的反馈信息我们知道，系统利用了标记（tag）为 TAG20230401T164351 的增量备份（incremental datafile backup set）。通过前面的备份结果查询可知，它是备份集 1074，对应的备份片文件是 O1_MF_NNND1_TAG20230401T164351_L2HVP848_.BKP，利用该增量备份，只能将数据动态推演到 2023-04-01 16：45：01 时刻。接下来从该时刻至 2023-04-01 17：00：00 期间的数据推演则需要利用交易档案，这里应用的交易档案是 O1_MF_1_319_L2KR6TKZ_.ARC，其档案文件编号为 319（Log Sequence）。

RMAN> recover database until time

2> "to_date('2023-04-01 17：00：00 ','YYYY-MM-DD HH24：MI：SS ')";

Starting recover at 2023-04-02 16：50：26

using channel ORA_DISK_1

channel ORA_DISK_1：starting incremental datafile backup set restore

channel ORA_DISK_1：reading from backup piece

…\O1_MF_NNND1_TAG20230401T164351_L2HVP848_.BKP

channel ORA_DISK_1：piece

handle=…\O1_MF_NNND1_TAG20230401T164351_L2HVP848_.BKP tag=TAG20230401T164351

channel ORA_DISK_1：restored backup piece 1

channel ORA_DISK_1：restore complete, elapsed time：00：00：03

starting media recovery

archived log for thread 1 with sequence 319 is already on disk as file …\O1_MF_1_319_L2KR6TKZ_.ARC

archived log file name=…\O1_MF_1_319_L2KR6TKZ_.ARC thread=1 sequence=319

media recovery complete, elapsed time：00：00：01

Finished recover at 2023-04-02 16：50：32

接下来实现的是第三次动态数据推演，其目标是将系统数据动态推演至 2023-04-02 12：00：00 时刻，这个过程实现的是由历史时刻 2023-04-01 17：00：00 推演至 2023-04-02 12：00：00，其间先后应用了三个交易档案文件，其档案文件编号依次是 319、320、321，对应的交易档案文件是：

O1_MF_1_319_L2KR6TKZ_.ARC

O1_MF_1_320_L2KVLGTR_.ARC

O1_MF_1_321_L2KVLLTN_.ARC

RMAN> recover database until time

2> "to_date('2023-04-02 12：00：00 ','YYYY-MM-DD HH24：MI：SS ')";

Starting recover at 2023-04-02 16：53：10

using channel ORA_DISK_1

```
starting media recovery
archived log for thread 1 with sequence 319 is already on disk as file … \O1_MF_1_319_
L2KR6TKZ_. ARC
archived log for thread 1 with sequence 320 is already on disk as file … \O1_MF_1_320_
L2KVLGTR_. ARC
archived log for thread 1 with sequence 321 is already on disk as file … \O1_MF_1_321_
L2KVLLTN_. ARC
media recovery complete, elapsed time: 00:00:10
Finished recover at 2023-04-02 16:53:22
```

下面的查询可以获得指定交易档案文件记录交易过程的起止时间（first_time 至 next_time），由此也可以验证上面的第三次数据推演由 2023-04-01 17：00：00 至 2023-04-02 12：00：00 时刻应用交易档案的依据。在这个数据推演过程中备份及其档案资料的选择并不需要人工干预，RMAN 通过存储在 Recovery Repository 中的备份与交易档案的元数据就可以做出正确的选择。如果没有 RMAN 的辅助，人工执行这里的动态数据推演，则需要我们参照系统内的元数据手工执行档案资料的应用，这将是一件非常烦琐的工作。因此借助于专业的档案管理工具 RMAN，数字化审计人员可以大幅地提高工作效率、显著降低在追踪业务数据历史时的工作量。

```
SYS> select sequence#,first_time,next_time
  2  from v$archived_log where sequence# in (319,320,321);
SEQUENCE#      FIRST_TIME              NEXT_TIME
------------------------------------------------------------
      319      2023-04-01 10:07:58     2023-04-02 09:56:42
      320      2023-04-02 09:56:42     2023-04-02 10:54:06
      321      2023-04-02 10:54:06     2023-04-02 10:54:10
```

最后，在确定数据系统已动态推演到我们需要的时刻，就可以顺利地打开数据库。注意，上面的动态数据推演过程是在数据库处于 mount 状态下执行的，下面的指令将数据库状态由 mount 状态转换至 open 状态。只有处于这个状态，系统中的业务数据才能被正常访问。

```
RMAN> alter database open resetlogs;
database opened
new incarnation of database registered in recovery catalog
starting full resync of recovery catalog
full resync complete
```

到此为止，我们比较系统地讨论了在数字化审计中，利用数据备份和交易档案实现正向数据推演的途径和主要环节，由此可以建立基于任意时间点的历史数据库，极大地方便了业务审计过程中的数据追踪。结合上一章介绍的逆向数据追踪，这样在面向金融信息系统的审计实践中，如果能够综合应用这两类历史数据的还原方法，就可以实现更加灵活的业务数据推演。

回顾本书的全部内容，在新的数据技术背景下，在信息系统内部各类元数据的支持下，我们为数字化审计过程中追踪业务数据、发现审计线索提供了全新的方法和路径。

参考文献

[1] 贾代平. 信息系统审计视角下的数据资源及其应用途径 [J]. 中国内部审计, 2022 (5): 11-16.

[2] 贾代平, 夏鑫, 沈亚军. 金融系统的纵向审计在时间轴上透视数据 [J]. 山东工商学院学报, 2020, 34 (3): 62-68+79.

[3] Oracle Database Administrator's Guide [EB/OL]. 11g Release 2, Part Number E10595-07, 2013.

[4] Oracle Database Administrator's Guide [EB/OL]. 12c Release 2, E17636-20, 2015.

[5] Bob Bryla, Kevin Loney. Oracle Database 12c: The Complete Reference [M]. New York: Oracle Press, 2016.

[6] 贾代平, 吴丽娟. Oracle DBA 核心技术解析 [M]. 北京: 电子工业出版社, 2006.

[7] 贾代平, 吴丽娟. Oracle 数据存储与访问技术 [M]. 北京: 电子工业出版社, 2013.

[8] 贾代平, 吴丽娟. Oracle 数据高可用之路 [M]. 北京: 电子工业出版社, 2015.

[9] 贾代平, 范洪达, 吴丽娟. 基于日志的数据还原及其在 Oracle 中的实现 [J]. 计算机工程与设计, 2004 (12): 2215-2217.

[10] 李华植. 海量数据库解决方案 [M]. 北京: 电子工业出版社, 2011.

[11] 蒋海鸥, 李浩, 金海译. 未公开的 Oracle 数据平台秘密 [M]. 北京: 人民邮电出版社, 2011.

[12] 田文洪, 赵勇. 数据中心资源优化调度理论与实践 [M]. 北京: 电子工业出版社, 2014.

[13] 中国内部审计协会. 内审人员开展信息系统审计的"指南针"——中国内部审计协会邀请起草人为您解读《3205 号内部审计实务指南——信息系统审计》[EB/OL]. http://www.ciia.com.cn/cndetail.html? id=78548.

[14] 白露. 美国审计署对美联储信息系统审计的主要做法及启示 [J]. 中

国内部审计，2017（9）：84-86.

［15］严立鹏，王优. 我国信息系统审计的现状，创新与探索［J］. 中国新通信，2018，20（15）：82.

［16］山东省审计学会课题组，栾心勇，孟祥宇. 山东大数据审计探索与实践［J］. 审计研究，2020（3）：29-35.

［17］Ioan Rus. Technologies and Methods for Auditing Databases［J］. Procedia Economics and Finance，2015（26）：991-999.

［18］曾静. 大数据时代的会计审计发展趋势［J］. 中国管理信息化，2019，22（21）：71-72.

［19］程平，白沂. 基于财务共享服务模式的大数据审计研究［J］. 中国注册会计师，2016，12（5）：84-87.

［20］孟新智. "互联网+"时代背景下企业财务管理创新思考［J］. 商业经济，2017（3）：33-35.

［21］袁婕. 大数据时代的会计、审计发展趋势［J］. 农村经济与科技，2019，30（22）：75-76.

［22］刘瑞云，鲍卿. 大数据时代背景下审计资源组织模式创新分析［J］. 中外企业家，2019（31）：79.

［23］Shelanski H A，Klein P G. Empirical research in transaction cost economics：a review and assessment［J］. Journal of Law，Economics & Organization，1995：335-361.

［24］Peters T A. The history and development of transaction log analysis［J］. Library hi tech，1993，11（2）：41-66.

［25］Jhingran A，Khedkar P. Analysis of recovery in a database system using a write-ahead log protocol［M］. ACM，1992.

附录　专业名词中英文对照表

对于数字化审计相关的专业名词，特别是涉及 IT 系统的部分专业名词，在审计领域一直没有统一的中文翻译。为了避免引起混淆，在参照多种权威专业文献的基础上，列出本书采用的中英文对照关系。另外，本书在演示数字化审计的相关操作时，涉及大量的指令、代码及其输出，为方便读者理解，部分专业名词（英文）也一并列表在此。

专业名词（英文）	中文翻译	说明
transaction log	交易档案	IT 领域翻译为：事务日志
archive log	交易档案	离线的 transaction log
flash recovery area fast recovery area flashback recovery area	档案存储区	数据库系统各类历史档案的集中存储区域，相当于传统"档案柜"或"档案库"
recovery repository	恢复目录库	用于存储备份、交易档案相关的元数据
undo data rollback data	撤销数据	又称"回滚信息"，用于实现保障交易撤销（rollback）的内部数据
flashback archive	闪回档案	undo/rollback data 的历史数据，用于对表执行更大时间范围的闪回操作
flashback log	闪回日志	用于实现数据库级别的闪回操作
backup set/piece	备份集/片	RMAN 备份数据库的结果叫备份集，备份集中的单个文件叫备份片
archive mode	档案模式	档案模式确定交易档案的保存方式
tablespace	表空间	数据库内部存储空间的逻辑划分
undo tablespace	撤销表空间	用于存储 undo data 的表空间
temporary tablespace	临时表空间	用于存储临时数据的表空间
transaction	交易	数据处理的基本单位（unit）
stored process	存储过程	一种数据库内部的程序单元
trigger	触发器	一种自动执行的存储过程

续表

专业名词（英文）	中文翻译	说明
commit	提交	交易确认，让交易处理生效
rollback	撤销	取消当前正在执行的交易
business data	业务数据	用户直接关心的交易数据
metadata	元数据	描述业务数据的相关数据
digital audit	数字化审计	借助 IT 及相关数据技术的审计
audit trail	审计跟踪	启动审计监控后产生的结果
recovery manager	RMAN	Oracle 系统用于备份、还原、恢复的专业工具